SIM, EU DIGO SIM

CAETANO W. GALINDO

Sim, eu digo sim
Uma visita guiada ao Ulysses *de James Joyce*

2ª *reimpressão*

COMPANHIA DAS LETRAS

Copyright © 2016 by Caetano W. Galindo

Grafia atualizada segundo o Acordo Ortográfico da Língua Portuguesa de 1990, que entrou em vigor no Brasil em 2009.

Capa
Raul Loureiro

Foto de capa
Popperfoto/ Getty Images

Preparação
Ana Cecília Agua de Melo

Índice remissivo
Luciano Marchiori

Revisão
Angela das Neves
Márcia Moura

Dados Internacionais de Catalogação na Publicação (CIP)
(Câmara Brasileira do Livro, SP, Brasil)

Galindo, Caetano W.
 Sim, eu digo sim: uma visita guiada ao *Ulysses* de James Joyce / Caetano W. Galindo. — 1ª ed. — São Paulo: Companhia das Letras, 2016.

 ISBN 978-85-359-2700-9

 1. Ficção irlandesa 2. Joyce, James, 1882-1941. Ulysses - Crítica e interpretação 3. Literatura inglesa - Autores irlandeses I. Título

16-00869   CDD-828

Índice para catálogo sistemático:
1. Joyce, James: Autores irlandeses:
  Literatura inglesa: Apreciação crítica   828

Todos os direitos desta edição reservados à
EDITORA SCHWARCZ S.A.
Rua Bandeira Paulista, 702, cj. 32
04532-002 — São Paulo — SP
Telefone: (11) 3707-3500
www.companhiadasletras.com.br
www.blogdacompanhia.com.br
facebook.com/companhiadasletras
instagram.com/companhiadasletras
twitter.com/cialetras

Meus amados súditos, uma nova era está prestes a nascer. Eu, Bloom, em verdade vos digo que ela já está surgindo. **Sim**, *pela palavra de um Bloom, em pouco adentrareis a áurea cidade que será; a nova Bloomusalém da Nova Hibérnia do futuro.*

Sumário

Boas-vindas 9
Algumas informações preliminares 12
Posologia e modo de usar 53

TELEMAQUIA 57

1. Telêmaco 63
2. Nestor 73
3. Proteu 78

ODISSEIA 91

4. Calipso 95
5. Lotófagos 107
6. Hades 117
7. Éolo 130
8. Lestrigões 145
9. Cila e Caribde 158
10. Rochedos errantes 175

11. Sereias 193
12. Ciclope 209
13. Nausícaa 232
14. O gado do Sol 250
15. Circe 270

NOSTOS 299

16. Eumeu 303
17. Ítaca 318
18. Penélope 338

Leituras recomendadas 354
Agradecimentos 359
Índice remissivo 361

Boas-vindas

Este livro não é um tratado acadêmico sobre o *Ulysses*.
Ele também não é a chave de todos os enigmas nem a fonte de todos os dados.
Foi inteiro pensado para o "leitor comum" e prefere partir do princípio de que o *Ulysses* — complexo, denso etc. — de certa forma ainda padece por causa dessas reputações. Elas são todas verdadeiras, reconheçamos, mas talvez tenham obscurecido outros méritos e outros *atrativos*. A ideia básica aqui é a de que todo leitor interessado em literatura de qualidade tem a capacidade e o direito de passar pela experiência profundamente transformadora que é a leitura do romance de Joyce.
E não apenas os especialistas.
E não somente os obcecados por charadas e estruturas.

No entanto o leitor brasileiro se vê realmente privado em algum grau dessa possibilidade plena, e isso pela inexistência quase total de um aparato de auxílio em português. E é bem aqui que este livro pretende se colocar.

Mas, a bem da verdade, mesmo entre os vários *guias* de leitura do *Ulysses* que hoje estão disponíveis em inglês ou em outros idiomas, este aqui pretende ser um pouco diferente. O que ele quer mesmo te dar é uma visita guiada.

Muito mais do que *esquemas*, paralelos entre a obra e a vida de Joyce, interpretações de simbolismos, leituras segundo esta ou aquela corrente crítica, interpretações pessoais *originais* deste ou daquele aspecto, ou mesmo da totalidade do romance (todas coisas mais que relevantes, que eu mesmo já fiz e hei de continuar fazendo em outros lugares, e que têm aqui também *algum* espaço), o que ele quer ser é um acompanhante que caminhe página a página pelo livro, como que te levando pela mão e dizendo insistentemente "isso aqui é importante", "isso aqui *vai ser* importante". Um acompanhante que ande do teu lado mostrando as coisas a que você deve mesmo prestar atenção (e que têm enorme risco de passar despercebidas na primeira leitura, ou mesmo nas primeiras leituras), tentando te ensinar, não a ler o *Ulysses*, porque isso o próprio livro faz melhor que ninguém, mas a aprender com o livro.

Aprender sobre leitura, narradores, romances.

Aprender sobre Bloom, Dedalus e Molly. Sobre o padre Conmee, Bob Doran, Lenehan e até sobre Boylan. Sobre o *Ulysses*.

Aprender sobre gente. Sobre você, inclusive. Sobre literatura.

Assim, por exemplo, os famosos *quadros* de correspondências, símbolos e técnicas que o próprio Joyce forneceu aparecem comentados logo de início, para que a partir daí seja possível a gente seguir em frente de forma mais livre, mais ao sabor das páginas.

Pois, sim, é verdade que o *Ulysses* se baseia na *Odisseia* de Homero. Sim, é verdade que cada episódio se passa em determinado horário, tem determinado símbolo e determinada técnica. E essas coisas são relevantes, estruturam mesmo o livro; são as vigas em torno das quais Joyce ergueu uma obra de precisão, abundância e detalhismo atordoantes.

E precisam ser abordadas. E são.

Mas eu trabalho com a convicção clara de que, apesar de serem elas que despertam o interesse da maioria dos leitores decididos a se aproximar do livro, os motivos que fazem com que imensas quantidades de leitores passem o resto da vida *relendo* o livro são definitivamente de outra ordem.

Porque o *Ulysses* mudou a história do romance. E pode até ter dado cabo dela. E este livro pretende também te fazer ver como isso aconteceu.

E o *Ulysses* pode mudar você. Como qualquer grande *romance*. E este livro pretende te dar a possibilidade de ver isso também.

Muito obrigado pela leitura.

A versão revisada deste guia deve tudo que possa ter de melhor a um comentário certeiro de Amara Moira e à leitura atenta de Vitor Alevato do Amaral, que acima de tudo me apontou a constatação recente da crítica de que Joyce não era míope, e sim hipermétrope!

CWG. Curitiba, 2020

Algumas informações preliminares

O nosso grande objetivo é ir direto ao texto do *Ulysses*. Mas, até para possibilitar que isso aconteça com uma produtividade maior, sem que seja necessário ficar parando a cada momento para dar conta de questões mais gerais e mais básicas, talvez seja melhor começar reconhecendo a importância e as implicações de certos temas amplos, que em alguns casos já puderam até dominar a crítica do *Ulysses* nessas décadas desde a publicação do livro.

Feito isso, a leitura episódio a episódio pode subir sobre solo firme, estabilizado.

Então me acompanhe, por favor.

UM GUIA

Afinal de contas, o que é o *Ulysses*, e por que ele soube parecer tão impenetrável e ao mesmo tempo tão fascinante para tantas gerações de leitores?

A resposta mais plena a essa pergunta, espero, virá quando você terminar a leitura do romance e deste guia. Mas talvez já caiba aqui adiantar alguns detalhes, a começar pela figura de James Joyce, pela sua produção anterior (e posterior) e pelas características gerais daquele que é considerado seu maior romance.

Quando Joyce publicou o *Ulysses* no dia 2 de fevereiro de 1922, data em que completava quarenta anos, já era considerado por uma boa parte do mundo bem informado em literatura como um dos mais promissores autores em atividade. Talvez o mais promissor.

Essa reputação se devia em parte aos trechos do *Ulysses* que já vinham sendo publicados havia anos em revistas literárias na Europa e nos Estados Unidos, num processo que, se de um lado serviu para consolidar o prestígio do autor, de outro foi o responsável pelas primeiras "deserções" entre seus leitores mais fiéis, que, satisfeitos com os primeiros episódios que leram, começaram a suspeitar da adequação e, acima de tudo, da "necessidade" das súbitas e radicais mudanças de estilo que regiam o restante do livro.

(O maior dentre esses promotores iniciais, posteriormente algo abalados em suas expectativas, era ninguém menos que o poeta americano Ezra Pound.)

Mas mesmo antes do primeiro episódio do romance ter vindo a público, o nome de Joyce já era algo conhecido. E isso se devia fundamentalmente aos dois livros de prosa cuja elaboração o acompanhava desde que se tornou adulto.

Tanto *Dublinenses* (1914) quanto *Um retrato do artista quando jovem* (1916) lhe custaram anos de elaborações, reelaborações e dificuldades de publicação. E os dois têm grande relevância para o *Ulysses*. Como fornecedores de material prévio e, sobretudo, como momentos da *trajetória* técnica e criadora de Joyce.

Porque Joyce se singulariza de várias maneiras entre os prosadores do século xx: como o autor que mais forçou os limites da técnica romanesca; como um dos fundadores da obsessão moderna pela imbricação vida-obra... mas também como o escritor mais dedicado a um *projeto*, a um *trajeto*.

Lendo textos de prosa de Joyce na ordem da sua publicação, é difícil não termos a sensação de estar diante de uma intencional sucessão, quase que de uma *evolução* técnica. Ele desenvolvia uma forma de compor prosa, levava essa forma a seu grau mais extremo de desenvolvimento, e como que se desinteressava dela. Era sempre o *novo* que o tocava.

Em *Dublinenses*, um livro de contos que teria servido para garantir a reputação de qualquer prosador, Joyce desenvolve um estilo realista que ele mesmo definiu como sendo de uma "maldade escrupulosa". Trocando em miúdos, uma atenção aos mais crus e cruéis detalhes do cotidiano de uma cidade que ele amava e odiava, de onde saiu aos 22 anos de idade para nunca mais voltar (descontadas duas viagens breves), mas que presidiu seu imaginário e sua temática por toda a vida.

Em "Os mortos", novela, ou conto longo, que fecha o volume, essa prosa sofisticada, flexível, que leva ao apogeu a técnica romanesca estabelecida desde Flaubert, atinge um refinamento quase inimaginável para um autor tão jovem. *Dublinenses*, afinal, foi publicado em 1914, mas começou a ser escrito mais de dez anos antes.

Em *Um retrato*... esse realismo ganha uma nova faceta. Além de termos toda a flexibilidade da prosa flaubertiana, já há no livro (um romance todo dividido em *episódios* mais ou menos autônomos) duas coisas que nos preparam para o *Ulysses*: uma mudança de técnica narrativa a cada um desses episódios e, mais ainda, o fato de que essas mudanças são motivadas por algo do enredo, do que se conta, do narrado.

O desenvolvimento do personagem principal (o alter ego Stephen Dedalus) é o que justifica o amadurecimento da prosa, que de início é confusa como as primeiras lembranças de uma criança pequena e termina com a autossuficiência de um adolescente (e não é à toa que esse trecho final consiste das entradas de um diário. Dedalus não precisa mais de narradores, ele como que *toma posse* do livro). No *Ulysses*, o ritmo da variação técnica será ditado pela passagem de um dia.

E essa *conexão* técnica-tema, grande novidade do primeiro romance, será uma das maiores contribuições de Joyce para o arsenal da prosa romanesca. Foi ela, justamente, que regou a transformação do potencial calhamaço que seria o romance abandonado *Stephen Herói* nessa sua versão radicalmente enxuta e enxutamente radical de 1916 que é *Um retrato do artista quando jovem*.

Os dois livros também forneceram personagens ao *Ulysses*, como o próprio Stephen Dedalus, que reencontraremos logo na primeira página do romance, além de figuras *menores* como Martin Cunningham e Bob Doran, que aparecem de passagem mas que, se levamos em conta o que já sabemos deles de antemão, podem ganhar uma estatura surpreendente. A bebedeira constante de Doran no *Ulysses*, afinal, deixa de ser um detalhe marginal e passa a ser um desdobramento algo doloroso da história que lemos no conto "Casa de pensão".

Outro texto prévio e de interesse para uma leitura do *Ulysses* é a peça de teatro *Exilados* (1918), escrita depois de *Um retrato do artista quando jovem*. Ali, menos que personagens e técnicas, o que podemos ver é uma espécie de ensaio temático. A peça toda (plenamente sustentável como obra autônoma, apesar de não ter sido muito encenada) se estrutura quase que como um exercício de exploração do tema do adultério, do adultério consentido, e de certo fascínio voyeurístico que se confunde com uma necessidade de ver confirmada a desejabilidade da mulher graças à cobiça dos outros homens.

Tudo isso será, de uma ou outra maneira, recuperado no *Ulysses*.

Não caberia dizer que esses três livros, esses três belos livros, sejam apenas *estágios* para a composição do *Ulysses*. Claro que essa visão só se sustenta em retrospecto. Se hoje temos o *Ulysses*, a obra anterior de Joyce terá grande dificuldade para escapar da sua sombra. Mas nada há nesses livros de *incompleto*, parcial ou imaturo. É apenas ler para ver, e constatar, por exemplo, a total *modernidade* mesmo da linguagem do menos pretensioso dos contos de *Dublinenses*.

Mas o *Ulysses* existe. E projeta essa sombra. E se instala tão volumosamente no meio do cânone de todo um século, de toda uma literatura, que não pode senão relativizar o peso desses "irmãos menores". De outro lado, antes ainda de entrarmos diretamente no nosso romance, vale dizer que ele não é, claro, o *último* romance de Joyce. Depois da publicação do *Ulysses*, e até praticamente o final da vida, Joyce esteve envolvido com a concepção, a redação e a publicação (primeiro novamente em revistas literárias, depois em livro, em 1939) do *Finnegans Wake*.

Por mais que não seja este o nosso assunto, não há como deixar de dizer algumas palavras sobre este livro, ainda mais depois de termos dito com todas as letras que a carreira literária de Joyce se estruturou como um *crescendo* de desafios e de triunfos técnicos.

Quer dizer que o *Finnegans Wake* dá continuidade a essa política de *terra arrasada*, em que o autor se desinteressava pelos sucessos anteriores e buscava sempre terreno virgem, complexo e abrangente?

Sim. Definitivamente. De maneiras e em graus inclusive difíceis de explicar rapidamente.

O biólogo B. S. Haldane, famosamente, disse que o universo não era apenas mais estranho do que nós imaginávamos; era mais estranho do que nós *conseguíamos* imaginar. E essa é a melhor descrição que eu encontrei para traçar o retrato do *Finnegans Wake* para aqueles que ainda não se aproximaram do livro. Trata-se de um livro estranho, que concebe modos de ser estranho que você nem acreditava serem possíveis. Estamos falando, afinal, de um livro que não começa (e não acaba), que mal tem personagens (eles são sucessões de metamorfoses identificadas ou pela recorrência de certas letras ou por padrões rítmicos ou imagéticos), que fala da história de todos os homens e da história de toda a humanidade, que é escrito num inglês incrustado de talvez oitenta idiomas diferentes... Trata-se de um livro em que você é plenamente capaz de achar uma frase, ou um parágrafo, exuberantemente lindos, profundos e verdadeiros, e depois não conseguir dizer a alguém o que aquilo queria dizer. Exatamente.

O *Finnegans Wake* não "quer dizer" coisas. Ele *faz* coisas. E como.

Mas é um livro *superior* ao *Ulysses*? Covarde, preguiçosamente, deixo a resposta para o crítico Harold Bloom, que mais de uma vez já declarou que Joyce é quase certamente o maior escritor surgido depois de seu amado Shakespeare. Para ele, o *Wake* é provavelmente a obra que mais se aproxima, nesses tempos que considera melancolicamente decadentes, das sublimes alturas de Dante ou do próprio Shakespeare. Ao mesmo tempo, afirma Bloom, o livro deve continuar fundamentalmente inacessível.

E talvez seja isso.

E talvez por isso o *Ulysses*, que relativizou a importância daqueles irmãos menores, ainda não tenha sofrido o impacto pleno da grandiosidade aparentemente final do *Wake*. O *Wake* ainda não foi assimilado totalmente, e quem sabe nunca venha a ser.

E que livro é o *Ulysses*?
Que *livro* é o *Ulysses*...!
Acima de tudo é a história de Leopold Bloom. Um homem comum, sem maiores atrativos, mas ao mesmo tempo, e talvez precisamente por isso, um homem absolutamente singular.
Judeu, ele se vê algo isolado num mundo católico. Mas nada é assim tão simples. Ele foi batizado como católico e como protestante, em momentos diferentes. E de um ponto de vista estritamente normativo não é judeu, sendo filho de um *homem* judeu com uma *gentia*. Mas para os antissemitas de plantão (e seu nome, na Europa de então, era legião), isso já é condenação bastante.
Dotado de uma curiosidade intelectual significativa, ele se vê isolado no tacanho mundo inerte (*paralisado*, como Joyce declarou ter tentado descrevê-lo em *Dublinenses*) da Dublin de 1904. Dotado, também, de uma ainda mais rara capacidade de empatia (com todos, homens, mulheres, animais), ele acaba estigmatizado como *o esquisito* Bloom. O *inencaixável* Bloom. O *adorável* Bloom, para todos os leitores.
Bloom está casado, quando o livro começa, há quase dezesseis anos com Marion Tweedy, mais conhecida pelo apelido de Molly (destino de quase toda Mary na Irlanda) e pelo sobrenome de casada.
Molly Bloom é praticamente um mito.
Uma mulher cobiçadíssima. Linda. Cantora de talento. Filha (ilegítima?) de um oficial de alta patente do Exército de Sua Majestade. Ninguém na cidade entende o que ela viu em Bloom.
Eles tiveram um filho, que morreu, onze anos antes da data em que se passa a ação do *Ulysses*, depois de viver apenas onze dias. Rudolph. Rudy. E esse fantasma, compreensivelmente, jamais se afasta muito da memória dos dois.

Eles têm uma filha, que ainda no dia anterior completou quinze anos. Millicent Bloom. Milly. Que está morando numa cidade do interior, empregada por um fotógrafo, basicamente porque depois que entrou na adolescência ela e a mãe não conseguiram mais se acertar.

No dia em que se passa o romance — 16 de junho de 1904, origem das celebrações do Bloomsday —, o senhor Bloom (Poldy, para sua mulher) sai de casa logo cedo para, a princípio, acompanhar o enterro de um conhecido. Não um amigo. Um conhecido. Paddy Dignam.

Ele sai mais cedo do que deveria, e aproveita para encomendar alguns produtos que Molly queria da farmácia e, também, para tomar um banho. Coisa rara entre os europeus seus contemporâneos, Bloom é bem asseadinho.

Ele acompanha o enterro, volta ao centro da cidade, resolve alguns problemas num dos jornais para os quais presta serviço (ele é um *contato* publicitário, ou seja, capta anúncios) e, com isso, basicamente cumpriu o que deveria cumprir naquele dia. Que, de resto, por ser uma quinta-feira, é um dia em que o comércio, as escolas, tudo fecha mais cedo em Dublin.

Mas ele não quer voltar cedo para casa. E a partir daí vai começar uma verdadeira odisseia em busca de motivos e pretextos para ficar na rua até que possa ter certeza de que ao chegar sua mulher já vai estar dormindo. Ele não quer ter que falar com ela.

Por quê?

Eles estão em crise. Há bastante tempo. A tensão entre mãe e filha é só a etapa mais recente de um progressivo distanciamento que começou com a morte de Rudy. E hoje, Bloom sabe, Molly vai receber, no meio da tarde, a visita de um de seus muitos admiradores. Mas com esse, Bloom intui, a situação está em vias de se consolidar.

Molly cometerá adultério, na casa (e na cama) do casal, em plena luz do dia.

A dupla tensão entre, de um lado, voltar para casa e impedir o que, ele sabe, vai acabar se confirmando mais cedo ou mais tarde e, do outro, manter-se longe e deixar que o inevitável aconteça, sem no entanto querer olhar tão cedo nos olhos de Molly, é o que vai reger boa parte das andanças do senhor Bloom pela cidade em todo aquele dia.

Por vezes com fins mais nobres (como quando acompanha o bom samaritano Cunningham numa espécie de missão de caridade), por vezes com pretextos mais frágeis (como quando decide passar na maternidade para tentar ter notícias de uma conhecida que está num prolongado trabalho de parto), por vezes apenas levado por suas necessidades e seus prazeres (quando se entrega ao voyeurismo, e algo mais, na praia ao pôr do sol), ele vai, como o Ulisses de Homero, postergar a volta para casa.

E como. Nós vamos ver isso juntos em algum detalhe.

Mas o livro de Bloom (e pouco há que questionar essa sua centralidade) é também o livro de Molly, especialmente nas últimas páginas. O livro de Milly, cuja narrativa (da descoberta do amor, por exemplo) transcorre quase em silêncio através de detalhes mencionados de passagem na trama. O livro também de dezenas de personagens *menores*, que por vezes nos oferecem arcos narrativos interessantes, dolorosos, tocantes; caso dos citados Doran e Cunningham, mas também de M'Coy; Denis e Josie Breen; Mina Kennedy e Lydia Douce; Gerty McDowell e o menino da bicicleta; W. B. Murphy; Kitty, Zoey e Flory; Jumbo, o elefante e o policial 14C; Simon Dedalus e suas filhas, especialmente Dilly... Todo um mundo representado naquela cidade, naquelas poucas horas.

Mas acima de tudo o livro de Bloom ganha corpo ao ser também o livro de Stephen Dedalus. Dedalus, na verdade, é o verdadeiro personagem principal da abertura do romance, quando ainda não conhecemos Poldy, e depois passa o dia todo quase cruzando com Bloom para, já à noite, fornecer-lhe o motivo final para adiar a volta para casa.

E esse motivo? Cuidar de Dedalus.

O livro de Bloom é o livro de todas aquelas pessoas, mas é acima de tudo o livro dessas três, centrais (ele, ela e Dedalus). Mais ainda, é o livro desses dois homens, dessas duas versões parciais de James Joyce e da história de como elas se veem tão perto de encontrar uma possível redenção uma na outra. Possível. Apenas possível. Mas isso já é muita coisa.

Se Stephen Dedalus é uma versão de Joyce, congelada aos 22 anos, sem família e sem futuro, Leopold Bloom, aos 38 anos de idade, está muito mais próximo do Joyce que conclui em 1921 a redação do livro. E, de certa forma, Bloom é a contrapartida humana de Stephen, ainda que desprovido do lado artista. Os dois são como que metades ocas de Joyce.

Joyce era os dois, e muito mais. E talvez tenha ele próprio descoberto essa imensidão enquanto trabalhava no que originalmente deveria ser mais um conto de *Dublinenses*, baseado no fato (real, como quase sempre na sua obra) de um conhecido de seu pai ter lhe ajudado quando, bêbado, ele estava caído na sarjeta em Dublin.

Desse homem (um certo senhor Hunter) sabia-se muito pouco. E o que dele se falava eram em geral boatos vagos e *misteriosos*: que ele seria maçom, que teria obscuras ligações com a Europa, que seria um marido traído. Hoje, com mais documentação disponível, sabe-se que sua mulher se chamava Marian, e que ele era também *contato* publicitário.

Leopold Bloom portanto surgiu da vida de Joyce, e cresceu até não caber mais num conto nem num romance normal. Dedalus, desde sempre, *era* a vida de Joyce, mas só pôde ser mais que isso quando seu destino se cruzou com o desse desconhecido.

Joyce era os dois, e muitos mais. Mas só pôde evitar o horizonte lúgubre que aparentemente espera por Dedalus a partir daquele dia 17, e só pôde evitar a vida *comum* de Bloom, porque encontrou uma mulher. O *Ulysses*, tão intensamente baseado na vida de Joyce, em certo sentido não representa de fato a vida de Joyce, porque aqui essas duas metades imperfeitas da sua personalidade não encontraram a fusão que foi apenas possibilitada pela existência de Nora Barnacle, a camareira de um hotel dublinense que o jovem Jim Joyce um dia viu na rua, a mulher com quem teve dois filhos, com quem fugiu da Irlanda, com quem viveu até o seu último dia.

O dia 16 de junho de 1904 da ficção é o dia das vidas comuns de todas aquelas pessoas; o dia em que Bloom e Dedalus vagam pela cidade em busca de algo que os torne mais plenos, menos deslocados.

O dia 16 de junho de 1904 da vida de James Joyce foi a data real do seu primeiro passeio pela cidade na companhia daquela que viria a ser Nora Joyce. Aquela que viria a impedir que Joyce fosse só Stephen, ou só Bloom.

UM GUIA, DE NOVO

Todas essas coisas, talvez, pudessem ter gerado um romance, digamos, *normal*. Depois de lermos o *Ulysses*, no entanto, é difícil imaginar que qualquer livro concebido segundo planos menos radicais pudesse se aproximar do efeito final do romance.

Só que esta radicalidade (a mesma que levou Joyce a experimentar no seu primeiro romance, e o levaria a forçar todos os limites da literatura no último) faz com que o *Ulysses* não seja exatamente fácil de conhecer. Ele não se entrega sem esforço. Demanda que os leitores se entreguem a ele e trabalhem com ele. Nunca subestima (como é tão frequente mesmo entre autores de bom nível) a inteligência desse seu leitor, e por isso mesmo faz com que ele trabalhe muito.

É claro que, como sabe qualquer aluno de escola primária, o que vem com mais esforço, o que custa mais empenho pessoal sempre é mais duradouro como lembrança, sempre parece mais *nosso* no final, sempre dá mais prazer. Isso nós podemos aprender (ou pelo menos ouvir) na escolinha. Mas normalmente só nos convencemos dessa verdade elementar e saudável na mesma e precisa medida em que nos tornamos adultos.

O *Ulysses* é o romance que forma leitores *adultos*, desde que foi publicado.

Mas determinados fatores (a distância temporal, a distância cultural, a distância linguística) hoje fazem que a possibilidade de um leitor brasileiro, no século XXI, conseguir o acesso desejável aos *mistérios* do *Ulysses* seja bem menor do que poderia, do que talvez até devesse ser.

Daí a adequação de uma leitura *acompanhada*, que chame atenção para devidos detalhes, que não deixe que algumas coisas passem despercebidas.

E também, no caso de um livro com uma fortuna crítica imensa, em construção há quase um século, um guia que resolva certas questões gerais prévias que constam, não necessariamente do livro de Joyce, mas dessa grande biblioteca que se ergueu em torno dele.

É o que começamos a fazer agora.

NOTAS

De início já cabe abordar um certo *anotacionismo*, simbolizado acima de tudo pelo monumental *Ulysses Annotated*, de Don Gifford, autor que passou décadas buscando toda e qualquer fonte, explicação e elucidação possíveis para tudo dentro do *Ulysses*: todo e qualquer nome citado, de pessoas, músicas, livros, lugares; todo e qualquer ponto que, no seu entender, merecesse ser transformado numa espécie de entrada de dicionário.

O livro de Gifford, que fique bem claro, ainda é, junto com a biografia de Richard Ellmann, a base da maioria das leituras mais aprofundadas do *Ulysses*. E ambos merecem de fato esse posto.

Nós ainda vamos ter que voltar a falar da biografia. Mas neste momento o que me interessa é reconhecer a importância das notas de Gifford (sem as quais, por exemplo, meu trabalho de tradução do romance teria sido multiplicado por um fator de 20) mas sem deixar de apontar dois paradoxos que surgem com a sua talvez excessiva valorização pelos leitores.

De um lado, a anotação do *Ulysses*, além do próprio grau de acabamento formal que atingiu com as sucessivas edições ampliadas do *Ulysses Annotated*, pôde gerar certa sensação de que haveria uma *teleologia* no processo. Ou seja, de que a anotação do romance de Joyce, sua *elucidação*, um dia chegaria a seu ponto de perfeição, de completude.

O que pode até ser verdade.

A sensação decorrente dessa primeira é que é ainda mais complicada. Porque os leitores, compreensivelmente empolgados com o potencial de descoberta que viam nas notas, parecem ter sido levados a imaginar que esse *destrinchamento* seria a chave para a *compreensão* do *Ulysses*, seria a chave da leitura.

Seria "A" chave.

Mas é claro, como um texto como o *Hamlet* mostra muito bem, que séculos de anotações, descobertas de referências, elucidações de detalhes e conexões não hão de bastar para encerrar a leitura do *Ulysses*. As notas jamais serão um fim. E provavelmente jamais *terão* um fim.

Se elas são algum tipo de *chave*, é preciso usá-las não para fechar alguma coisa, mas para abrir possibilidades.

De outro lado, todo tradutor, editor e, no limite, todo leitor do *Ulysses* sabe que a anotação de um livro tão denso, tão rico, gera um problema praticamente irresolvível. Se você começa a anotar, a tendência é anotar *tudo*. Diante da impossibilidade de anotar tudo, você precisa traçar um limite. E esse limite, claro, será sempre algo subjetivo.

Ou seja, problema número 1. As notas são uma empresa que se tornou algo autossuficiente, que pode dar ao leitor uma equivocada sensação de que ele está de fato compreendendo o livro, quando na verdade está fazendo apenas isto: lendo *notas*.

Ainda mais relevante, hoje, é o fato de que, embora o livro de Gifford não esteja ao alcance dos leitores que não dominam o inglês, e continue sendo a única, ou no mínimo a melhor fonte de informações sobre certos detalhes das referências do *Ulysses* (especialmente a realidade da Dublin de 1904), uma imensa parcela do seu conteúdo está disponível na internet.

Se nos anos 1970 podia ser quase impossível saber qual a canção que alguém cantarola em determinado momento, e Gifford e um estudioso como Zack Bowen tiveram de ir catar essas referências e esses dados, hoje um leitor brasileiro, letão, queniano, pode em poucos segundos ouvir na internet a mesma versão que Bloom teria ouvido. Se certos pontos da história irlandesa, por exemplo, não costumavam estar em livros editados no Brasil até os anos 1990, hoje a Wikipédia pode explicar rapidamente quem foram e o que fizeram as personagens principais do drama da independência da Irlanda.

Ou seja, não cabe anotar *tudo*, e o que caberia *anotar* talvez fosse redundante ou, pior, tivesse o potencial de *desviar* o leitor, obcecado com dados de trívia ou com a verossimilhança biográfica, querendo conferir se a farmácia de Sweeney estava aberta mesmo no dia 16 de junho de 1904 (estava), ou quem realmente morava no número 7 da Eccles Street (ninguém, Joyce achava, mas talvez a casa já estivesse ocupada, por um senhor chamado Finneran), determinado a se deter a cada parágrafo para compulsar o livro das chaves, o que pode muito bem impedir que ele se dedique à tarefa que agora pode voltar a parecer *literariamente* mais interessante e, por que não?, mais divertida: ler o *Ulysses* como se leem em geral os grandes romances.

Essa curiosa situação foi, por exemplo, o que nos* levou à decisão de publicar sem notas a tradução do *Ulysses* lançada em 2012. E também de esperar alguns anos para lançar este guia. O leitor precisava de tempo para se ver, na medida do possível, em contato direto com o nosso texto.

Para os curiosos, para os analíticos, para os obsessivamente detalhistas (e eu seria o último a jogar pedras nesse pessoal), sempre resta o fascinante processo de, numa segunda, terceira, quarta leitura, mergulhar nesse universo de glosas e esclarecimentos.

Para isso, inclusive, acrescentamos no final deste livro uma pequena lista de textos que se somam ao clássico de Gifford nesse esforço de *iluminar* os detalhes do *Ulysses*. No geral, porém, esta *visita* vai ficar livre de notas e da obrigação de explicar todos os detalhes biográficos e contextuais, centrando sua atenção apenas nas elucidações que de fato possam ampliar a compreensão do romance e de suas relações principais.

ODISSEIA

Segundo Anthony Burgess, ele mesmo um romancista dado a experimentos e, antes de mais nada, um *grande* admirador de Joyce, o que este foi buscar na *Odisseia* foi o que todo escritor precisa encontrar quando planeja uma obra de mais fôlego: um esqueleto, uma estrutura. Andaimes.

---

* Não é plural majestático, isso. Essas decisões são sempre coletivas.

Desse ponto de vista, Homero teria sido para Joyce o que Beethoven foi para *Napoleon Symphony*, romance de Burgess calcado na estrutura da *Sinfonia Eroica*: algo relevante, certo, mas que cabe muito melhor na gaveta do escritor que nos interesses do leitor. Mas nós sabemos que Joyce levava a ligação de seu romance com a *Odisseia* bastante a sério, ao mesmo tempo em que parecia ter certas dúvidas sobre a adequação de chamar demasiada atenção a esse fato.

Afinal, o mesmo escritor que, num dos últimos gestos de revisão, decidiu remover os títulos que ligavam cada um dos capítulos do *Ulysses* a um episódio da *Odisseia*,* deixando apenas na capa do livro, no título, a pista que levaria os leitores mais atentos a perceber o paralelo estruturador, foi também responsável por solicitar que um de seus amigos e colaboradores, Stuart Gilbert (que viria a trabalhar na tradução francesa do romance), publicasse um livro que determinou o tom de boa parte da primeira geração da crítica do *Ulysses* ao se centrar quase que exclusivamente na exploração e na elaboração do *paralelo homérico*. Joyce parecia saber que tinha feito algo de importante ao propor seu romance do cotidiano como uma releitura das andanças e navegações de Odisseu, mas parecia saber também que essa relação e o mero peso de Homero traziam em si um potencial de aniquilação. Seu romance corria o risco de ser visto como *apenas* um pastiche, uma reelaboração.

Diga-se de passagem, aliás, o pastiche, a releitura, a paráfrase, a citação e a paródia são realmente ferramentas muito empregadas por Joyce, em todo o romance. Mas Homero está muito longe de ser o único alvo dessa intertextualidade toda. E talvez não seja nem o mais importante, se considerarmos que a obra de

---

* Aliás, vem daí o costume da crítica de chamar os capítulos do *Ulysses* de episódios.

Shakespeare, e mesmo o *Hamlet*, sozinho, é mais evocado, citado e distorcido que a *Odisseia* naquele dia 16 de junho.

Aquele primeiro movimento de *apagamento* dos rastros homéricos pode ter sido motivado, enfim, não só por uma tentativa de suprimir essa ligação, mas também por um projeto de evitar que ela sufocasse todas as outras. Lendo apenas o primeiro episódio do romance, por exemplo, podemos encontrar (como veremos) muito mais referências incontornáveis e definitivas ao príncipe de Elsinore que ao rei de Ítaca.

É por isso que, aqui, não vamos nos deter demais em procurar as menores ressonâncias homéricas dentro de cada episódio do *Ulysses*, até porque esse processo nem tende a ser tão produtivo. Joyce se esforçou por ecoar certos detalhes da *Odisseia* no seu texto; mas às vezes mais, às vezes menos. No episódio do "Ciclope", por exemplo, vemos tanto a estaca em chamas com que Odisseu cega Polifemo (transformada num charuto em brasa brandido diante de um nacionalista de vista estreita) quanto o rochedo que o gigante arremessa contra ele (agora uma lata de biscoitos). Mas em outros trechos essa correspondência pode não se dar tão ponto a ponto.

O que mais interessa em toda a questão do paralelo homérico é o procedimento geral, aquele que T.S. Eliot chamou de *método mítico*, que realmente foi uma das maiores *inovações* do *Ulysses* e deu a cara e o tom de boa parte da produção literária que estamos acostumados a chamar de *moderna* ou mesmo *pós-moderna*.

Afinal, ao equiparar, através daquela mera palavra na capa do romance, seu herói fraco, comum, cotidiano, a um dos maiores mitos da literatura grega — Odisseu, o de muitos ardis: general, líder, figura emblemática do exército atreu na maior das batalhas que a literatura já retratou — Joyce consegue realizar uma manobra dupla, de potencial quase infinito, que o próprio

Eliot depois empregaria na sua *Terra devastada*.* Ele ao mesmo tempo confere uma automática significação mítica a cada pequeno gesto de Leopold Bloom (ora, ele não está apenas sacudindo um charuto na frente de um nacionalistoide; ele ali representa Odisseu cegando o monstro), transforma cada detalhe daquele dia minuciosamente descrito numa reedição de uma das mais célebres histórias que já foram contadas e, num definitivo golpe de mestre, como que contamina de contemporaneidade e prosaísmo aquele mesmo registro mítico e épico. Ou seja, se Leopold Bloom nunca poderá ser apenas um homem, por ser o protagonista de um livro que, afinal, se chama *Ulysses*, Odisseu também nunca mais voltará a ser apenas uma figura intocável e inacessível do mito homérico depois da leitura de Joyce. O comezinho se vê alçado à esfera dos heróis e, esses, jogados de cabeça na realidade mais pedestre. (E, se você pensar direito, era mais ou menos essa a função que cumpria na literatura clássica grega o convívio meio promíscuo e especular dos mundos dos homens e do Olimpo.)

Bloom é eternizado e Odisseu, relativizado.

Mas, sejamos claros, é bom lembrar que, dentre todas as referências possíveis no arcabouço infindo da mitologia e da literatura clássicas, Joyce foi escolher justo a *Odisseia*, justo seu Odisseu.

Aquele mesmo Eliot, por exemplo, quando foi replicar o experimento de Joyce, procurou sua âncora na estranha, e riquíssima, figura de Tirésias, o adivinho, o homem que pôde ser mulher, o mortal em convívio com o divino etc., o que fica muito longe de Odisseu.

---

* *The Waste Land*, o poema de Eliot, foi publicado no mesmo ano do *Ulysses*. Mas os episódios do romance de Joyce começaram a aparecer em revistas literárias anos antes.

Aquiles, ainda que mortal, ainda que humano, era filho de uma deusa. Mas muito pouco de divino ou transcendente transparece no humaníssimo Odisseu da *Ilíada*. Na *Odisseia*, então...

Ele mente. Ele engana (não é à toa que é chamado de *o de muitos ardis*). Ele é preguiçoso e tenta fugir dos deveres. Ele tentou escapar até do *recrutamento* para a batalha que o tornaria famoso, fingindo-se de louco. Ele vai à guerra, abandonando mulher, filho, fazendas e reino, e depois leva dez anos para realizar a viagem de volta. Odisseu, um dos primeiros heróis épicos, é também o primeiro pícaro, ancestral do Barão de Münchausen e de todos os *road movies*.

Tirésias e Aquiles são ambos excelentes exemplos do potencial *humano* dos grandes personagens gregos. O paradoxo do vidente cego, clareza e ignorância, a dor de Aquiles na morte de Pátroclo, são elementos que não podem deixar de tocar qualquer leitor do século XXI. Mas eles nos tocam por processos algo *diagonais*. No fundo, percebemos o quanto essas figuras semidivinas são diferentes de nós, apesar de basicamente nossas irmãs. E repousa aí seu encanto.

Já Odisseu é uma pessoa, como nós. Como o próprio Joyce afirmava, ele poderia ter escolhido outros modelos. Jesus Cristo, Fausto, Hamlet. Mas, insistia ele, nenhum deles foi um homem completo. Não foram casados, por exemplo, não tiveram filhos. Odisseu não. Ele nos é apresentado como filho, como pai, marido, administrador, soldado, líder, mentiroso, honrado, covarde, bravo...

E é por isso que é ele o *modelo* mais adequado para a criação de Bloom.

Por isso e pelo fato de que, na *Odisseia*, ele é menos o herói de uma batalha, menos o herói de um mito público, político e bélico, que o representante daquele outro tema tão caro aos gregos, e ao mesmo tempo tão básico e presente para todos nós, o tema do *nostos*, do retorno. Da volta para casa.

Leopold Bloom não peregrina anos a fio pelo mar Egeu. Ele fica talvez dezoito horas longe de casa.

Como Odisseu, ele parece não ter pressa para voltar, embora seus motivos talvez sejam diferentes.

Mas, como Odisseu, ele volta. Reconhece sua cama (ou quase... veremos!) e se recolhe com sua mulher.

Um último fato interessante é Joyce ter justamente escolhido dar ao seu romance a versão latina do nome de Odisseu. Para mim, como tradutor, não deixa de ser curioso pensar que essa apropriação do trabalho de outro, em Joyce, se deu além de tudo mediada por outra língua, por outra tradição. Por outra tradução.

OS QUADROS

Quase toda edição do *Ulysses* vem acompanhada do famoso quadro que elenca, para cada episódio do livro, coisas como uma cor, uma técnica, um símbolo etc., além de atribuir horários e *sentidos* a cada trecho do livro.

Um dos principais argumentos em favor da inclusão desse *esquema* é o fato de ele ter sido escrito pelo próprio Joyce, para facilitar o acesso dos amigos ao livro e a seus detalhes.

Em contrapartida, o que normalmente se esquece é que Joyce de fato produziu *dois* desses quadros, um (o mais conhecido) em 1920, para seu amigo Carlo Linati, e outro, em 1921, para Stuart Gilbert, que viria a publicá-lo como parte de seu livro *James Joyce's "Ulysses"*, dando início a um certo *culto* em torno dessa potencial chave de explicação.

Não se trata, aqui, de fazer pouco da importância desses quadros, e muito menos de desconsiderá-los, mas pode ser interessante darmos conta deles de uma maneira menos *devota*, inclusive para evitar certos vícios de leitura.

Para começo de conversa, é fundamental lembrar que nos dois casos se trata de elaborações *post facto*. Joyce não partiu desses quadros para guiar a composição do romance. Ele elaborou as duas versões dos esquemas explicativos já no final da redação do livro, que se concluiu basicamente em 1921.

Por outro lado, eles aparecem, portanto, logo antes da fase definitiva de revisão do *Ulysses*, que ocupou vários meses entre 1921 e o princípio de 1922, fazendo com que a gráfica dos irmãos Darantière tivesse que operar um pequeno milagre para deixar o livro pronto para a data marcada e, diga-se de passagem, gerando nessa pressa a maioria das gralhas da edição original.

Hoje se sabe que, para Joyce, o processo de revisão foi muito pouco um processo de *correção*, e nem de longe um processo de *corte*, como o que se costuma recomendar aos escritores, mas sim um detalhado processo de acréscimo e reelaboração. O livro cresceu, e muito, durante esses últimos meses. E um dos procedimentos mais fertilmente empregados pelo autor foi precisamente o de inserir pequenas referências e recorrências que deram uma *unidade* muito maior ao romance.

Surgindo, então, quando surgiram, pode-se argumentar que os quadros de referências retratavam bastante bem o que Joyce tencionava fazer àquela altura, as marcas que estava inserindo, ou reforçando, as unidades que pretendia sublinhar.

Curiosamente, existem também variações entre os esquemas de Linati e de Gilbert que, de saída, parecem refletir as diferentes finalidades dos dois quadros.

Para Gilbert, Joyce elaborou uma tabela muito enxuta, com poucas colunas e telegraficamente resolvida. Um esquema para um colega. Linhas de referência. O esquema Linati, por sua vez, é muito mais didático e expansivo, além de ter sido escrito em italiano. Feito para um leitor, ele se estende mais e dá mais dados para guiar uma interpretação.

Se, por exemplo, a *técnica* do episódio dos "Lotófagos" é descrita para Gilbert como *narcisismo*, Linati a conheceria como *diálogo, oração, solilóquio*, ao mesmo tempo em que o *símbolo* do episódio poderia ser descrito como *eucaristia* no esquema Gilbert e *hóstia, pênis no banho, espuma, flor, drogas, castração, aveia* no quadro de Linati. O esquema de Linati vai até o ponto de incluir uma coluna para o *sentido* de cada episódio (que, neste caso, seria *a tentação da fé*).

Ou seja, por mais que os quadros, ou o processo de elaborá-los, possam ter auxiliado Joyce durante sua revisão/redação final, parece ficar claro que eles devem ser lidos exatamente como o que eram, auxílios feitos com fins específicos, para leitores específicos, e não como esquemas definitivos e centrais para a leitura do *Ulysses*.

E é necessário dizê-lo. Porque é também muito fácil se entregar à tentação de ler o *Ulysses* como se ele fosse o resultado daqueles quadros (quando na verdade é o contrário), e deixar até de ver o livro em seu todo, em nome de uma preocupação excessiva com a busca dos elementos neles apontados.

É claro que é interessante perceber a quantidade de termos e imagens relacionados ao vento no episódio de "Éolo", ou notar a constância com que a cor azul aparece em "Nausícaa". Mas é sempre bom lembrar que, para Linati, a cor de "Nausícaa" era o cinza, sendo o azul a de "Proteu", que por sua vez era verde para Gilbert.

E, acima de tudo, é sempre preciso ter em mente que esses elementos formais, organizacionais, não são o livro.

Mas, se de certa forma podemos atribuir a esses quadros o mérito de terem exposto claramente as ligações de cada episódio do romance com a *Odisseia* e, assim, de fornecerem à crítica os *títulos* que empregamos até hoje, de um ponto de vista mais amplo sua grande contribuição foi identificar e rotular algo univocamente a técnica narrativa empregada em cada episódio.

Pois desde muito cedo na composição do romance* ficou claro que uma das maiores marcas do *Ulysses* seria uma permanente busca pela técnica literária mais adequada a cada momento. A cada ação. A cada personagem. A cada hora do dia. Se o *Ulysses* tem um *registro* básico, central (e voltaremos a isso), ele está muito longe de ser aquele estilo plástico e predefinido que serve a escrever todo tipo de história, sobre todo tipo de gente, como podemos encontrar em certa ficção, digamos, mais conservadora. Já houve tempo (e talvez esse tempo continue sendo o da maioria da prosa literária de qualidade que se publica no mundo) em que se acreditava que o maior mérito do romancista seria criar um estilo reconhecível, seu, que servisse para narrar toda e qualquer história que lhe coubesse. Isso talvez seja uma visão curiosamente poética do romance, e certamente não era a de Joyce.

Para ele, desde seus primeiros contos, a prosa precisa mudar para dar conta de situações, efeitos e temas diferentes. O *Ulysses* precisa ser literariamente mais imaturo quando se abre, precisa estar *cansado* quando se fecha, precisa de distância para narrar certas coisas e da maior proximidade para abordar outras, precisa ser pessoal aqui e impessoal ali, precisa emular a passagem de um dia, e os ritmos astronômicos e biológicos que a acompanham, por meio de um estilo sempre mutável, sempre novo.

E ao dar nome a esses vários estilos, ao descrevê-los, ainda que com sutis variações, nos esquemas que escreveu, Joyce pôde não apenas orientar a crítica posterior (especialmente a partir do livro de Gilbert), mas dar certo apoio ao leitor que queira enten-

---

* Ezra Pound já *reclamava* desse procedimento quando os episódios eram publicados em revistas.

der por que o livro pode parecer, por exemplo, até intencionalmente *mal escrito* em certos momentos.

O SOL

Uma outra coisa ainda merece ser exposta antes de partirmos para outro tipo de comentários, esta talvez até mais central para o funcionamento do romance e para a sua unificação que a polêmica questão dos quadros de correspondências temáticas e técnicas.

O *Ulysses*, como sabe qualquer leitor que apenas tenha ouvido falar do romance, cobre um dia inteiro na vida daquelas pessoas. O dia 16 de junho de 1904.

Mas, como quase tudo que julgamos saber sobre o livro antes de nos aprofundarmos na leitura, esse dado também tem seus matizes. É bem verdade. E não é.

Primeiro porque não se trata de um dia inteiro, de 24 horas. Em mais um efeito calculado, os horários em que ocorrem as cenas finais do romance são difíceis de determinar. Esse é especialmente o caso do monólogo final de Molly. Não sabemos exatamente quando ele começa, e não temos certeza de quanto dura.

No entanto, mais para o final do trecho Molly julga perceber sinais de que o sol está para nascer. Ora, Dublin é uma capital setentrional. Só não é de fato um lugar correspondentemente gélido porque, como lembra Stephen Dedalus logo no episódio de abertura, tem seu litoral banhado pelas águas quentes da corrente do golfo. Mas o sol, claro, não se altera por causa disso. E nessa época do ano, o sol se põe ali apenas em torno das oito e meia da noite, e nasce momentos antes das cinco.

Logo, se supusermos que o livro acaba perto de quatro da manhã, como sabemos com razoável certeza que ele se inicia (duas vezes, veremos) perto das oito, resta uma lacuna de cerca de quatro horas para que ele cubra, de fato, um dia *inteiro*.

Mais ainda. Trata-se, afinal, no sentido astronômico e convencional do termo, de *dois* dias, sendo que algumas horas da ação transcorrem já no dia 17.

Mas um outro fator questiona ainda mais essa unidade cronológica do romance. Pois se pudemos dizer que obviamente o sol não se deixaria alterar pelo movimento das correntes oceânicas, coisas de maior monta, no mundo ficcional, podem muito bem fazê-lo voltar em sua trajetória.

E é assim que, nas belas palavras de Anthony Burgess, o aparecimento de Leopold Bloom em cena, de tão importante, faz o sol nascer de novo.

O livro, afinal, começa às oito horas da manhã, e acompanhamos, naqueles três primeiros episódios, as angústias, conversas e andanças de Stephen Dedalus, algo linearmente, até a hora do almoço.

Mas o quarto episódio, em que finalmente a ação, aliás, passa a transcorrer em Dublin propriamente dita (estávamos na periferia até ali), vê a introdução desse novo personagem e, novamente, vê o dia se iniciar às oito horas e seguir, nos episódios 4, 5 e 6, um curso paralelo ao do movimento de abertura, nos levando mais uma vez ao momento do almoço, e fazendo com que as duas cronologias (e as trajetórias dos dois personagens) se cruzem efetivamente (ainda que à distância) durante o sexto episódio.

E a partir daí o livro seguirá, por assim dizer, *reto*. Linear. Não apenas com as horas se sucedendo como seria de esperar (com uma pequena e quase incompreensível alteração no episódio do "Ciclope", que terá que ser discutida depois, e com certas, curiosíssimas, lacunas), mas com as técnicas narrativas respondendo de maneira imitativa, responsiva, a esse ritmo quase circadiano, a esse biorritmo que estamos acostumados a associar àquela trajetória aparente do sol no firmamento.

Ou seja, o livro começa lento (algo mal-humorado quando na companhia de Dedalus); fica com fome perto da hora do almoço; sofre de certa letargia pós-prandial, ganha ritmo novamente no meio da tarde, fica com um sono terrível no fim do dia e, depois de passado esse limite, ganha velocidade mais uma vez, apesar de não poder contar com todas as faculdades racionais funcionando plenamente.

Pode parecer pouco, descrito assim, mas se trata de uma das grandes inovações estruturais do romance. Ser não apenas um livro *sobre* um dia; mas de fato um livro *de* um dia. Que adota, representa e incorpora luz e escuridão, lucidez e fantasmagoria, objetividade e sonho, exatamente como nós fazemos, todo dia.

A VIDA

Como Shakespeare, Joyce não criou as tramas e enredos de praticamente nada do que escreveu.* Dos contos de *Dublinenses*, passando por *Um retrato...* (todo ele autobiográfico) e até o *Ulysses*, quase tudo é baseado não apenas na vida que o cercava, mas em fatos, dados e elementos da sua própria vida. Ele mesmo chegou a declarar que era desprovido de imaginação, mas que isso não era um problema porque a memória lhe serviria para os mesmos fins.

E memória ele tinha.

Podemos até achar que a página de abertura de *Um retrato...*, com as primeiras lembranças de um bebê, expressas numa linguagem que reproduz em sua vagueza os contornos imprecisos daqueles fatos mal percebidos, é um exagero retórico semelhante

---

* Diga-se de passagem, essa afirmação, com suas devidas variações, pode caber a uma parcela muito maior dos bons romancistas do que estamos acostumados a imaginar.

ao que levou Santo Agostinho a descrever em detalhes, nas *Confissões*, suas *lembranças* do processo de aquisição da língua materna. No entanto, os relatos a respeito da capacidade mnemônica de Joyce realmente beiram o prodigioso.

Se é verdade que, incapaz de ler o capítulo do *Finnegans Wake* que iria gravar em 1929 nos estúdios do Orthological Institute, sob direção de C. K. Ogden, ele decidiu recitar todo o texto de memória, apenas auxiliado por cartões com trechos transcritos, isso já demonstra uma capacidade que pode muito bem ser um dos maiores responsáveis pelo feito de ter organizado livros tão grandes e tão complexos e de tê-los mantido mais ou menos nítidos enquanto se desenvolviam. Vale lembrar que ele foi ficando progressivamente cego, privado até da possibilidade de ler as folhas datilografadas para ele sem uma lente de aumento, uma fonte de luz muito forte e usando um paletó branco para refletir a luz. Mas a história de que ele teria sido capaz de recitar para uma visita no hospital (quando se recuperava justamente de mais uma cirurgia oftalmológica) toda a página do livro que ela lia enquanto esperava já começa a apontar para o domínio do virtuosismo.

E ele empregou essa memória, junto de uma grande crença na capacidade da atividade literária de reelaborar e moldar a experiência vivida, para, novamente como Shakespeare, escrever uma literatura absolutamente universal. Não é à toa, aliás, que todo um episódio do *Ulysses* (a discussão na Biblioteca Nacional em "Cila e Caribde") se dedica a uma leitura biográfica do *Hamlet* e da obra de Shakespeare em geral. Assim como não pode ser à toa que, quando Dedalus e Bloom finalmente se olham juntos num espelho (fechando um simbolismo que se inicia já no primeiro episódio), o reflexo que surge seja exatamente o de Shakespeare.

James Joyce assinava cartas como *Stephen Daedalus* na sua juventude. E a bem da verdade foi com esse pseudônimo que foram publicados em revistas irlandesas os primeiros contos do que viria a ser o livro *Dublinenses*. Logo, quando o personagem do abortado romance autobiográfico *Stephen Herói* aparece como *Stephen Dedalus* em *Um retrato...*, versão muito mais breve e estruturalmente muito mais inovadora do romance, ele estava como que fechando um ciclo, aproximando cada vez mais de si mesmo seu personagem, aceitando a identificação.

E quando os primeiros leitores do *Ulysses* encontram Dedalus já na primeira página do livro, é nesse universo que eles esperam se ver. E um leitor moderno, devidamente amparado, por exemplo, pela leitura da biografia de Ellmann, não irá deixar de perceber que Dedalus é em praticamente tudo uma versão especular de Joyce. Eles são fisicamente parecidos, têm famílias com a mesma estrutura, perdem a mãe no mesmo momento, viajam à Europa ao mesmo tempo, com as mesmas finalidades e assim por diante.

Mas *Um retrato...* tem suas origens na desistência de Joyce do projeto do *Stephen Herói*, que aconteceu em 1905, quando ele tinha 23 anos de idade, e o livro acabado vai acompanhar seu alter ego desde os primeiros anos até o final da adolescência. Já o *Ulysses* será escrito por um homem mais maduro, e embora o livro continue acompanhando Dedalus quase como que numa sequência do romance anterior,* agora Dedalus não pode mais ser o espelho total de um homem casado, "com trintecinco anos de vida, nel mezzo del camin di nostra vita, com cinquenta de expe-

---

* É difícil estabelecer a cronologia exata do trecho final de *Um retrato...*, mas é bastante seguro afirmar que entre o fim daquele livro e o começo de *Ulysses*, em que Dedalus tem 22 anos, não deve ter se passado muito mais de um ano. E, novamente, uma das razões para essa afirmação é que a primeira estada de Joyce em Paris acontece no ano de 1903 e, se Dedalus volta a Dublin em agosto daquele ano, como Joyce, por causa da notícia da morte iminente da mãe, podemos supor que eles tenham viajado ao mesmo tempo, e que as páginas finais do primeiro romance se refiram portanto a um período entre o final de 1902 e o princípio de 1903.

riência", para usar as palavras com que o próprio Dedalus se refere, novamente, a Shakespeare. E Joyce precisou de Bloom.

Foi novamente na sua vida que ele foi buscar a semente da vida e da trajetória de Leopold Bloom, naquele conhecido de seu pai chamado Hunter, naquele homem qualquer que, movido por puro bom-samaritanismo, ajudou o jovem Joyce bêbado, caído na rua.

Esse incidente, ele sabia, seria o cume da narrativa que, a princípio, deveria ser o último conto de *Dublinenses*, com o título de "As andanças do senhor Hunter". Mas ele ainda precisava costurar os fragmentos de informações de que dispunha a respeito daquele cavalheiro com, sempre, sua experiência pessoal para gerar aquele que pode muito bem ser o maior personagem da literatura do século xx.

E foi nesse processo que ele deu um passo definitivo para transcender, ou sublimar, a relação vida-obra, ao transformar a vida de Bloom, sua família, seus traumas e dificuldades, suas fixações, taras e obsessões, não em reflexos de certa maneira diretos de sua experiência, mas em complexas reelaborações enviesadas, simbólicas, reconstruídas de seu casamento e de suas perspectivas ao se aproximar dos quarenta anos.

Ao *emendar* o *Ulysses* em *Um retrato...* e, com isso, como que *importar* para o romance toda a trajetória biográfica e literária de Stephen, Joyce mostrou como transformar o singular em universal, como depurar sua personalidade, suas experiências, sua vida, em um molde que não se sufocasse no biografismo estreito, mas partisse dele para uma manifestação mais ampla da humanidade. Com Bloom, no entanto, é levando até um elemento de saída estranho, universal, vário e amplo seus dados e sua vida que Joyce vai chegar a construir não mais um alter ego, mas um hiperego, um *eu* que serviria igualmente bem a ele e a praticamente todos os leitores possíveis.

Mas essa busca pelo *outro*, pelo *todos*, que gera o universalismo de Bloom, ainda não está encerrada quando o livro, em vários sentidos, acaba. O *Ulysses*, até seu penúltimo episódio, pode até falar de mulheres, pensar em mulheres, projetar as sensações de várias mulheres, mas é acabadamente um livro de homens. Se Joyce foi buscar Odisseu como modelo inclusive por ele ser casado, se Bloom parece ter dores de cabeça uma vez por mês, como que menstruado, se Gerty, Martha, a enfermeira Callan, Milly, Mina Purefoy, Mina Kennedy, Lydia Douce são todas elas peças que montam, até ali, um retrato bastante diversificado, abrangente e nada simples da situação feminina em 1904 e da situação feminina, ponto, nada desmente o fato de que tudo isso se deu até ali de um ponto de vista centralmente masculino.

E é aí que, num golpe brilhante, Joyce decide fazer do que seria essa aparente fraqueza um dos maiores trunfos formais e intelectuais do *Ulysses*.

Pois, a não ser que ele agora decidisse escrever mais centenas de páginas de um ponto de vista feminino, para equalizar pesos, forças e valores, a mulher como centro de orientação teria *menos* espaço no *Ulysses*: estava condenada a ter. E, em vez de escamotear, camuflar ou ignorar esse fato, o que Joyce decide fazer é compensar essa relativa exiguidade de extensão com *intensidade*. E, ao fazê-lo, escrevendo o célebre monólogo de Mollly, gera o trecho mais famoso do *Ulysses* e um dos mais citados de toda a história do romance, além de arrancar de Carl Gustav Jung, por exemplo, a afirmação de que ele entendia tanto de mulheres quanto a mãe do Diabo.

É claro, também, que é na sua vida que ele vai buscar vários dos elementos e das características psicológicas e estilísticas de Molly Bloom. Talvez até o mais famoso dos recursos estilísticos de todo o romance, a ideia de fazer do monólogo final um quase ininterrupto fluxo de oito parágrafos sem quase nenhum sinal de pontuação (há um ponto, bem no meio), possa ter vindo do que ele julgava ser uma característica do estilo das cartas e bilhetes de sua esposa, Nora, em vários sentidos a musa que inspira o romance todo.

AS VOZES

Mas, venham elas do próprio autor, de memórias de sua vida, de seus parentes, de sua esposa, de desconhecidos na rua, ou de qualquer outro lugar, o que resta, incontornável, é o fato de que todo romance é um tecido de pessoas. E, sendo um fato de linguagem, necessariamente todo romance acaba sendo um tecido de diferentes vozes, orquestradas pela presença de um fio condutor, o narrador.

É claro que haverá romances sem narrador, *narrados* em primeira pessoa, *transcritos* a partir de uma esfera aparentemente pré-verbal, ou pelo menos pré-vocal (como no caso da obra de Dujardin de que já vamos falar). É claro também que haverá romances com apenas um personagem, aparentemente sem nenhuma inter-relação de vozes diferentes.

É claro, afinal, que é exatamente da natureza do romance não se conformar a qualquer regra preestabelecida. Não ser definível, enquadrável em termos simples.

A ideia, no entanto, de que o registro mais tipicamente romanesco seria esse convívio de vozes mediadas, essa contínua polêmica *dialógica* entre uma voz central que se relativiza e várias vozes periféricas que se estabelecem, tal como sistematizou o crítico russo Mikhail Bakhtin, já pôde parecer a muitos críticos a mais poderosa definição do que poderia vir a ser o inapreensível *romance*.

Para Bakhtin, em termos muito resumidos, a poesia, no seu mais típico, é sempre um discurso do eu, da afirmação,* o drama, de que ele pouco fala, seria um discurso do *ele*, ou do *eles*, em que inúmeras vozes se estabelecem independentemente. O grande diferencial da prosa romanesca, o que faz dela o veículo mais adequado para a sensibilidade moderna, é no entanto a relativização dessas independências. Para Bakhtin, o *eu* não existe sem o *você*, e todos aqueles *eles*, portanto, não podem ser efetivamente *independentes* como vozes. E é no romance, na complicada relação autor-narrador-personagem, que essa interdependência, que essas inter-relações e múltiplas interferências vão se manifestar plenamente. Se uma boa parcela da crítica literária, e até dos romancistas,** acredita que as ideias de Bakhtin fornecem a melhor descrição do potencial literário e filosófico do romance, uma fatia cada vez maior dos leitores da obra de Bakhtin vem registrando a impressão de que é no *Ulysses* que essas ideias se manifestam mais acabadamente. Joyce uma vez disse que queria que seu romance pudesse servir de mapa para uma total reconstrução da cidade de Dublin caso algum acidente natural a destruísse; da mesma maneira, já se disse que toda a teoria do romance de Bakhtin poderia ser derivada do *Ulysses*, caso os escritos do autor russo viessem a se perder. Mas o que, exatamente, isso quer dizer? E o que acarreta para o leitor comum, que quer apenas acompanhar o romance?

A resposta simples é que o *Ulysses* é um livro em que você se vê constantemente levado a perguntar de quem é aquela voz. Quem está falando?

* Um registro em que mesmo o discurso da dúvida é um discurso categórico.
** Penso em nomes como David Lodge e Paul Auster e, no Brasil, Cristovão Tezza.

E, mais ainda: essa pessoa está falando de maneira *reta* ou *refratada*? Imitando alguém? Supondo o que outro diria ali? Lembrando?

Quer a resposta mais complicada?
Primeiro é preciso lembrar que a maior arma que o romance emprega para atingir aqueles efeitos e aquelas potencialidades é uma característica muito básica e central de todo o nosso uso de linguagem: o discurso citado. Ou seja, aquele momento em que pronuncio determinadas palavras, lavando as mãos quanto a sua veracidade, atribuindo qualquer mérito delas a outro, tomando posse de informações de outro, meramente reportando sua enunciação original etc. E o potencial da ferramenta está justamente na infinidade de relações que nós podemos ter com o discurso que citamos e nos inúmeros graus que pode ter a nossa manifestação dessas relações, da *fidelidade* ao cinismo, passando por todos os graus de ironia, ou todos os graus daquilo que Bakhtin costumava chamar de *refração*: desvios que geram uma imagem deslocada do objeto original.

E é nesse jogo que se criam os mais ricos efeitos, quando as vozes *conversam* entre si mesmo quando falam sozinhas, quando um discurso é sempre feito de outros, ao mesmo tempo em que altera todos os outros de que se constitui.

É claro, também, que esses efeitos variam conforme a técnica de representação empregada. E, como em todas as questões desse tipo, quanto mais refinados os meios, mais complexos os efeitos.

Boa parte da literatura de entretenimento se resolve unicamente com o uso da citação em discurso direto ("Ele pensou: 'Não aguento mais'") ou em discurso indireto ("Ele pensou que não aguentava mais"), em que é especialmente a seleção do verbo introdutor da citação que vai matizar a relação entre os discursos (disse, pensou, mentiu, tergiversou, confessou...). A terceira das formas mais comuns de citação de discurso, empregada algo isoladamente desde o século XVII, é o discurso indireto livre ("A subida foi penosa. Não aguentava mais.").

Para os nossos fins, aqui, é muito simples definir o discurso indireto livre. Trata-se, exatamente como o nome faz supor, do bom e velho discurso indireto, mas agora *livre*.

Livre de quê?

Daquele verbo (chamado de *verbum dicendi*) que avisava que o que vinha a seguir seria uma citação. Aquele *disse, argumentou, respondeu*, e também aquele *pensou, supôs*. Vai-se o *verbo de dizer*, mas ficam todas as marcas do discurso indireto, como o tempo verbal e a troca dos demonstrativos (*essa* por *aquela*). Ou seja: adeus à frase "Ele disse que não estava mais feliz ali"; bem-vinda a frase "Não estava mais feliz ali".

Um efeito interessantíssimo dessa forma de citação é o fato de que ela curiosamente rompe a fronteira da citação *necessária*. Como se pode ver pelo exemplo acima, fica muito difícil saber, na maioria dos casos, se aquela frase foi *pronunciada* pelo personagem, foi apenas *pensada* por ele, ou meramente descreve sua situação, do ponto de vista do narrador. Isso abre toda uma nova região de ambiguidades, polissemias e, claro, riquezas. Todas aquelas interações entre a voz do narrador e as dos personagens agora entram em um nível de maior complexidade, em que até mesmo a *autoria* das frases, dos comentários, fica a meio caminho, sem se resolver completamente.* Sem contar que aquele *verbum dicendi* podia fazer misérias. Afinal, o narrador poderia sempre escolher entre coisas como *disse, pensou, mentiu...* e, sem essa *orientação*,

---

* Exatamente, diria Bakhtin, como no nosso discurso cotidiano, em que todas as nossas *palavras* foram um dia citações. Todas as nossas *ideias*...

novamente fica mais rica a geração de possibilidades de leituras, de sentidos.

E é nessa linguagem, com o uso alternado e constante dessas três formas de citação do discurso, que se estabelece o grande romance moderno, cujo marco inicial pode ser a produção de Gustave Flaubert.

É portanto daí que Joyce parte para escrever seus romances. Mas ele ainda foi buscar num romance algo obscuro de 1888, *Os loureiros estão cortados*, de Édouard Dujardin, uma outra técnica, que já tinha também sido utilizada por Arthur Schnitzler (em *O tenente Gustl*, de 1900), e que ele levaria a um grau extremo de desenvolvimento e tornaria incrivelmente popular, apesar de ter feito sempre todos os esforços possíveis para se livrar da fama de *inventor* e atribuir a Dujardin os méritos de sua criação. A técnica em questão é comumente chamada de monólogo interior ou, em textos de crítica inglesa, fluxo de consciência.

Os dois nomes na verdade podem representar facetas diferentes do mesmo fenômeno. Mas bem vale lembrar que a ideia de um *monólogo interior*, que de saída já aponta para alguma similaridade com o solilóquio dramático shakespeariano, por exemplo, em que o personagem *fala sozinho* no palco, dando vazão a sentimentos e ideias que não poderia ou não deveria articular diante de outros, também mostra o quanto há de *discurso direto livre*, por assim dizer, nessa forma de citar o discurso do outro. E o discurso da pessoa, apresentado sem aquele "parágrafo, travessão".

Exatamente como a mera deleção do verbo que introduz a citação transforma em *indireto livre* o discurso indireto, podemos pensar que esse mesmo apagamento transforma o discurso direto em monólogo interior. Chega de "Ele pensou: nossa, eu estou cansado"; bem-vindo ao mundo em que as narrativas podem ser assim: "Ele largou o casaco na poltrona. Estou cansado. Melhor dormir".

Ou, se quisermos, como Joyce, misturar o monólogo interior e o discurso indireto livre, que tal algo assim: "Largou o casaco no sofá. Estava um caco. Melhor dormir".

Mas isso não é tudo. Como o próprio Dujardin já apontava em um texto posterior sobre a técnica que criou, parte da graça de seu uso intenso desse recurso se devia à capacidade que o monólogo interior tem de representar estados definitivamente pré-enunciação. Ou seja, discursos ainda não plenamente formados. Embriônicos, como que apanhados de surpresa, de pijama, quando a campainha toca.

Se até os dadaístas acreditavam que o pensamento se forma na boca, o que o fluxo de consciência pretende pintar é uma espécie de pensamento pré-verbal e, logo, num certo sentido também pré-racional. Daí o fato de as sentenças do fluxo de consciência terem, ou poderem ter, um aspecto mais telegráfico, de serem formadas mais de substantivos que de verbos, por sua capacidade de apreensão de sensações, mais do que ideias.

Joyce, no *Ulysses*, fez uso de todas as possibilidades da técnica.

Para começo de conversa, é bom lembrar que os livros de Dujardin e Schnitzler eram novelas, ou romances breves, mais diretamente apoiados numa técnica experimental; já no imenso corpo do *Ulysses* o experimentalismo não pode se sustentar sozinho, e a ferramenta precisou, portanto, receber todo tipo de acabamento formal. Quando acompanhamos Bloom temos acesso a uma espécie de fluxo de consciência, em que o aspecto pré-verbal se manifesta principalmente em telegrafismo e em saltos abruptos por associações de ideias que nem sempre acompanhamos facilmente. Já na *fala* final de Molly o que nos é apresentado é um grande monólogo interior, em que o discurso se apresenta quase como o veríamos enunciado, só que livre de quaisquer travas convencionais, sintáticas ou sociais.

Misturem-se agora todos esses procedimentos (frequentemente num mesmo parágrafo, e via de regra com ênfase nos dois últimos), some-se o fato de que não se trata aparentemente de uma escolha apenas técnica, pois o homem conforme visto por Joyce parece se aproximar bastante do homem da filosofia de Bakhtin, ou seja, seus personagens, representados por esse complexo sistema de interações e interpenetrações verbais, são eles mesmos formados, enquanto consciências, por um sistema igualmente complexo de interpenetrações e interações de outras consciências, outras vozes. Pronto, temos o instrumental básico da prosa do *Ulysses*.

Em outras palavras, temos um romance que usa todas as mais sutis maneiras de representar as falas e os pensamentos de pessoas que, elas mesmas, também vivem citando de formas delicadas e *enviesadas* todos os tipos de discursos, de seus pais, de seus amigos, conhecidos, de canções e livros famosos... "Em outras palavras..."

E em boa parte do tempo a grande pergunta do leitor vai continuar sendo: *quem está falando?*

O NARRADOR MORREU, VIDA LONGA AO NARRADOR

Assim como o uso das formas *livres* de citação abre uma porta perigosa e (exatamente por isso) cheia de possibilidades, como que borrando a distinção entre dito e pensado e, de outro lado, polemizando a atribuição das falas a um narrador ou a um personagem, o que o uso intensivo dessas mesmas possibilidades acaba realizando é um progressivo *esvaziamento* da figura do narrador, daquela confortável voz estável que nas narrativas mais simples leva o leitor pela mão e se mantém, a todo momento, distinta do que narra; separada.

Primeiro, veja bem, é preciso dizer que se trata de um desaparecimento muito diferente daquele do livro de Dujardin, todo dominado por uma única voz, e diferente, também, do que acontece em *JR* de William Gaddis, quase que exclusivamente formado de diálogos, ou em *O paraíso é bem bacana*, de André Sant'Anna, dominado por monólogos isolados.

No *Ulysses* o narrador não é *eliminado* da equação; ele é como que *dissolvido* nela. Por meio daquela série de *ataques* em que um discurso que pode ser dos personagens vai se infiltrando sem grandes marcas na sintaxe e também graças à recusa quase categórica do livro em estabelecer uma voz estável e contínua de narrador, o leitor se vê desprovido do *apoio* narrativo que costumeiramente receberia dessa figura mais *firme*.

Porque, afinal, diferente ou não daqueles outros, trata-se, sim, de um tipo de desaparecimento.

E os únicos narradores tradicionais que veremos no *Ulysses*, aquelas vozes que vão conduzir a narrativa e dizer o que está acontecendo, serão curiosamente piadas, caricaturas.

No episódio do "Ciclope", por exemplo, temos a voz de um anônimo contador de *causos* que em algum momento está relatando o que aconteceu no bar de Barney Kiernan lá pelo fim da tarde, numa retórica exageradíssima e toda diagonal. Mas ao mesmo tempo essa voz e sua retórica são continuamente ridicularizadas por uma série de *pastiches*, de caricaturas de todos os tipos possíveis e imagináveis de discursos empolados, exagerados, tendenciosos.

Já em "Eumeu", o que nós vemos é o *Ulysses*, depois de todo o seu caminho por estilos e modos variados de narrar, rindo das estratégias da narrativa tradicional, senil, cansada, abusando de lugares-comuns e recursos de efeito duvidoso. Ou, como querem alguns críticos, o que temos ali diante de nós é a imagem do que seria uma literatura escrita por Bloom, na mesma medida, talvez, em que "Proteu" seria a literatura dujardiniana escrita por Dedalus.

Descontados esses e outros momentos mais pontuais, como a sucessão de sátiras de "O gado do Sol", o que nos resta é aquele narrador algo esvaziado, todo mergulhado no mundo *subjetivo* dos personagens.

Ou seja, nos falta precisamente aquela figura distante e *objetiva* que poderia nos contar a história.

A história, no *Ulysses*, nunca é contada. É como se ela fosse vivida, pelos personagens, obviamente, mas também pelo leitor, como que em tempo real, sem auxílios e interpretações.

Assim como certa literatura de entretenimento pode parecer cansativamente condescendente, informando, glosando, explicando coisas que você seria plenamente capaz de entender por conta própria, o *Ulysses* segue na direção oposta. Ele acredita na sua inteligência. Na sua capacidade de entender sem ajuda. E, acima de tudo, na sua capacidade de fazer perguntas.

Pois, se não há a reconfortante presença que explique e conduza, vai ser sempre necessário, além de perguntar quem falou/pensou aquilo, perguntar por que aquilo foi dito/pensado.

Por que ali? Por que depois daquilo? Por que naquele lugar? Por aquela pessoa?

Se num romance hipotético um personagem do século XXI vê uma foto de Gandhi e começa a pensar nos méritos da resistência pacífica, presume-se que o leitor entenda o que o levou a passar de uma coisa à outra. Se, contudo, como no episódio de "Hades", Bloom rapidamente começa a inspecionar as unhas (um cacoete seu nesse tipo de situação) quando todos estão animadamente cumprimentando alguém que viram na rua, o leitor precisa primeiro perceber que há algo ali (por que Bloom não se junta aos alegres cumprimentos?) e depois se perguntar por que ele está *fingindo* que examina as unhas.

Joyce disse que a verdadeira chave para a imortalidade literária era manter os acadêmicos ocupados. O *Ulysses* é um livro

cheio de mistérios, inclusive mistérios irresolvidos e talvez irresolvíveis. Mas não é preciso ser um estudioso para ficar infinitamente ocupado com as perguntas do *Ulysses*. Basta ser curioso.
Basta querer saber.

Desde os mistérios que praticamente se anunciam como tais (Quem é o homem com a capa de chuva no enterro? Por que ele está ali? É ele um dos homens-sanduíche que fazem propaganda para a papelaria Hely's? Quem é Martha Clifford? Qual é a palavra que todos os homens conhecem?) até os pequenos pontos soltos, que surgem praticamente a cada passo num romance em que as pessoas basicamente pensam em voz alta o tempo todo e em que, como você, elas não pensam com notas de rodapé.

Elas poderiam ver Gandhi e pensar: Índia. Paz. Sal.

Mas podem ver C. P. M'Coy e pensar: Valise. Fanhosa. Homossexualismo?

E você é que deve deslindar as ligações.

E elas normalmente são compreensíveis. O que você precisa é aplicar a maior qualidade humana que a literatura tende a exercitar: a nossa capacidade de nos pôr no lugar de um outro, de sentir com ele, pensar com ele, tentar entendê-lo.

Algumas coisas dependerão de informações contextuais: por exemplo, fica apenas implícito que aquela carta que chega endereçada à senhora Marion é uma ofensa aos padrões da etiqueta social de 1904; mas para saber que esses padrões previam que uma mulher casada fosse chamada pelo nome do marido, devendo Molly portanto ser tratada por senhora Leopold Bloom, você pode precisar de ajuda. E quanto a tais coisas este livro tenta lhe dar exatamente essa ajuda.

Outras coisas já são questão apenas de exercer a capacidade de empatia. Por que, por exemplo, Bloom classifica de *segura* a letra que endereçou a carta, e por que seu coração *para* imediatamente quando a vê? Várias dessas perguntas vão ser respondidas logo depois, ou em outros momentos do livro e, nesses casos, o que se espera, sempre, é a releitura.

Ou, mais ainda, a memória, aquela capacidade tão joyciana.

Quem for capaz de marcar como *intrigante* a reação de Bloom à carta, assim como a pergunta de Molly, que finge querer saber *para quem* eram as cartas, quando o relevante, obviamente, já que moram só eles ali, seria saber *de quem* elas eram (resposta que Bloom, aliás, fornece apenas para as cartas de Milly, que presumivelmente não terão tanto interesse para ela, e sonega para a de Boylan), logo entenderá esses fatos quando ficar claro o *papel* de Boylan naquele dia.

Quem, contudo, for capaz de guardar o nome Bannon, mencionado levemente no primeiro episódio, vai reencontrá-lo bem no fim do dia, e talvez ficar sabendo algo mais sobre a filha de Bloom.

Quem, ainda, quiser entender por que Bloom guarda numa gaveta a fita que um dia enfeitou um certo ovo de Páscoa, vai se juntar, provavelmente, àquele exército de acadêmicos que continua intrigado.

É diante dessa situação que este livro se coloca.

Não para substituir a presença condutora do narrador, mas apenas para mostrar a importância da curiosidade, da atenção, de não deixar de fazer perguntas e, na melhor das hipóteses, para lhe ensinar quais perguntas fazer, e lhe ajudar a formular essas perguntas.

Posologia e modo de usar

O *Ulysses* não é um suspense. Ou uma série de TV que se encaminha para algum poderoso *cliff-hanger*. Claro.

Falar de *spoilers* aqui talvez seja até primário.

Mas eu, por exemplo, sou um leitor bem primário, e detesto que me contem detalhes que ainda não foram revelados no livro. Como, no entanto, o tipo de amarração entre os episódios do *Ulysses* faz com que informações relevantes para uma mesma parte da trama ou para a elucidação de um mesmo detalhe estejam espalhadas em trechos diferentes, e não é raro que a resposta venha antes da pergunta (a solução antes de a gente saber que haverá um problema), é difícil evitar revelar certas coisas às vezes centenas de páginas antes de elas acontecerem.

Eu tentei diminuir ao máximo esse elemento.

Mas, quando não pude, me consolei com duas coisas.

Uma delas é o fato de que eu não espero que você faça a leitura deste livro *antes* de ler o *Ulysses*. Logo, vamos caminhando lado a lado.

A outra é o fato de que essas *revelações* nunca são o equivalente da identidade do assassino no romance policial. Mais ainda, algumas delas, mesmo depois de *reveladas*, podem não ser percebidas quando recorrerem, centenas de páginas depois. Assim, o que eu estou fazendo é, conforme prometido, apenas dizer *preste atenção* em coisas que podiam passar despercebidas, mesmo que para isso, para justificar o alerta, eu tenha que entregar certos dados adiantadamente.

Mais relevante, talvez, é a retomada da ideia de que o *Ulysses*, afinal, não é um thriller. Os *o quês*, aqui, são tão interessantes quanto os *comos*. E mesmo que se saiba de saída algo que ainda não apareceu, ver como se articulam essas informações pode ser muito mais gratificante.

Assim, talvez o melhor jeito de usar este guia seja, para um leitor de primeira viagem, *durante* a leitura, provavelmente parando episódio a episódio no *Ulysses* e correndo aqui para em seguida revisitar as mesmas páginas e ver o que por acaso deixou de ver. Essa mesma experiência há de fazer com que esse resíduo não percebido, aliás, vá ficando cada vez menor.

Se, por outro lado, depois de algum primeiro contato com o livro, lhe parecer que o melhor é ler aqui os comentários a cada episódio *antes* de fazer a leitura do trecho correspondente do *Ulysses*, aquela ideia de que a descoberta de como as coisas se revelam é mais interessante que quaisquer eventuais segredos lhe garante esse álibi. Você certamente não vai perder se tentar fazer de uma primeira leitura do *Ulysses* já uma espécie de releitura.

Este guia pretende, como dito anteriormente, ajudar o *Ulysses* no seu processo de ensinar o leitor a ler o *Ulysses*.

Para um leitor que já tenha feito uma ou muitas leituras, talvez o guia possa funcionar como leitura independente e, na melhor das hipóteses, como estímulo para mais um retorno ao livro.

Agora, se você quer ler *apenas* o guia, para depois poder falar do *Ulysses* nos bares da vida, aí eu tenho que lhe dizer que você está perdendo muita coisa. Muito livro. Talvez o maior deles. Um *Ulysses* inteiro.

Vamos a ele.

TELEMAQUIA

Exatamente como o poema de Homero não se abre diretamente com os feitos de Ulisses, mas sim acompanhando os preparativos de Telêmaco, o príncipe herdeiro, para sair em busca do pai desaparecido, o romance de Joyce começa com a figura de Stephen Dedalus.

Ainda não começou a *Odisseia*, propriamente dita; ainda estamos na *Telemaquia*.

Isso se reflete em várias decisões. Uma delas, manifesta nos quadros de referências de Joyce, é o fato de que ele não atribuiu a esses três primeiros episódios uma correspondência com partes do corpo. Se naqueles quadros vemos que o *Ulysses* representa um corpo humano completo, anatomizado, com cada episódio correspondendo a uma parte desse corpo, o primeiro momento da história ainda está fora do organismo. Estamos no incorpóreo, abstrato e intelectual mundo de Dedalus, que depois será violentamente contrastado com o pé-no-chãosismo de Leopold Bloom.

Aliás, vai ser só com a entrada de Bloom em cena, daqui a três episódios, que a famosa odisseia de Dublin vai começar a ter lugar, ora, em Dublin. Os três primeiros episódios, afinal, acontecem em Sandycove, Dalkey e na praia de Sandymount, com Stephen já caminhando para o "coração da metrópole hibérnica"; mas em momento nenhum a ação dessas páginas toca a cidade propriamente dita. Como na metáfora corpórea, estamos de certa maneira numa *periferia*.

Outra característica que praticamente isola em um *prelúdio* esses primeiros episódios é sua cronologia destacada do restante. Daí em diante, só o "Ciclope", talvez, estará deslocado de uma mesma linha temporal.

Vamos, como já vimos, acompanhar Dedalus das oito horas da manhã até perto da hora do almoço, mas com a abertura de "Calipso", o livro vai voltar às oito horas e como que começar de novo.

Como Stephen Dedalus, além de tudo, era já um personagem conhecido, é curioso pensar que os leitores de primeira hora do *Ulysses*, quando foram acompanhando a publicação dos primeiros episódios, tiveram provavelmente a certeza de que veriam ali mais um livro *estrelado* por Dedalus, uma espécie de *continuação* do romance anterior. E essa certeza seria vigorosamente anulada pelo movimento da abertura de "Calipso", que institui o verdadeiro *herói* do romance e atropela a cronologia inicial.

Já de saída, um dos grandes temas dessa nossa visita ao *Ulysses* se apresenta, portanto. Nas primeiras dezenas de páginas Joyce parecia prometer um romance diferente do que vamos ler.

As coisas nem sempre são o que parecem à primeira vista.

Preste atenção e mantenha sempre a disposição de se surpreender. Tudo, aqui, pode ter significado. Ou por que será que as três grandes partes em que o livro se divide começam com as letras S, M e P, que podem ser as iniciais dos nomes dos três protagonistas (Stephen, Molly e Poldy); ou podem ser as letras com que se abreviavam as partes de um silogismo filosófico do tipo "Todo homem é mortal" (*subjectus*), "Sócrates é um homem" (*medium*), "Sócrates é mortal" (*praedicatum*)?

1. Telêmaco

Bom dia.

São oito horas da manhã. Estamos bem na metade do ano, perto do solstício de verão no hemisfério Norte e o tempo em Dublin ("toda a Irlanda é banhada pela corrente do Golfo"), bem mais quente que o da ilha britânica vizinha, está agradável apesar de algo abafado, embora estejam todos torcendo pela chuva (que virá, paciência), depois de um longo período de estiagem.

Estamos no topo de uma torre de defesa, construída pelos ingleses para defender a colônia irlandesa de uma eventual invasão francesa comandada por Napoleão. Essas torres eram baseadas em antigos planos italianos, segundo um modelo copiado de um original na cidade de Mortella, que, em mais uma percepção meio enviesada, deu origem ao nome Martello, com que são conhecidas.

São estruturas bem atarracadas, de três andares, com grossas paredes concebidas para resistir a balas de canhão, que transformam o espaço interno em uma reduzida câmara abobadada.

Esta torre Martello, especificamente, foi a casa do jovem Joyce entre 4 e 8 de setembro de 1904, e hoje está aberta para visitação.

* * *

A primeira cena mostra uma figura de amarelo (ele vai de certa forma *simbolizar*, entre várias outras coisas, uma espécie de celebrante de uma missa, uma paródia de missa ou uma missa negra, que vai percorrer todo o romance) que se prepara para fazer a barba antes do café da manhã e fala sozinho, abençoando a paisagem da baía de Dublin.

Trata-se de Malachi St. John Mulligan, embora só venhamos a saber seu nome completo mais no fim do dia, exatamente como acontecerá com o senhor Bloom, cujo nome do meio vai ficar como "segredo" por muito tempo. No entanto não chegaremos em momento algum a conhecer o nome do meio de Dedalus, numa de muitas assimetrias que, ao sublinhar o que não sabemos, servem basicamente para aumentar nossa curiosidade.

Mulligan é, em primeira instância, o representante no livro de Oliver St. John Gogarty, o amigo com quem Joyce dividiu o aluguel daquela torre e que viria a se tornar ministro do Estado livre irlandês. E a ligação entre os dois é reforçada precisamente por aquele nome do meio, de cuja existência ainda nem sabemos.

Mas podemos talvez suspeitar.

Logo em seguida Mulligan percebe a presença descabelada e enfastiada de Dedalus, que subiu até o topo da torre provavelmente para não ter que ficar na companhia de Haines, o hóspede dos dois, um inglês que durante aquela noite teve um pesadelo em que perseguia uma pantera negra e chegou a disparar um tiro contra ela. Sem querer abusar demais, já de saída, dos paralelos biográficos, mas ao mesmo tempo demonstrando sua importância, a marca daquele tiro ainda está lá, na parede da torre hoje transformada em Museu James Joyce. Dedalus está com uma cara tão feia que Mulligan se dirige a ele como num exorcismo, fazendo sinais da cruz no ar e murmurando coisas ininteligíveis.

A escada que leva ao topo é estreita e termina não numa porta, mas numa pequena abertura no nível do chão. E é por isso que Dedalus pode se apoiar no topo da escada, como o texto afirma. Ele está, quando Mulligan o vê, como que dentro de um buraco, olhando para cima. E é por isso, também, que um dos primeiros detalhes em que o sempre ressentido Dedalus se concentra são as restaurações de ouro nos dentes do amigo. Ele, Dedalus, está com um dente todo comido de cárie, veremos em breve, e não sabe se usa seu dinheiro para beber ou ir ao dentista.

É no que ele vê essas restaurações que temos o que será a primeira aparição do seu monólogo interior no livro: uma única palavra, *Chrysostomos*, que definitivamente não parece pertencer ao narrador que vinha nos contando a história.

Pois bem, *Chrysostomos*, como diria o senhor Bloom, "*é grego, vem do grego*", e quer dizer, literalmente, "boca de ouro". Mas, mais ainda, trata-se de um epíteto comumente aplicado a grandes oradores e, muito especificamente, a alguns dos santos da Igreja católica. Os detalhes do catolicismo, o grego, tudo aponta claramente para Dedalus como *autor* daquela exclamação inserida entre as palavras do narrador. E assim somos, muito gradualmente, apresentados ao monólogo interior.

Agora, se você realmente quer saber, o mais famoso dos crisóstomos cristãos, claro, é São João Crisóstomo, exatamente aquele nome do meio, St. John, que até aqui, no entanto, nós não conhecemos. E essa é outra das grandes *regras* de leitura do *Ulysses*. Já se disse que se trata de um livro que apenas se pode reler. Isso pode ser um exagero retórico, mas o fato é que esse padrão (de uma *resposta* ou uma *referência* que aparecem antes de sabermos a pergunta ou conhecermos o fato) vai se repetir ao longo de todo o livro.

Procrastinar o fornecimento de informação é um dos procedimentos mais interessantes de que o livro se serve para gerar interesse permanente e não ofender a inteligência de nenhum leitor. Assim, ele não mastiga nada, nunca redunda, e consegue criar *suspense* (!) a partir da própria condução da narrativa.

Para um exemplo perfeito desse procedimento, tente apenas ver o quanto a aparência de Bloom é construída lentamente, ao longo de centenas de páginas em que quem lê vai tendo que *corrigir* a imagem que tinha à medida que os dados aparecem, ao invés de contar com uma cordial descrição logo nas primeiras páginas.

Em termos de narração, aquela primeira *invasão* da voz narrativa pela voz de Dedalus preconiza toda uma série de interpolações em que, repentinamente, nos veremos diante de frases, parágrafos inteiros, que revelam apenas o que se passa na cabeça de Dedalus, especialmente nos momentos em que ele pensa na mãe, na morte.

A conversa entre os dois no topo da torre revela muito das estranhas tensões entre eles. Inveja, ressentimento, talvez um certo homoerotismo. Do ponto de vista da *trama* ela nos faz saber que Stephen esteve no exterior e voltou recentemente por causa da doença, logo seguida de morte, de sua mãe, em outubro de 1903, de modo que Dedalus ainda porta luto. O incidente com a arma de Haines também é esclarecido aqui.

Um trecho interessante, e complexo, é o parágrafo que se refere ao menino chamado Ades e ao *trote* que ele teria tomado em Oxford. Estamos dentro da cabeça de Dedalus quando acompanhamos essa *descrição*. As associações de ideias e as palavras que fecham o trecho ligam tudo muito claramente a ele a aos assuntos em que tem pensado. Pois é ele quem de certa forma pode passar da constatação da barbárie dos meninos ricos da Irlanda e da Inglaterra para a situação política da colônia (vale lembrar que aquele "para nós próprios" que aparece no monólogo nada mais é que a tradução do gaélico *Sinn Féin*, que até hoje dá nome ao braço político do IRA), e só ele pode passar desse tema para o autocentramento da elite irlandesa (a imagem do *umbigo do mundo*, presente naquela outra palavra grega, *ômphalos*) e daí para a leviandade pseudorreligiosa de Mulligan, seu "neopaganismo". Aquelas palavras soltas, cada uma delas já bastante cifrada, são como que a assinatura de Dedalus naquele trecho. Como se ela ainda fosse necessária...

Mas o mais curioso é que Dedalus não estudou em Oxford. Bom, o trecho pode ser mera caricatura ou lembrança de uma conversa anterior, como parece realmente ser o caso, e portanto seria reencenação da memória e da vida de Mulligan, e não da sua. Só que, assim, ele serve muito bem para demonstrar o grau de proximidade dessas duas consciências e o quanto Stephen tem de se esforçar por apagar a presença de Mulligan na sua vida. Mesmo num trecho todo *seu*, quem fala através da sua é a voz de Mulligan.

Outro tema que ressoa muito vigorosamente a partir daqui é o *Hamlet*.

Como na abertura da peça de Shakespeare, estamos num posto de vigia, onde um outro indivíduo chega para fazer companhia ao primeiro enquanto esperam um fantasma. As ligações entre o *Ulysses* e o *Hamlet* dariam todo um livro, como o comentário de Haines sobre a semelhança da torre com o castelo do príncipe da Dinamarca e o subsequente, e estranho, silêncio trocado por Dedalus e Mulligan deixam muito claro. E as associações são muitas, e muito férteis.

O mais interessante a se manter em mente aqui é que o método de Joyce nunca é criar correspondências lineares. Dedalus, nessa primeira cena, basicamente *é* o príncipe, mas age também como Horácio para o Hamlet de Mulligan e para o fantasma de Haines (que, como na peça, surge como uma voz que vem do chão). Aliás, veja bem que o papel do fantasma, aqui, será de sua mãe, e não de seu pai etc.

Outra informação relevante que arrisca se perder é a presença de uma nuvem, indicada logo no início do texto ("Mar e terra escureciam") e descrita já na página seguinte. Essa nuvem, que só se afastará quando o humor de Dedalus melhorar, nos servirá muito bem em "Calipso".

Quando eles descem para tomar café, a conversa parece funcionar melhor, como se a presença de Haines, o *estrangeiro*, ao menos naquele momento servisse para nivelar as diferenças entre os dois. O humor geral melhora e eles brincam e imitam estilos e vozes.

A chegada da leiteira, atrasada, serve como gancho para mais um devaneio de Dedalus. Perceba que o narrador cede espaço para Dedalus a tal ponto que, quando ouvimos novamente a voz de Mulligan ("É verdade, dona"), nem sabemos direito a que ele está se referindo. Deixamos de ouvir a conversa, ao acompanhar os pensamentos de Dedalus, que, levado pela aparência da mulher e por uma antiga simbologia que identificava a Irlanda com uma velhinha e com o melhor espécime do rebanho britânico ("seda da grei"), viu nela bem mais do que só uma mulher.

Mulligan, enquanto isso, irônico ou não, se desincumbe de conversar com a leiteira. Dedalus, que mais uma vez se deixa levar pelo humor azedo que o tomou no alto da torre, cai num certo desprezo por essa senhora que, agora, representa todo um povo, para ele. E que renega a ele (que se imagina como improvável padre, como se no futuro que chegou a vislumbrar em *Um retrato...*) enquanto se dobra diante das palavras de Mulligan.

Haines, por sua vez, o símbolo do conquistador britânico, tenta falar em irlandês com a leiteira, ao mesmo tempo em que dá exemplo da postura típica da Inglaterra colonial em relação à Irlanda, quando ordena que Mulligan "pague e não bufe".

As ambiguidades de Dedalus se manifestam de novo num silêncio.

É Mulligan quem pergunta se a leiteira trouxe a conta. Dedalus, enquanto isso, serve o leite, como que fingindo não ter ouvido. Alguém, afinal, terá que pagar, e a relação de Dedalus com seu dinheiro é tudo menos prudente, e tudo menos tranquila, como veremos ainda bem mais claramente quando até Bloom resolver intervir e como que "confiscar" o dinheiro de Stephen, para minorar seus desmandos.

Mulligan paga, e de quebra ficamos sabendo que eles estão na torre há dez dias, e que nos últimos três vivem com mais um hóspede, o que fez a quantidade de leite recebida aumentar.

Depois do café, Mulligan quer ir à praia. O que rende motivos para algum sarro às custas de Dedalus, "o bardo imundo", que, mais tarde saberemos, de fato não toma banho há meses.

Agora é a vez de Haines se mostrar simpático. O livro está cheio de pessoas que são muito mais simpáticas com Dedalus do que ele acha. A começar por Mulligan. E é muito curioso percebermos o quanto podemos nos deixar levar pela má vontade do personagem e dos narradores que o acompanham, passando por alto as marcas de efetiva benevolência, imperceptíveis para o autocentrado Dedalus, que, agora, pensando que Haines, se fala com ele, o faz por dor na consciência, rumina a expressão "agenbite of inwit" ("remorsura do inteleito"), retirada de uma tradução medieval de um tratado religioso francês. O único motivo de aquele inglês bem de vida querer falar com ele, portanto, seria um *remorso*, uma *dor na consciência*.

O tema do *Hamlet* volta a se anunciar. Mulligan está fazendo o possível para ser o relações-públicas de Dedalus e garantir alguma atenção para a pequena palestra que se espera que ele dê na Biblioteca Nacional naquela tarde. Ao perguntar se essa palestra poderia lhe dar dinheiro, Stephen começa a dar mostras de que pode estragar o evento. E em "Cila" poderemos ver plenamente o que ele faz, tanto em termos de brilhantismo intelectual quanto no quesito analfabetismo social.

Eles se preparam para descer para a praia. Mulligan, ao dizer que precisa de luvas bordô e botas verdes, pensa que eles estão virando uma caricatura de irlandeses diante dos olhos britânicos de Haines. Dedalus, recebendo seu chapéu mole de abas largas (que vai ser motivo de não pouco estranhamento e confusão durante o dia), é mais uma vez *acusado* de querer ser francês (tomar chá preto sem leite? Na Irlanda?).

Um dos itens que eles pegam para sair é a bengala de Dedalus, que será sempre chamada de "paudefreixo". É bem verdade que a palavra "ashplant" está dicionarizada em inglês, e poderia (e talvez devesse) ser traduzida meramente por "bengala". No entanto, é apenas a bengala de Dedalus que recebe esse nome no livro, e o fato de que cajados de freixo eram tradicionalmente ligados aos profetas, aos druidas, pareceu mais relevante para essa escolha de tradução. Deixe-se Dedalus com seu paudefreixo. Outra pequena questão de tradução envolve a palavra "escadinha". No original há uma "ladder", que deixa claro que se trata de uma escada de finos degraus de metal, posta na vertical, do tipo que se sobe (e desce) com as mãos e os pés nos degraus, uma distinção que não fazemos com tanta facilidade em português.

Stephen, ao sair, põe no bolso a "imensa chave", que será profundamente simbólica do abandono desse lar provisório, de onde ele se sente expulso, e para onde talvez não volte mais. Ele jocosamente chama a torre de "*ômphalos*", como o oráculo de Delfos, o lugar que ele pensava que, como a Irlanda, seria *para nós próprios*, o lugar a que ele não tem direito, e que, assim, mais uma vez simboliza a Irlanda colonizada.

Que também será evocada por outro de seus epítetos, *a ilha esmeralda*, graças à pedra verde que orna a cigarreira de Haines.

E é Haines, mais uma vez, quem traz o Hamlet à tona, e o silêncio que se segue, entre Dedalus e Mulligan, diz muito sobre o peso que essa comparação tem para eles.

Dedalus ainda pensa que Mulligan vai querer ficar com a chave, e pela sua cabeça passam as frases "*É minha. Eu paguei o aluguel*". Mas exatamente como no caso daquela lembrança da cena de Oxford, que embora parecesse dizer respeito a Dedalus, era na verdade de Mulligan, aqui, é preciso que o leitor considere que Dedalus imagina *ouvir* essas frases de Mulligan, e não dizê-las a ele. Por quê?

Já se fez muita conta, e, apesar da dificuldade de estabelecer valores precisos para o dinheiro em 1904, está além de qualquer dúvida que Dedalus, que usa até roupas de favor, não teria a menor condição de pagar as doze libras do aluguel da torre, quase certamente bancada com o dinheiro da família de Mulligan.

Tudo isso começa a se acumular na cabeça de Dedalus, que se deixa levar por essas tensões anticoloniais, culminando na sua discussão com Haines, que, ao ouvir que o amigo se considera servo de dois senhores, um inglês e um italiano, apenas estranha essa segunda colocação. A servilidade em relação à Inglaterra ele dá de barato.

E quem seria aquele *terceiro* senhor que oprime Dedalus?

Provavelmente (e paradoxalmente) a própria Irlanda, que ele decidiu que não quer cortejar nem servir.

Outro tema que já dá as caras nesse primeiro episódio é o antissemitismo, representado, claro, pela figura aparentemente antipática de Haines. Quando Bloom entrar em cena, essa *profecia* de preconceito vai começar a mostrar a que veio.

O estranho que eles encontram na praia se dirige a Mulligan, perguntando pelo irmão dele. E ficamos sabendo que ele está fora da cidade, com os Bannon.

E se o surgimento do antissemitismo já pode apontar para a entrada de Bloom, a família Bannon, com aquela informação de que um de seus membros, o amigo de Mulligan e de seu irmão, conheceu uma menina por quem está interessado, apontará para

Milly Bloom. Pois é dela que se fala aqui, apesar de ainda nem termos sido apresentados a ela.

A conversa caminha até chegar a Nietzsche e sua noção de *super-homem* (*Übermensch*), ou sua obra *Assim falou Zaratustra*.

Mas enquanto se fala de todo tipo de coisa, uma outra informação bem relevante mais uma vez corre o risco de passar despercebida. Pois quando Mulligan, cinicamente, pede para Stephen deixar a chave com o pretexto de que precisa de algo para manter a roupa no lugar, por causa do vento, ele também pede dois pence, "para uma cerveja".

E Dedalus obedientemente larga duas moedinhas. Exatamente as duas moedinhas que deixou de dizer que tinha, para ficar devendo à coitada da leiteira. Não será a última vez que ele emprega seu dinheiro preferencialmente para beber e pagar bebidas para os outros; assim como não será a última vez (e nem a mais dolorosa) em que ele deixa de dizer que tem dinheiro para não ter que dá-lo a quem precisa.

E eles se despedem.

Mulligan pede para ele não esquecer que devem almoçar juntos. E Dedalus irá?

E enquanto se afasta, mais uma vez ouvindo mentalmente o coro da missa de réquiem ("brilhando como lírios te circundará o coro das virgens"), Dedalus vê vagamente uma nuvem ("nimbo") que representa a forma do banhista que estava próximo deles, ouve uma voz que o chama (Mulligan) e a que não dará resposta e entrevê uma cabeça que lhe parece até ser de uma foca, de tão mal que enxerga.

Dedalus tem hipermetropia, forte. E saberemos apenas já com a noite avançada que, como num momento marcante de *Um retrato...*, ele está sem óculos. Por isso essa mistura de impressões visuais precisas e vagas.

E a última palavra do episódio parece deixar claro que não é apenas a perda da visão que ele lamenta.

2. Nestor

O segundo episódio se abre *in medias res*, no meio de uma ação que não nos foi apresentada. Dedalus está dando aula: história e literatura, ao mesmo tempo. Mas acima de tudo, o que perceberemos nessa primeira cena (esse episódio, como vários outros, pode ser dividido em três *momentos*) é que ele está com a cabeça muito longe do seu dever naquela sala de aula. Ele nem mesmo sabe as respostas que quer dos alunos, como fica claro quando precisa, sorrateiramente, conferir o nome da cidade de Ásculo antes de falar.

Outra questão tacitamente presente nessa sala de aula é uma certa inveja que Dedalus parece sentir dos alunos, que aparentemente vê como crianças mais afortunadas que ele e até sexualmente mais maduras. Com efeito, quando os alunos "no banco de trás" começam a sussurrar diante da menção do píer de Kingstown, ele sabe que estão falando do fato de que os jovens casais costumavam se encontrar sob o píer.

É por essas e outras que a aula, propriamente, se perde. Um aluno chega mesmo a interpelar: "E a aula de história, professor?". Enquanto outro, mais atrevido, pede: "Conte uma história".

E não é só o professor que *cola*. Quando Talbot lê o trecho de Milton que deveria ter decorado, o faz "olhando o livro aqui e ali". E Dedalus, que percebe, pouco se incomoda. É esse o sentido de seu "pode virar; não estou vendo nada". Talbot chegou ao fim da página e não sabe o que fazer. Mas, bom aluno mau, finge que não foi com ele e faz de conta que recomeçou "depois de lembrar de repente".

É um pequeno trecho, muito pouco importante, mas que ensina muito sobre como ler o *Ulysses*. Esse "depois de lembrar de repente", por exemplo, aparece sem marca nenhuma. Somos nós que temos que ver o quanto é cínica a frase. E para isso precisamos ter entendido o que estava acontecendo.

Está dito.

Mas delicadamente.

E de repente os alunos lembram que é quinta-feira, e que as aulas acabam mais cedo. Para encerrar a caótica aula, Dedalus lhes propõe uma charada que, claro, mais revela sobre os fantasmas que o assombram do que diverte os alunos. São vias tortuosas, sempre, com Dedalus. Mas o fato de que ele pronuncia a resposta "com a garganta coçando" mostra que ele ainda pensa na mãe, na morte, e na sua culpa.

A cena que se segue, depois da debandada dos alunos rumo ao jogo de hóquei, é até aqui o momento mais tocante de Dedalus. Sargent, um aluno fraco, recebeu do diretor da escola a ordem de ir mostrar para o professor a cópia que tivera que refazer dos exercícios de matemática. De pronto, ao ver o menino, Dedalus se enxerga nele. Nele revê sua infância e nele projeta seus traumas, especialmente sua nova condição de órfão.

E, assim, ele se preocupa com o menino. E em vez de meramente assinar o caderno e atestar que ele tinha copiado novamente os exercícios, faz a pergunta correta, e quase inesperada, dada a leviandade com que vinha levando seus deveres como professor. Será que o menino tinha entendido; ou a cópia tinha sido exercício vão?

E ao mesmo tempo em que tenta explicar, guiar o menino, ele se perde em devaneios sobre o amor das mães pelos filhos. Ao mesmo tempo em que ressoa lá fora o estrondo do hóquei, ele se perde em pensamentos cifrados e declarações indiretas.

É um dos momentos em que começamos a ver a profundidade do buraco em que Dedalus se encontra, e o quanto representa para ele a perda da mãe. Mesmo que ele possa formular esse impasse em termos de uma questiúncula gramatical latina: *Amor matris*, genitivo subjetivo (o amor que a mãe tem pelos filhos) e objetivo (o amor dos filhos pela mãe).

Às imagens da fragilidade física de Sargent somam-se as insinuações de sua pobreza, como, por exemplo, no caso da folha "rala" de mata-borrão.

A saída de Armstrong é a entrada em cena do senhor Deasy, neste episódio tripartido. O diretor chega irritado, sem perceber por que os alunos estão gritando. E curiosamente é Dedalus, o professor negligente, quem percebe que foi a distribuição dos times (os dois melhores jogadores no mesmo time?) que gerou o atrito.

Já nesse primeiro momento se declara que o senhor Deasy "gritava continuamente sem ouvir", e essa característica será bastante repisada. Num outro recurso eficiente para como que *despersonalizar* o personagem, ele também tende a ser descrito como um conjunto de partes: um bigode enfurecido aqui e uma cabeça maltinta ali (aliás, difícil pensar que ele realmente pintava o cabelo... provavelmente é à descoloração natural dos cabelos pela idade que se refere Dedalus, do alto dos seus 22 anos, sempre atento aos sinais da passagem do tempo).

Esperando sozinho no escritório, Stephen olha a decoração, que inclui um jogo de colheres que representam, cada uma, um dos apóstolos. A pequena *transação financeira* que representa o pagamento da terceira semana de trabalho de Dedalus (o terceiro *laço* que o prende ali) acontece depois disso, em meio a conchas que decoram a mesa do diretor, e que, por terem sido usadas como dinheiro em sociedades arcaicas, cumprem tanto aqui quanto no próximo episódio esse papel simbólico.

Um momento curioso é quando o senhor Deasy imputa certas palavras a Shakespeare, e Stephen, o bardo, lembra que as palavras são de um personagem, e não podem ser lidas como documentos pessoais. Isso, num livro tão preso entre o ficcional e o real, como ainda se vai ver mais claramente no episódio da biblioteca, funciona nitidamente como uma carta de princípios.

Seguimos a cena com o texto se alternando entre as falas dos dois e a representação do monólogo contínuo na mente de Dedalus, coisa que a essa altura já deve ser mais ou menos clara para o leitor.

O elenco mental das dívidas de Dedalus foi o que serviu para que os comentadores estabelecessem que, com o que ele ganha na escola e o que tem ainda por pagar, jamais poderia ser ele o responsável pelo aluguel da torre.

A discussão deriva para a história da Irlanda, e para o que separa o diretor, protestante, do católico Dedalus. Mas Deasy tem ainda outra ideia. Ele pretende se servir das conexões literárias de Dedalus para pôr na imprensa uma carta sobre uma questão que lhe interessa. E vai manter o professor mais tempo ali.

Aliás, quando ele então lhe diz "sente-se", devemos imaginar que Dedalus estava até então de pé?

Enquanto o diretor passa a limpo sua carta, Dedalus se deixa imergir no cenário, nos quadros, se deixa levar a memórias do hipódromo e a poetizações do jogo dos meninos logo ao lado.

Cavalos, e hipódromos, serão muito importantes para o livro, e aqui temos uma apresentação desse tema.

Pronta e entregue a carta, Dedalus faz dela uma leitura diagonal, e nós, com ele, vemos dela apenas pedaços de frases. Muito bem, Deasy acredita na cura da febre aftosa, o que era um sonho em 1904, e continua sendo hoje, e Dedalus se verá a serviço de sua ideia, de sua obsessão e de certa paranoia do velho diretor.

Essa paranoia se manifesta também numa outra conhecida obsessão da Europa do período, o antissemitismo, que numa mente como a de Deasy anda de mãos dadas com a misoginia.

Num livro em que um judeu e uma mulher terão papel central, de novo o diretor nos aparece, aqui, como um anti-herói. Mas, num livro em que nada, nunca, é tão simples, mais tarde Dedalus ficará sabendo de detalhes da vida matrimonial do senhor Deasy que vão ajudá-lo a pelo menos pôr em perspectiva as opiniões deste sobre as mulheres.

Suas leituras dos mitos e da história continuam sendo tendenciosas, e até equivocadas, pura e simplesmente, mas ainda teremos motivo para ter pena de Garret Deasy, que se julga no entanto *mais feliz* que Dedalus, para quem judeus e gentios são todos pecadores, e para quem Deus é apenas um grito na rua.

O diretor prevê que Dedalus não vai continuar muito tempo ali, e veremos depois que talvez tenha razão, como as dúvidas do monólogo interior de Dedalus já insinuam.

Stephen sai já pensando a quais jornais apresentará a carta. Ele despreza um pouco o diretor, mas não consegue desgostar dele, por mais que isso, ele sabe, vá gerar mais chacota de Mulligan.

A cena final, em que vemos a versão mais cruel daquele antissemitismo numa piada batidíssima que Dedalus certamente conhece mas finge não conhecer apenas para dar a deixa ao diretor, não deixa de ser narrada com certa simpatia.

E a prova mais cabal dessa *misericórdia* é o parágrafo de prosa exuberante que coroa a descrição da tosse apodrecida do velho que se afasta, transformado agora em paisagem impressionista por Dedalus.

3. Proteu

Mais uma vez há um corte.

Mas dessa vez o leitor deve tomar um susto maior. O terceiro episódio do *Ulysses* é a primeira grande barreira: o lugar onde muita gente desiste do livro, porque as dificuldades, aqui, parecem ser de outra ordem. No entanto, com um pouco de paciência (e uma mãozinha dos amigos), você pode perceber que no fundo se trata de um episódio bem simples, onde pouca coisa acontece, e onde praticamente temos apenas um personagem em cena.

O problema é que esse "no fundo" fica bem fundo.

Nós encontramos Dedalus a meio caminho entre a escola, que fica em Dalkey, e a cidade de Dublin, mais ao norte.

Até hoje os joycianos debatem como ele teria feito esse trajeto. Não daria tempo de ele ir a pé da escola até o ponto em que é entrevisto por Bloom logo antes das onze horas, no episódio 6. Ele deve ter usado algum meio de transporte público.

É uma questão menor, claro, mas demonstra bem a importância das lacunas no *Ulysses*. Das coisas que não vemos, não sabemos e não vamos saber.

Dedalus, agora, está só. Se fomos aos poucos nos acostumando ao seu monólogo entremeado à narração das cenas, agora nos veremos sozinhos com sua mente. E não se trata necessariamente de um lugar agradável, a cabeça de Stephen.

Mais ainda, como Joyce é extremamente fiel à técnica do monólogo interior, inclusive por uma questão de verossimilhança, teremos que nos haver com violentos saltos inexplicados de assunto a assunto, contando ainda com a considerável e algo arcana erudição de Dedalus. Quando pensamos, afinal, não ficamos explicitando os elos entre um e outro assunto; as ligações se fazem sozinhas, pelas mais variadas razões. Será assim também aqui.

Se fôssemos tentar explicitar todas as alusões de Dedalus, das mais claras às mais obscuras (quem é que era "calvo e milionário", afinal?), este texto se transformaria numa fieira de notas de rodapé. Assim, neste episódio, talvez seja melhor apenas irmos entendendo *em que* Dedalus está pensando: seus temas e suas conexões. Assim será possível acompanhá-lo a certa distância (segura) nesse seu curto passeio à beira-mar.

Nós o vemos num trecho de praia hoje aterrado, caminhando e meditando. Em termos pragmáticos, ele não tem tanta pressa de chegar a Dublin. A princípio o próximo compromisso que tem é aquele almoço com Mulligan, meio-dia e meia. Ele mata tempo, algo que é quase a tônica de boa parte do *Ulysses*.

Ele está sem óculos. É até por isso que seus primeiros pensamentos são sobre a faculdade da visão, e as leituras que os filósofos clássicos ou posteriores fizeram da relação entre visão e realidade.

Ele fecha os olhos.

As impressões auditivas tomam conta, mas não acabam com suas reflexões sobre o tempo e o espaço, definidos em alemão como *uma-coisa-depois-da-outra* e *uma-coisa-junto-à-ou-*

tra. A porta do misticismo se abre à menção de Los, personagem de William Blake que aqui representaria o poder da criação ("demiurgo"), e que por sua vez cede espaço rapidamente às conchas, ao dinheiro, ao senhor Deasy. Temos, em mais um trecho algo hermético, um resumo das preocupações e do começo do dia de Dedalus.

Na brincadeira que toda criança já fez, Dedalus abre os olhos e constata que, apesar do solipsismo a que se vê tentado, o mundo não deixou de existir quando ele fechou os olhos. E o mundo, agora, são duas senhoras que ele vê de longe.

E seu mundo interno começa a se ver muito joycianamente povoado pela história que inventa para elas. Que ganham nomes, endereços e significados simbólicos. É aqui, afinal, que começa a *nascer* o conto que ele narrará no episódio 7, nesse exercício de suposição e curiosidade.

A ideia de que elas seriam parteiras o faz pensar em nascimento, umbigo e, sendo Dedalus, no pecado original.

Daí ele corre a pensar rapidamente na mãe e no pai, mas evita esse assunto, e o transforma rapidamente em fútil discussão teológica. É seu sistema: evitar enfrentar certas coisas transformando-as em inquirição intelectual.

Ele olha as ondas, e as vê, como na mitologia céltica, como cavalos do deus do mar, e os cavalos o fazem pensar em Deasy.

O que se segue é uma indecisão. Ele opta por não ir à casa da tia, mas imagina/relembra essa visita com tantos detalhes que muitos leitores supõem que ele de fato esteve lá durante o episódio.

Assim, vemos não só a figura de Richie Goulding, que ainda retornará ao livro, e de seu filho Walter, mas também ouvimos a voz caricata de Simon Dedalus fazendo pouco dos parentes, um discurso que o jovem Dedalus deve ter ouvido infinitas vezes, e que está sendo repetido neste exato momento, a poucos metros dali (veremos).

Mas a melancolia que sempre prevalece em Dedalus vê esse ramo patético da família como o que é: um espelho do seu. Simon Dedalus, que arrasou as finanças da família durante a infância do filho mais velho (um processo manifesto na sucessão de mudanças de endereço de *Um retrato...*), é um pretenso aristocrata; Dedalus, que na escola mentia sobre suas origens, fugiu de tudo isso. Dotado da "cruel indignação" que de fato o escritor Jonathan Swift fez registrar até em sua lápide, ele, como o criador de Gulliver, dos Yahoos e dos Houyhnhnms, quer fugir do coro que grita, em latim, "desce, careca, antes de perder o resto do cabelo". Ele continua se equiparando a seus heróis. Aos que resistiram, aos que lutaram e foram perseguidos.

O que o assombra é essa fuga, assim como o fantasma da loucura, que a tradição dizia que tinha assolado os últimos dias de Swift.

Os fantasmas da religião dos sacerdotes que eram Swift e William Occam (*Dan* é uma forma arcaica que significa "senhor") o levam de novo a pensar em heresias, pecados, e nos seus pecadilhos sexuais da imaturidade.

Daí a suas pretensões literárias juvenis é um pulo. Pois vale lembrar que Joyce escreveu mesmo aquelas *epifanias*, copiadas em belas folhas ovais. E a ironia final aqui é que várias delas foram *saqueadas* e passaram a fazer parte de sua obra posterior, inclusive do *Ulysses*. Não foi necessário nenhum *mahamanvatara*, nenhum "grande período", para que seu dia chegasse.

Distraído pela paisagem, ele não deixa de ressignificá-la. Uma garrafa é uma vítima enterrada. Camisas no varal, seres crucificados.

A *Pigeonhouse*, que um dia de fato foi um "columbário", como ainda indica seu nome em inglês, faz com que ele pense numa paródia das divagações do polêmico, e real, escritor Taxil, que com seu iconoclasta *A vida de Jesus* sacudiu o mundo religioso europeu. Acaba compondo um dialogozinho em francês no original:

"Quem foi que te pôs nessa situaçãozinha desgraçada?". "Foi o pombinho, José."

Trata-se, claro, de uma visão jocosa da gravidez da Virgem, fertilizada pelo Espírito Santo. Essa associação o leva de novo a um trecho da *Balada do Cristo Ridentor*,* aos mistérios da paternidade, que o assombram, e a um conhecido dos tempos de Paris, que está com seu livro. A conversa que teriam tido, sobre pais e religião, também em francês, se traduz assim:

— É difícil, sabe. Eu sou socialista. Eu não acredito na existência de Deus. Não diga isso pro meu pai.
— Ele acredita?
— O meu pai, sim.

E entre novas lembranças da conversa com Mulligan ele se vê pensando em seus dias de Paris, em suas neuroses e paranoias, sempre presas a referências eruditas ou bíblicas, aqui manifestas nas "panelas de carne do Egito", que saem direto do livro do Êxodo (16,2-3), onde representam a nostalgia dos judeus por uma terra de abundância.

A mesma frase, e o mesmo tema, aliás, aparecerão nos pensamentos de Bloom.

Aquele "Ele, sou eu", de novo em francês, é mais enigmático. Os anotadores já viram aí ecos de "O estado sou eu", e até do "porque era ele; porque era eu", de Montaigne. Eu prefiro ver o

---

* Um pequeno comentário sobre "ideias coletivas". Já recebi vários elogios pela tradução do nome dessa balada, que na verdade foi sugerida pelo grande Paulo Henriques Britto, apenas durante a nossa revisão da minha tradução.

"eu é um outro" de Rimbaud, num momento em que Dedalus está tão preocupado com identidades e alteridades.

Logo a seguir ele lembra que gostava, aliás, de imitar o jeito de outras pessoas caminharem, coisa que também veremos Bloom fazer.

A pequena cena que se segue, em que a lembrança de ter chegado para buscar o dinheiro que sua família lhe transferira bem quando o burocrata fechava o guichê se apresenta como uma superposição de desejos de morte, arrependimentos e realidade, é incrivelmente *moderna*, mesmo aos nossos olhos. Dedalus parece quase estar imaginando uma cena de um filme de Guy Richie.

A futilidade da sua viagem à França, de onde teria voltado apenas com mais afetação e uma carga de revistas populares, fica sublinhada pelo fato de que sua estadia se viu abreviada pela chegada do telegrama que o trouxe de volta em outubro do ano anterior.

Mais uma vez ele afoga a lembrança da morte da mãe e da culpa que sente por não ter rezado por ela, culpa revivida porque lhe voltou à mente a conversa que teve com Mulligan. É por isso que o vemos "marchando" em um "súbito ritmo orgulhoso". O orgulho, e não a concupiscência, afinal, é o maior pecado de Dedalus.

Como que querendo apagar a trilha que o levaria a pensar no que não quer, ele se deixa mergulhar em novas lembranças de Paris, da família Egan, pai e filho, que bebem absinto e leite, respectivamente, comida, trocadilhos... Pois mais um diálogo francês se traduz agora por:

— Ele é irlandês.
— Holandês?
— Não o queijo. Dois irlandeses, nós, Irlanda, sabe?
— Ah, sim.

O gaélico *sláinte*, que aparece logo na sequência, é o famoso brinde irlandês. A rainha Vitória, não necessariamente estimada na França, lá teria sido descrita como "a velha ogra de dentes amarelos".

Outra lembrança que incomoda Dedalus, e que não incomodaria Bloom, que deseja exatamente isso mais ou menos nessa mesma hora, no episódio 5, é a da "senhorita" sueca, uma "empregada para todas as tarefas", que no banho de Upsala diz, em mau francês, "eu que faço todos os cavalheiros".

Mas Kevin Egan, o ganso selvagem, como eram chamados os irlandeses que iam lutar por causas políticas no exterior, faz Dedalus pensar em revoluções, guerras, nas lutas pela independência da Irlanda, representadas aqui pelo grupo guerrilheiro dos "peep o'day boys"…

Mas até isso é uma eclesiástica "vaidade das vaidades", e Egan está esquecido, como a pátria dos judeus, outro tema que sempre retorna.

De novo Dedalus olha em volta.

É impressionante o quanto nós, com ele, nos vemos absorvidos pelos pensamentos, pouco registrando da paisagem.

Ele para. E ao parar começa a afundar na areia mole.

A morte. O afogamento (não podemos esquecer que há o cadáver de um afogado flutuando agora pela baía, para dar na praia ainda hoje). O medo. Voltar.

Para casa? A torre? O crepúsculo?

Ele agora, depois dessas reflexões, se dispõe a abandonar tudo. Ele se basta, ele venceu o fantasma de Elsinore, de Hamlet, saiu vivo, e independente.

E Dedalus, hipermétrope, que tem dificuldade para contar moedinhas, vê de longe um cachorro morto. Um corpo de cão, um irmão. A citação em francês, aliás, lembra que "atolada como um barco na praia" estaria também a prosa de Gautier. Atolados, cão e prosa antiquada, entre as pedras que são brinquedos dos gigantes de tempos imemoriais, como aquele Sir Lout, que parece de fato ser uma invenção de Joyce, ou de Dedalus.

E vê um cão vivo. Ou na verdade vê um ponto que aos poucos toma forma. E o cão está com duas figuras que, afinal, não são, como ele primeiro pensou, aquelas duas senhoras, que agora se transformam nas "duas Marias" que largam Moisés entre os juncos.

Ele mais uma vez mergulha em pensamentos que o irmanam a todos os irlandeses do passado, mesmo do passado distante, visto que o rio Liffey, que corta a cidade, congelou apenas no final do século XIV. Mas mais uma vez ele se vê interrompido pelo cão. Dedalus, como Joyce, morre de medo de cachorros. Joyce chegava mesmo a andar com os bolsos cheios de pedras para atirar em qualquer vira-lata que se aproximasse.

O passado e as *abstrusiosidades* que tanto o interessam se veem subitamente esvaziados pela lembrança do morto, do afogado que, como todas as figurações do tema da morte, ronda o episódio inteiro, e vive sendo escorraçado do primeiro plano.

Aqui a dúvida de Dedalus sobre sua capacidade de, como Mulligan, resgatar o afogado se confunde finalmente com sua incapacidade de *salvar* a mãe. E essa imagem, a da mulher que *se afoga*, metaforicamente, e estende a mão para ser salva por Dedalus, ainda vai retornar no meio da tarde, violentamente.

Ele percebe que as duas figuras, mestres do cão, são dois catadores de conchas, que começam, no plano simbólico, a atar as duas pontas do episódio. Assim também é que o cão se liga à *raposa* da charada na escola, que enterrava a avó, e ata todas as imagens em torno de Dedalus, o irmão das almas, o "assassino" da própria mãe.

A lembrança do pesadelo de Haines, que culminou com os disparos que tanto assustaram a todos, lembra Dedalus que, quando acordou, ele estava em meio a um curioso sonho com uma atmosfera de mil e uma noites, em que um homem o guiava e lhe oferecia um melão.

Para usar a expressão dos programas de culinária: reserve. O sonho, o homem, o melão, tudo retornará quando ficarmos mais familiarizados com Bloom.

Como fizera com as duas senhoras, Dedalus agora projeta imagens e histórias sobre o casal de errantes, o que culmina, como sempre, numa reflexão sobre o pecado e num poema composto num jargão arcaizado.

Eles passam, dando uma olhada para o singular chapeirão de Dedalus, que sempre chama atenção, e carregam a imaginação do rapaz, rumo oeste, para terras míticas; assim como seguirá, para leste, a de Bloom. E esse caminho, essa jornada, trilha da vida, acaba na morte, acaba na constatação, em latim, de que "toda carne vem a ti". O que por sua vez tem também uma leitura erótica, carnal. Um beijo.

O que acontece aqui é que Dedalus começa a elaborar um poema (mais tarde ouviremos também o relato de um conto criado por ele, que, como Joyce, aos 22 anos ainda lidava com "formas breves"). Citando Hamlet, "minha lousa", ele pensa que deveria anotar sua ideia, ainda em elaboração: a descrição de um beijo.

E enquanto beija o ar ao repetir seu verso, ele lembra que não tem papel. Nos bolsos, apenas notas de dinheiro, agora inúteis, e a carta de Deasy. Ele rasga o pé da carta, o que mais tarde vai fazer com que pensem ser ele o autor, pois o papel não está mais assinado, e, numa metamorfoseada "mesa de pedra", rabisca seu esboço. Vale aqui lembrar o momento de *Um retrato...* em que, também compondo um poema, ele precisa rasgar um maço de cigarros para poder anotar os versos.

Os temas estão se amarrando. A visão, as cores, o mar, o bispo de Cloyne (o filósofo George Berkeley, com sua visão radical de que a realidade não existe, pois temos acesso apenas a nossa percepção dos fatos), todos estavam na abertura do episódio, e agora retornam. Mas realidade, imaginação, trauma e desejo se unificam, na antevisão de um amor.

O trecho que se segue é especialmente truncado, cheio de alusões, retomadas de imagens e frases citadas, como o latim "e Deus viu. E eram muito boas", e o francês "Olha, que pezinho pequenininho". Mallarmé (o entardecer do fauno, o véu do templo), o *pecado* de Oscar Wilde e a sombra de algo mais que amizade (entre ele e Mulligan?) levam Dedalus a pensar que tem que ser aceito como é. Luciferinamente orgulhoso, mais uma vez, ele sabe que é isso que lhe barra o caminho do amor.

A questão, no entanto, entre o parágrafo que se abre com "Tocar-me" e o que começa com a descrição das águas que correm do lago Cock (nome que sugere o falo, em inglês) é sabermos se ele está urinando, ou talvez se masturbando...? Ou nada disso? Logo depois de compor o poema em *Um retrato...*, afinal, ele parece de fato se masturbar.

No *Ulysses*, sempre se deve buscar a explicação para súbitas opacidades do texto. Por que o já complexo monólogo de Dedalus aqui parece descarrilar? Ele pode estar meramente com sono, cansado... "Melhor acabar logo com esse negócio."

Dedalus, nesse momento, finalmente, está algo exposto. À beira da crise que deveria levá-lo a alguma ação.

Morte, desamor, dor, tudo se mostrou por fim, apesar de seus melhores esforços. Ele, aqui, como no texto latino de S. Ambrósio, "dia e noite lamentava pacientemente o que sofrera". Dedalus, é verdade, sempre prefere se colocar como o mártir, a vítima. Mas alguma medida da dimensão real de sua situação agora se revela para ele.

A outra peça de Shakespeare que, como *Hamlet*, vinha sendo tema do episódio, *A tempestade*, agora cede sua citação mais famosa, que anuncia que no fundo do mar jaz um pai. Dedalus, como o Ferdinand de Shakespeare, apenas se acredita órfão. Mas, no seu caso, isso se deve a uma recusa.

Ele lembra de novo que o afogado deve estar para surgir na praia. E essa lembrança se confunde com a memória do velho senhor Deasy.

Aqui ele ouve uma trovoada, que vamos ver mais de perto quando estivermos com Bloom, e se imagina como um peregrino, usando a concha (de novo) que serve de distintivo para quem cumpriu o caminho de Santiago, rumando para o poente (de novo), sem destino, sem ter pousada. Decaindo, mas igual de Lúcifer, "que desconhece o ocaso".

Uma informação relevante surge entre os velozes fragmentos que se seguem. A de que a próxima terça (sabemos que é quinta) será o solstício de verão do hemisfério Norte. Com uma tabela astronômica, hoje é fácil saber que essa quinta-feira deve ser o dia 16. Essa é a primeira revelação da data do hoje famoso Bloomsday. Mas, convenhamos, ela não é exatamente transparente.

As últimas reflexões de Dedalus na praia não poderiam ser mais prosaicas, ao mesmo tempo em que mal poderiam espelhar melhor o tema da dor, da morte e da perda. Ele teme que um dente seu esteja oco, como uma concha, e sabe que deveria usar o dinheiro que tem no bolso para cuidar disso.

Veremos que acaba dando destino muito diferente ao salário, no entanto.

É então que ele começa a pensar onde andará aquele lenço que Mulligan pegou com nítido nojo e largou depois. Como sempre no *Ulysses*, demoramos um tempo para entender por que ele pensa no lenço. É uma meleca seca que ele tem no dedo, pois andava fuçando o nariz durante toda essa última e densa reflexão.

A cena final, em que ele decide largar a meleca na pedra, "cuidadosamente", tem dois detalhes interessantes.

Um é que ele logo olha sobre o ombro para ver se não foi apanhado em flagrante, gesto em conflito com a pretensa altivez de Stephen, que gosta de se crer superior às convenções.

Outro é a imagem daquele navio calado que, como o leitor que prosseguir a leitura, vai entrando na baía de Dublin.

Esse navio traz um personagem que só conheceremos de madrugada. Um marujo. Mas aqui ele nos leva para a cidade e nos conduz a Bloom.

ODISSEIA

Exposta a situação do nosso Telêmaco, um Stephen Dedalus apenas metafórica e talvez psicanaliticamente em busca de um pai, é hora de passarmos a acompanhar as andanças de Odisseu.

E de saída, mais uma vez, vale notar que o método joyciano não é exatamente linear. Em Homero, encontramos Odisseu na metade do seu caminho de volta, preso agora na ilha de Ogígia, sob os encantos (literalmente) da ninfa Calipso. Ele fugirá de lá e, aportando entre os feácios, encontrará ocasião para narrar sua história pregressa.

Nosso Odisseu, no *Ulysses*, nos é apresentado também junto de sua ninfa (tanto a que aparece no quadro sobre a cama do casal quanto a própria Molly Bloom), mas o fato curioso é que esta Calipso será fundida a Penélope, a esposa (fiel) que em Homero espera pelo marido em casa.

É um dos gestos mais subversivos de Joyce (que, como de costume, nos faz ver também o quanto era potencialmente subversivo o original homérico), e um dos menos percebidos. Ao equiparar a ninfa tentadora e a esposa fiel, ao soldar as duas na figura muito, mas *muito* mais ambivalente de Marion Tweedy, ele opera uma bela relativização, e uma grande modernização no seu referencial.

Da ninfa Calipso ele reserva, para nossa Molly, o dom do canto, usado por ela para manter Odisseu encantado; e ainda se aproveita do fato de que tanto a ninfa quanto a esposa de Odisseu são apresentadas como tecelãs para dar à sua heroína um nome de solteira que evoca o tuíde, famoso tecido das Ilhas Britânicas.

Assim, o Odisseu de Joyce não escapará às tentações para retornar à segurança do lar. Mas escapará a um lar tornado subitamente inseguro depois da chegada de uma certa carta e retornará ao mesmo lar, agora ainda menos reconhecível do que de manhã.

Mas é fundamentalmente dele que trata essa Odisseia, e é a ele que temos que nos dirigir, nem que para isso o livro, como já se disse, tenha que realizar sua única volta no tempo, para podermos emparelhar os primeiros movimentos do nosso Odisseu com os de Dedalus.

4. Calipso

E esse Odisseu é apresentado já em sua plena esquisitice. Se em Homero o herói era πολύτροπος, πολύμητις, πολύτλας, imprevisível, ardiloso e sofredor, Bloom também será tudo isso. Mas nossa primeira impressão, em boa veia joyciana, é mais a da bizarria divertida, ao sabermos que ele, dentre todas as coisas possíveis que um autor poderia dizer de saída sobre seu personagem principal, gosta muito de vísceras e especialmente do refinado aroma de urina dos rins de carneiro.

E o que ele está fazendo é também digno de nota, pois aos poucos vai ficando claro que está preparando o café da manhã da esposa, que espera no quarto. Que na verdade ainda nem acordou!

Podemos achar tudo isso muito normal, mas, para a etiqueta da machista sociedade dublinense de 1904, era ainda mais estranho do que um amor especial pelo aroma da urina. Bloom seria de saída considerado potencialmente efeminado.

Além de tudo, ele conversa com a gata.

O colóquio serve também para nos apresentar duas outras marcas típicas de Bloom: seu grande interesse por se colocar na posição dos outros e tentar ver o mundo por outros olhos e também sua eterna dúvida sobre os fenômenos do mundo e suas explicações científicas.

Outro elemento curioso dessa abertura é a descrição da fria cozinha (subterrânea, como nos típicos imóveis britânicos da época) em contraste com o "doce dia de verão" lá fora. Esse, afinal, embora o leitor de primeira viagem ainda não o saiba, é o mesmo dia que viu o lúgubre humor de Dedalus logo cedo. Vê-lo agora descrito como *doce* deve, primeiro, retardar a percepção de que se trata do mesmo dia e, depois, sublinhar a diferença das lentes que os dois usam para perceber a realidade. Lembre, como dizia Berkeley, só existe a nossa percepção dessa realidade; e, como o livro vai insistir, nós vemos no mundo o que nós somos no mundo.

Enquanto ele repassa as opções para o seu café da manhã, ficamos sabendo que estamos também com ele numa quinta-feira. Só mais tarde teremos certeza de que se trata da mesma quinta-feira que acompanhamos com Dedalus, no entanto. Outra informação de início sonegada seria relevante aqui, pois o mesmo Bloom que se decide por um rim de porco para o desjejum, afinal, é judeu, e com essa decisão descumpre de uma vez duas normativas centrais da kashrut, que proíbe que se comam porco e vísceras.

Ao decidir tirar a teima e ver se Molly também não quer algo diferente do pão com manteiga de todo dia, ele provoca as primeiras palavras da mulher no livro. Ou o primeiro gemido.

São curiosas as "primeiras palavras" do *Ulysses*. Com aquele discurso de Mulligan, em latim, do qual já se disse que mereceria estar entre vários pares de aspas, por ser a paródia de um sacerdote espúrio que, numa missa negra, imita o padre que cita o missal tridentino, o livro se abre sob o véu da polêmica.

Dedalus, ao abrir a boca pela primeira vez, solta um submisso "Diga, Mulligan". Bloom fala com a gata, ou na verdade responde a ela, que foi a responsável pelo primeiro *mqnhao*. E Molly? Molly só geme.

E, pior, se houver um sentido nesse gemido, ele é o de um *não*. A mulher que vai entrar para a história da literatura por encerrar o livro com um *sim*, pensado ou pronunciado na fronteira entre o sono e a vigília, abre sua participação gemendo, semiadormecida, uma negação. E Bloom entende que agora ela não quer nada diferente.

No parágrafo seguinte ficamos sabendo um pouco das origens espanholas de Molly, filha de um militar do regimento que guardava o rochedo de Gibraltar; de sua mãe saberemos muito pouco, e talvez ela própria saiba menos do que pensa. E ficamos sabendo também que Bloom sabe que sua cama veio também da Espanha. Mas muito mais tarde veremos que ele, ao contrário de Odisseu, que precisou revelar o segredo da cama em que dormia para ser recebido como autêntico rei de Ítaca retornado, está enganado quanto à própria cama.

Somos apresentados a outra de suas marcas registradas quando ele apanha o chapéu, ou o "chap", já que a etiqueta interna está desgastada pelo suor que comeu as letras finais do texto. Dentro desse chapéu vemos que ele guarda um papelzinho. Ele vai ser muito importante.

Ao sair, ele percebe que deixou a chave na outra calça. Como quase todos os homens, suas calças carregam um certo kit de sobrevivência, e ao vestir a roupa preta que precisa usar hoje, ele esqueceu de trocar certos conteúdos. Mas o homem que esquece de pôr a chave no bolso não esquece a batata!

Batata?

Trata-se de um amuleto que ele recebeu da mãe. Mas, por enquanto, fica o enigma.

Ele decide apenas encostar a porta, que trava sozinha, para poder sair e voltar sem a chave, mas pensa que deve lembrar de pegá-la. Vai esquecer...

O parágrafo seguinte nos apresenta a vários temas, agora em versão Bloom: Turko o terrível, o Oriente e aquele sonho, incomodamente parecido com o que Dedalus já nos fez ver, tanto na ambientação quanto na temática. E, se pensarmos mais adiante, nas ideias adúlteras que Stephen inspira a Molly, trata-se de um sonho ainda mais carregado de sentido. Mas para Bloom essas imagens todas, já de cara, são tingidas pela cor das ligas de Molly, que domina seu horizonte, e por reflexões muito mais pragmaticamente políticas sobre a questão da autonomia irlandesa. Nada de filosofia política e nostalgia de algum passado mítico. A Irlanda de Bloom é uma realidade imediata, não um agregado de símbolos.

Enquanto ele se aproxima do pub de Larry O'Rourke e pensa em puxar uma conversa fiada sobre o enterro, vamos ganhando mais um fiapo de informação sobre a necessidade da roupa preta. E logo em seguida sabemos o nome do falecido.

A referência a russos e japoneses se deve à guerra que os dois países travam há quatro meses, e que seguirá até o próximo ano. Apesar de ser naquele momento o maior conflito armado do mundo, ela recebe pouca atenção no *Ulysses*, um livro, como o próprio Joyce registrou, onde o único sangue que corre é de menstruação.

Ao se afastar, Bloom se entrega a outro dos seus passatempos preferidos, imaginar que todos à sua volta conhecem algum grande esquema para ganhar dinheiro. Ele já pensou isso sobre o sogro, e agora é o dono do bar quem entra na dança. Mais uma vez, pé no chão, realidade: mesmo a fantasia de Bloom é prosaica.

Antes de chegar ao açougue ele passa por uma janela onde ouve as crianças em aula e lembra que de fato há na Irlanda um monte Bloom. Mas é dentro do açougue de Dlugacz que a primeira grande cena do episódio acontece.

Pois na fila, a seu lado, Bloom encontra a empregada do vizinho, que encarna uma certa obsessão para ele, especialmente quando bate vigorosamente os tapetes no varal, despertando tanto suas mal disfarçadas tendências sadomasoquistas quanto seu amor por mulheres corpulentas. Ou, sejamos honestos, sua preferência por bundas. A bunda de Molly, em presença ou em memória, vai salvá-lo ainda de vários momentos desagradáveis no livro.

A pressa de Bloom em sair para ir seguindo o movimento das ancas da empregada é hilária. Ele chega a imaginar que o açougueiro está agindo de propósito para impossibilitar sua pequena aventura.

Mas enquanto espera sua vez, ele ainda pega, de uma pilha de folhas de jornal reservadas para embrulhos, um anúncio de uma empresa que vende cotas de participação numa fazenda no Oriente Médio. O folheto e a agência vão voltar várias vezes à sua memória.

Aqui também ficamos sabendo, de passagem, que Bloom teve um emprego no mercado de gado. Reconstruir a cronologia prévia dos Bloom é um dos grandes desafios dos leitores do *Ulysses*, e ele começa com esse tipo de informação, descontextualizada e sem data. Já se escreveu um livro todo só para isso.

Na volta para casa ele relê o folheto, mais uma imagem quimérica do Oriente, e ficamos sabendo que a empresa se localiza numa rua cujo nome, em alemão, significa algo como "mantenha-se fiel". É irônico pensar que Bloom, em breve vítima da infidelidade, passa o livro todo contemplando, muito tangencialmente, as possibilidades da fuga pela aventura romântica, pelo desaparecimento e, ainda mais cifradamente, pelo suicídio.

Em meio a ainda outras memórias do seu passado com Molly, motivadas a princípio apenas pela similaridade entre a palavra "cítrico" e o nome de um antigo conhecido, depois de uma curiosa citação de uma piada contada pelo pai de Joyce, sobre um capitão norueguês corcunda que acusa seu alfaiate de incompetência, e que será plenamente desenvolvida no *Finnegans Wake*, surge uma nuvem. Aquela. A mesma que Dedalus viu do alto da torre e que também para ele gerou pensamentos lúgubres. Para sublinhar esse paralelismo é inclusive com as mesmas palavras que a nuvem se faz anunciar no texto.

Para Bloom é a Palestina que, na sombra dessa nuvem, se distorce e ganha ares tétricos, um pouco aliviados pelo curioso erro que inclui Edom (um nome de Esaú) entre as cidades condenadas. Os transeuntes ("uma bruxa curva") também sofrem essa deformação junto com o humor de Bloom, imediatamente tomado por "horrores cinzentos". Ao contrário de Dedalus, é conscientemente que ele tenta se livrar desse pavor, primeiro pensando que deve recomeçar a fazer os exercícios sugeridos num dos primeiros (e reais) livros do fisiculturista Eugene Sandow e depois como que mentalizando uma imagem de felicidade, sim, o corpo quente de Molly na cama. Esse mesmo corpo, e esse mesmo calor do leito, serão o motivo final para ele decidir não ir embora de casa, daqui a centenas de páginas. Sim.

(E é claro que a repetição desse *Sim* evoca como que prolepticamente o momento mais famoso do monólogo final de sua esposa.)

Como com Dedalus, é o sol que surge quente e *veloz* e o retira desse humor pesado. Mas aqui, nesse breve parágrafo, pode haver algo mais. Pois pelo menos na minha leitura a imagem da menina loura que corre para Bloom e parece ser apenas a personificação da luz sugere nada menos que sua filha ausente, de cuja existência ainda nem suspeitamos e que, misteriosamente, tem mesmo o cabelo claro.

Ao chegar em casa ele descobre que o carteiro já passou (dando um novo tom de imprudência e vulnerabilidade àquela porta entreaberta enquanto a mulher dorme sozinha). A única coisa que Bloom percebe, e que o desorienta, é o envelope com uma "letra segura" que comete a gafe intencional de se dirigir a *sua* esposa como senhora Marion Bloom.

É curioso que, junto com ele, é como se o livro todo ficasse atarantado, e o chamado de Molly nos joga direto para dentro do quarto, sem vermos as etapas intermediárias e, por exemplo, onde ele deixou o chapéu.

O diálogo que se segue, o primeiro do casal, já foi lido como uma obra-prima de entrelinhas, em que quase mais importantes que as palavras são as coisas que não são ditas. Para começo de conversa, não há bom-dia. Depois, Molly pergunta para quem são as cartas (ela teria ouvido o carteiro tocar), sendo que o que ela obviamente deseja saber é *de quem* são elas.

Ao informar o que ela deseja, Bloom lhe diz, então, os três *para quens*, mas sonega o remetente da carta e a informação, fácil de deduzir, de que o cartão é também de Milly. Mais ainda, fica no ar a curiosa informação de que a filha ausente escreve separadamente para os dois, e muito mais extensamente para o pai.

Tentador, ele larga as cartas na colcha, em vez de entregá-las nas mãos dela. Ao perguntar se ela quer que ele erga as persianas, ele insinua, "vai ler na minha frente"?

Dissimulada, Molly esconde a carta e ostensivamente lê o cartão, que informa que os presentes (novamente separados) que eles enviaram chegaram. Depois finge sono para se enroscar de novo na cama, esperando que o marido saia.

Ele, que tem também suas segundas intenções algo malvadinhas, intencionalmente se demora, ajeitando as coisas dela bagunçadas pelo quarto, apenas para ter de ouvir um conselho óbvio para qualquer um naquela terra, naqueles dias.

É na cozinha que ele vai abrir sua carta e dar uma primeira lida diagonal, semelhante à de Dedalus com a carta de Deasy. Logo depois ficamos sabendo que ele tem uma xícara bigodeira, especial (que será nobremente deixada de lado no penúltimo episódio), e assim começamos a suspeitar do fato de que, neste livro tão avesso a descrições pontuais, nosso personagem principal tem bigode, já que uma xícara como essa era dotada de um aparo de porcelana com um furo, para que os fartos bigodes do século XIX não se molhassem de chá.

De volta ao quarto, ele é de novo recebido com uma falsa repreensão, sendo que tudo que Molly queria era tempo de solidão.

Ainda na cama (em todo o livro, ela só será vista fora da cama duas vezes, de relance, pela janela, e depois sentada num penico), ela faz tinir o latão do estrado, gerando um som que ainda assombrará Bloom por suas evocações.

Percebendo o envelope rasgado, Bloom de novo retarda sua saída e, fazendo-se de sonso, pergunta de quem era a carta (informação que não constava do envelope?). Agora sabemos de quem Bloom tem medo.

Aparentemente ele queria apenas marcar um inocente ensaio (saberemos no próximo episódio que se trata de uma turnê nacional), mas até as músicas que eles vão cantar naquela tarde são relevantes. A primeira, *Là ci darem la mano* ("lá nos daremos as mãos", sendo que curiosamente Molly omite as *mãos* quando fala), é uma ária do *Don Giovanni*, de Mozart, uma recriação da história de Don Juan. O conquistador tenta seduzir a jovem e, digamos, pouco convicta Zerlina, que repete "vorrei e non vorrei" ("vou e não vou querer"), e não o "voglio e non vorrei" ("quero e não vou querer") que Bloom lembra equivocadamente, e que receia que Molly não saiba pronunciar.

A segunda é uma bela balada de salão que celebra, ora, exatamente o que diz seu título: *A velha e doce canção do amor*. Ouvir as duas peças, aliás, é extremamente recomendável, pois elas fazem parte do núcleo central do que se poderia chamar de *trilha sonora* do *Ulysses*.

O texto a seguir se apressa em demonstrar uma certa *rudeza* de Molly, que mete o pão inteiro na boca, limpa os dedos no lençol e comete um erro de norma padrão, silenciosamente corrigido por Bloom ("deve ter escorregado"). Ela quer saber o que quer dizer a palavra "metempsicose", mas não sabe nem como ela se pronuncia, e Bloom não entende a pergunta.

Bloom olha o livro que pegou para ela e se distrai um pouco, mas não para de pensar em formas de explicar melhor a palavra. Ficamos sabendo dos curiosos gostos literários de Molly e de sua predileção por Paul de Kock, autor real de algum sucesso, inclusive no Brasil da época.

Ao correr para salvar o rim que está queimando, Bloom nos deixa ver suas pernas talvez demasiadamente longas, e aos pedaços vamos montando seu retrato. No final do livro conheceremos até seu peso, mas tudo terá de ser aos poucos.

O rim queimado e fumegante evoca os sacrifícios dos gregos de tempos homéricos, que serão também mencionados no final do episódio 9. Logo, feita sua *oferenda*, Odisseu pode comer.

Mas assim que se senta para comer lhe cai a ficha de que havia algo estranho na carta da filha: uma menção a um rapaz. Lendo a carta, ele fica ciente do interesse de Milly por um certo Bannon, que, sabemos desde o primeiro episódio, também está encantado por ela. Além dos pequenos probleminhas de ortografia, Milly comete uma gafe que nem pode imaginar, pois ao mencionar uma música que Boylan costuma cantar (ela quase diz que a música é dele), pede para o pai mandar um abraço para o homem que logo virá se encontrar com sua mãe.

É depois dessa leitura que ficamos sabendo que o motivo dos presentes foi o aniversário de quinze anos de Milly. Somos informados também da *orfandade* paterna de Bloom, que perdeu um filho onze anos atrás.

A tristeza da separação da filha, da iminente perda da menina para um namorado, da morte do filho, tudo se congela na bela imagem de um homem imóvel encarando um p.s. todo mal escrito. E ele relê a carta. E relê a carta.

Ele tem medo de que a filha engravide, e há uma possibilidade de ser ele, ainda hoje, o responsável por evitar essa gravidez. Mas ainda estamos a horas disso acontecer. Ele lembra da filha, que tem pernas longas como as dele, e da música, que a partir daqui também não deixará de soar por todo o livro.

E finalmente as tramas se entrançam, e Bloom se dá conta de que está diante de duas mulheres cobiçadas por outros, filha e esposa, e que em ambos os casos reagir será inútil. É só por isso, por exemplo, que ele evitará o simples gesto de estar presente em casa, para "assistir ao ensaio", o que acabaria com as chances do casal.

Com saudade da filha, ele pensa em conseguir uma passagem com um amigo. Vai encontrar esse amigo daqui a pouco, aliás.

Alimentado, com calor e com preguiça de usar o banheiro interno, ele se decide pela "casinha" no quintal quando sente um "doce relaxamento do intestino", não sem antes passar a mão numa revista à la *Reader's Digest*.

A gata sobe para o quarto, com Molly ainda na cama. E aqui ouvimos o que serão as últimas palavras da senhora Leopold Bloom até o último episódio.

Animado, ele sai para o quintal geminado das casas da Eccles Street, cantarolando uma música infantil ("a empregada estava no jardim, o rei estava em sua tesouraria"), imaginando grandes planos de reforma daquela área, o que é outro de seus vícios secretos. Grandes planos. E, ao pensar em adubo, pensando já em excrementos.

Outra informação dada de passagem aqui é que ele foi recentemente picado por uma abelha. Essa situação lhe rendeu o conhecimento de um médico que ainda vai ser relevante na trama.

Quando ele tenta lembrar onde deixou o chapéu uma curiosa característica é introduzida: o que o livro não narra parece não existir. Como o narrador saltou da porta da casa para a porta do quarto, não vimos Bloom tirar o chapéu. Não sabemos o que foi feito dele. E nem Bloom sabe.

Essa técnica curiosa vai ficar gritantemente óbvia no espaço vazio entre o "Ciclope" e "Nausícaa", um dos momentos mais importantes do dia, que não veremos.

A cena da defecação de Bloom é outro dos belos momentos de Joyce. Provavelmente essa é a primeira vez em que um escritor retira humor, leveza, empatia e belíssima prosa de uma situação semelhante. Bloom lê e se controla ("cedendo mas resistindo", uma ideia recorrente em todo o episódio) para emparelhar a evacuação e a leitura, que se irmanam na avaliação de que "A vida podia ser assim. Nada emocionante e nem tocante para ele mas rápido e benfeito".

Novamente atando as pontas temáticas do episódio nos trechos finais, aquela gafe de Boylan ao se referir a Molly por seu primeiro nome é por assim dizer compensada pelo curioso desejo de Bloom, que pretende publicar um conto na mesma revista e assiná-lo L. M. Bloom. O leitor ainda não sabe, e demorará a saber, mas o nome completo de Bloom seria L. P. Bloom (quanto ao significado dessa inicial média, ora, esperemos): logo, parece que ele está de fato pensando em assinar como o casal *senhor e senhora Leopold Marion Bloom*. Moderníssimo.

E isso o põe pensando em Molly e em suas idiossincrasias e, por extensão, em Boylan. Digna de nota também é a breve menção a Gretta Conroy, personagem principal do conto "Os mortos".

Mais música aparece com a menção à *Dança das Horas* de Ponchielli, que Bloom explicou para Molly uma vez, e que pode muito bem servir de tema ao *Ulysses*, ele próprio organizado segundo o passar de um dia.

O último ato de Bloom é a intempestiva decisão de rasgar a página que estava lendo para se limpar, num gesto violentamente simbólico tanto para ele quanto para Joyce, o gesto de conspurcar, de humilhar um tipo de narrativa que o romance de que faz parte realmente pretende superar. Um gesto que, muito curiosamente, iria se repetir na abertura de um filme de animação (*Shrek*) que estrearia quase cem anos depois desse 16 de junho.

Bloom sai do banheiro escuro e mofado e é recebido, mais uma vez, pela bela luz do sol e pelo dia quente que se anuncia. Mas tudo está agora tingido de sofrimento pela lembrança — disparada pelos sinos da igreja vizinha, que soa as 8h45 — do enterro a que deve (deve? Quase todos os seus conhecidos darão desculpas e faltarão) comparecer.

Coitado do Dignam.

5. Lotófagos

O episódio seguinte se abre, como de costume, sem uma costura imediata com a cena anterior. Bloom já está a quase três quilômetros de casa, agora na margem sul do Liffey. Ele ainda vai andar mais uns dois quilômetros nesse episódio, voltando para bem mais perto de casa. O porquê desse desvio e o que ele foi fazer ali são coisas que ainda vamos demorar um pouco para entender.

E como que a sublinhar essa nossa ignorância e, também, marcar a intensa integração entre narradores e consciências de personagens a essa altura, o episódio começa por uma descrição das andanças de Bloom que é brutalmente cortada por uma frase dele, "podia ter dado esse endereço também" (dado para quem? para quê?), apenas para ser retomada como se nada tivesse acontecido. Perceba como o efeito é realmente de uma interrupção do tranquilo fluxo da narrativa, da voz do narrador. Bloom se intromete no texto.

Ainda seguindo com rumo certo ("não vai ter muita gente lá"), ele continua olhando em volta, especulando, empatizando.

É aqui que ouvimos falar pela primeira vez do papa-defunto Corny Kelleher, de seu amor por cantigas e de sua putativa conexão com a polícia, que vai ser extremamente relevante no fim do romance.

O segundo parágrafo é um triunfo da dissimulação. Tudo que Bloom quer é tirar de dentro do chapéu um certo pedaço de papel mas, movida pela culpa (que culpa?), sua paranoia faz com que encene delicadamente todos os gestos para aparentar total naturalidade e, ao mesmo tempo, ocultar o ato real.

E sua imaginação, detonada pelo calor, o leva de novo ao Oriente.

Suas reflexões sobre peso e gravidade, logo depois, vão se constituir, aliás, em outro motivo recorrente no livro. A aceleração. A queda.

Ele, como Dedalus, gosta de imitar o andar dos outros. Mas o curioso é que o mesmo indivíduo que tomou todas as providências para que ninguém prestasse atenção no gesto de tirar um cartão do chapéu agora se põe aparentemente a andar pela rua como se fosse a rebolante empregada do vizinho!

Uma espiada no correio: ninguém lá dentro. Ele entra e entrega o cartão, que é o número de sua caixa postal. Ah. Era isso. Mas por que ele tem uma caixa postal? E por que receia não ter resposta por ter ido "longe demais da última vez"?

Começamos a ter alguma ideia quando ele recebe a carta, endereçada a um certo "Henry Flower, Cavalheiro".

Mais para o fim do dia saberemos que o nome dos Bloom originalmente era Virág, na Hungria. Os dois nomes, em inglês e húngaro, já significam "flor". O pseudônimo, portanto, é coerente.

O nome Henry, no entanto, soa irônico: tão irônico quanto Leopold, na verdade, na medida em que significam, respectivamente, *o rei do lar* e *o senhor de um povo*, duas coisas que estão longe de definir nosso Bloom.

As divagações de Bloom, enquanto posterga a leitura da carta (para variar), introduzem mais dois temas relevantes: os boatos referentes à maçonaria (que também correm a respeito dele) e a presença de soldados ingleses policiando as ruas de Dublin. Um encontro com dois desses soldados (identificados por suas casacas vermelhas) será central para o romance, quando Bloom e Stephen já tiverem se encontrado.

Ele abre a carta dentro do bolso, algo preocupado com o que se possa pensar dos movimentos daquela mão dentro das calças, mas também fazendo pouco dessa preocupação ("até parece que as mulheres vão prestar muita atenção"). E logo quando está para ler, aparece M'Coy, de quem ele não gosta muito.

A cena com M'Coy tem vários interesses.

De tão irritado pela interrupção Bloom esquece de lhe pedir o passe de trem para ir visitar a filha (nada irrelevante que seja uma carta de outra mulher o que o leva a esquecer). Ainda, sua inexplicável aversão ao conhecido e ao *golpe da maleta* faz com que ele deixe de perceber as similaridades entre eles e, também, faz com que ele trate M'Coy com o desprezo leviano com que será tratado por muitos ao longo do dia.

Mas o dado mais divertido da cena é que Bloom de fato mal ouve o que M'Coy fala, fazendo apenas força para se manter no fio da conversa, enquanto observa atentamente um casal do outro lado da rua, aguardando para ver se a mulher vai subir no coche pelo lado da rua ou da calçada, na expectativa do prazer de entrever suas meias, que ele imagina que serão de seda. Bloom tem um certo fetiche por meias. E na primeira década do século xx, em que a exposição do corpo feminino era bem mais limitada, tornozelos podiam levar à loucura.

E Bloom se empolga a ponto de imaginar perversões em todas as mulheres. Todas elas *honradas* apenas como o Brutus do discurso de Marco Antônio no *Júlio César* de Shakespeare.

Enquanto isso, M'Coy fala de Bob Doran, personagem do conto "Casa de pensão", cujo destino, selado ali, agora se desenrola no *Ulysses*. Ainda vamos reencontrá-lo.

E na hora H, quando a moça ia subir, um bonde para entre Bloom e a cena. De tão irritado, ele chega a imaginar que foi de propósito. E não vai esquecer esse trauma. Tarde da noite ainda vai estar pensando no pérfido motorista que impediu sua visão do paraíso.

Ao abrir descaradamente o jornal na frente de M'Coy, que ainda fala, Bloom encontra o anúncio de um produto. Ambos, produto e anúncio, vão voltar em vários momentos do livro, o primeiro deixando migalhas em certo leito adúltero e o segundo revoltando, pelo seu próprio texto e pela sua localização no jornal, o publicitário que há em Bloom.

M'Coy só o cansa, ainda mais quando se vangloria da soprano fanhosa com quem se casou. Para humilhar o conhecido, Bloom menciona a turnê vindoura de Molly. E a pergunta de M'Coy sobre o gerenciamento do espetáculo ("Quem é que está montando?") não pode deixar de ferir inocentemente Bloom, pela escolha do verbo, que o leva de imediato ao estado de espírito de quando viu a carta na porta de casa.

Depois de Bloom mais de uma vez fazer que vai sair dali, M'Coy se despede, não sem pedir que Bloom ponha seu nome na lista do velório. Ainda adentraremos na madrugada do dia 17 e chegaremos a ver o jornal do fim do dia. A lista de presentes no funeral de Dignam, registrada ali, é um primor de falsidade, tanto pelo que anota quanto pelo que deixa de anotar. M'Coy estará lá. Junto com ele, estarão registrados outros ausentes. E Bloom, pobrezinho, será apagado por uma gralha tipográfica.

A irritação com M'Coy chega ao extremo de fazer Bloom imaginar se ele não é homossexual e se não ficou espiando furtivo. É só para verificar essa possibilidade que ele, novamente dissimulando, para enquanto finge olhar os cartazes. É só por isso, portanto, que vê o anúncio de *Leah*, e é só por isso que lembra da morte do pai, suicida. A depressão de novo ameaça agarrá-lo, mas ao contrário de Dedalus, mais uma vez, ele se livra dela ativamente, ainda que de modo talvez fácil e algo cínico ("Que coisa! Ffuu! Bom, talvez tenha sido o melhor pra ele").

A visão dos cavalos a seguir introduz um tema estranhamente relevante para todo o episódio: o falo e a castração.

Finalmente vamos ler a carta, mas não sem um desvio, para evitar que *ela* (quem?) o veja ali. Nesse desvio, ele passa pelo abrigo do cocheiro, lugar que terá importância central no fim dessa noite. Estamos, afinal, ainda no momento de apresentação de temas, e o episódio vai se configurando como a abertura de uma ópera, onde vamos aos poucos sendo apresentados, mesmo que de passagem, a muita coisa que ainda ouviremos.

E finalmente lemos a carta, que, como a de Milly, é um primor. Não sabemos exatamente quais jogos sadomasoquistas Bloom inaugurou com Martha, mas aparentemente ela está gostando. Ainda vamos demorar um pouco para saber como começou essa troca de cartas, mas parece que ela já segue há algum tempo.

Há ao menos três coisas relevantes na carta de Martha (esse é seu nome real?). Uma é o desejo dela de saber qual o perfume de Molly. A moça, afinal, está decidida a marcar um encontro pessoal (coisa que Bloom desconsidera, e na verdade nem entende o porquê do pedido), e não quer que o amado volte para casa com um perfume diferente do da esposa.

Outras duas são erros.

O mais relevante (porque mais retomado ao longo do livro) é a troca de "imundo" por "emundo". Bloom, que parece cercado por mulheres com dificuldades para a escrita, não vai esquecer esse desvio.

O outro, "em paciente", considerado como um ato falho e somado ao acesso dessa Martha a uma máquina de escrever (coisa não tão frequente em 1904), fez alguns leitores suporem que ela seria uma enfermeira. Encontraremos uma candidata no fim do dia.

Lida a carta, outro parágrafo obscuro. Bloom está pensando em como se ganha dinheiro com cerveja, depois de ter lembrado dos proprietários da cervejaria Guinness, até hoje um marco na paisagem da cidade. Quando passa um trem com estrépito, é como se uma grande carga dessa cerveja que está na cabeça dele se rompesse e inundasse tudo. É um jeito engenhoso de dizer que ele se perdeu nas suas contas, em meio ao ruído.

E, ainda querendo matar tempo (o enterro é só às onze), ele decide entrar, por curiosidade, numa igreja.

Já na entrada encontramos o anúncio de um sermão de John Conmee, personagem conhecido desde *Um retrato...*, e que ainda aparecerá com algum destaque (e merecendo considerável estima) ao longo do dia. Aqui já ficamos sabendo que Martin Cunningham, também ele personagem de *Dublinenses*, é conhecido de Conmee, e isso virá a calhar.

Bloom, que depois saberemos ser meio-judeu e ter sido batizado tanto como católico quanto como protestante, é alheio às guerras religiosas irlandesas, e é esse olhar como que de antropólogo que lhe permite ver a reunião da irmandade (cujos membros ostentam escapulários vermelhos) como algo que lhe evoca os cavalos que acabou de ver pastando. Não custa lembrar, afinal, que o paralelo aqui é com o mito dos lotófagos homéricos, que se servem da flor de lótus para viver num mar de esquecimento. Imagens de todo tipo de fuga, abandono, drogas, fé, castração, invadem o episódio. Religião, transe, ascese são aqui vistos por Bloom como formas de fuga, como flores de lótus.

Bloom não entende bem o ritual da missa. E seu relato da comunhão é extremamente divertido, a começar do fato de que ele ignora a palavra "hóstia". E, por que não, curiosamente erotizado, afinal temos um padre "com a coisa na mão", sacudindo uns pingos antes de colocar "direitinho na boca da mulher". Essa confluência de comunhão e sexo vai atingir níveis de ousadia inéditos no episódio de "Nausícaa".

O desconhecimento de causa de Bloom não se manifesta só na sua voz (como quando ele reinterpreta as siglas INRI e IHS, esta última, convenhamos, pouco clara mesmo entre os católicos), mas invade também, como já deveríamos esperar, as frases do narrador, que descreve a batina do padre como um "treco de renda".

O próximo tema das elucubrações de Bloom é, de novo, como no caso da moça que subia no coche, a hipocrisia: desta vez dos católicos em geral, que são inclusive classificados, numa reversão do preconceito tradicional, como comerciantes desonestos pelo judeu Bloom.

Bloom gosta de música, mas aqui, como em vários outros campos, seu conhecimento é no mínimo truncado. Ele elogia o vibrato de um organista (que não tem como executá-lo nesse instrumento) e evoca uma missa de Mozart que é de atribuição espúria.

A ideia do festim intelectual da Igreja católica o leva, de novo, ao tema dos castrados, dos eunucos, que havia sido levemente prenunciado quando ele pensou que deveria ter tentado colocar Molly no coro da igreja. Afinal, estamos em 1904, num momento em que a Igreja acabava de questionar a participação das mulheres no canto litúrgico, relegando as vozes de soprano apenas a meninos imaturos. Ou castrados?

A visão bloomiana do rito da confissão, toda ela empapada de perversão e de um encanto de bisbilhoteiro, imaginando conspirações e galerias de eco que projetassem longe o som dos segredos, é característica; assim como a reflexão de que a Igreja enriqueceu às custas de esquemas muito sólidos e bem urdidos.

Ao se levantar e perceber que estava com dois botões abertos, Bloom dá mais força às leituras que fundem sexualidade e rito religioso: ele estava se *expondo* em plena igreja.

Ele ainda tem tempo, e acha que é hora de cuidar das encomendas de Molly no boticário. Mas a roupa preta do enterro, além de gerar o divertidíssimo "coitado, não é culpa dele", mais uma vez causa problemas: a receita ficou em casa.

Depois de mais um corte violento, nos vemos diante do farmacêutico, que procura em seus livros a última encomenda dos Bloom, enquanto Poldy se distrai olhando em volta e pensando sobre os remédios.

A primeira fala do farmacêutico, que aponta que o primeiro do mês (Bloom lembra que tinha acabado de receber) teria sido cerca de quinze dias atrás, novamente vai cerrando a cronologia do *Ulysses*, ainda não definitiva para um leitor de primeira viagem. Hoje, tendemos a entrar no livro todos sabendo que aquilo se passa no dia 16 de junho; mas vale lembrar que, até aqui, temos ainda poucas pistas deste fato.

Os cosméticos lhe evocam a beleza da mulher e numa cena mista de romantismo e ridículo ele lembra de Molly enigmática cobrindo o rosto com o lençol até a altura dos olhos. Na verdade o que ela estava fazendo era se cheirar para saber se estava limpa.

E é aqui que Bloom decide como vai ocupar os minutos que lhe restam antes de seguir o féretro. Um banho.

Dedalus, o bardo impuro, não toma banho desde outubro (veremos). Mas Bloom, sempre a exceção, gosta de se sentir limpo. De novo em contraste com Dedalus, ele pensa que seria muito bom se uma moça cuidasse do seu banho, o que o leva àquele críptico "Isso eu". Bloom decide que vai se masturbar no banho. (Mas ainda levaremos horas para saber se ele levou esse projeto a cabo.)

Num último impulso ele decide comprar o sabonete de limão que será seu fiel escudeiro por todo o livro. Já se disse até que há no *Ulysses* toda uma sabonetíada, de tanto que o sabonete vai de bolso em bolso. Esse sabonete, caro leitor, vai até *falar* de madrugada! Diga-se de passagem, a farmácia Sweeney's é hoje um centro cultural, dedicado à obra de Joyce.

O farmacêutico diz que ele pode pagar tudo (sabonete incluso) quando vier pegar as encomendas. Bloom acabará não voltando hoje, o que transforma, além de tudo, aquele sabonete num item quase roubado. Ilícito.

O encontro seguinte, com Lyons, que é tão pequeno que todos o chamam de Garnizé (a voz dele ressoa na *axila* de Bloom), é também muito mais importante do que parece.

Lyons é apenas mais um parasita dublinense. Tudo que ele quer é conferir no jornal os cavalos que vão correr no páreo da tarde. Mais ainda, ele raspou o bigode, para profundo desgosto de Bloom, que, a essa altura, o leitor já suspeita (aquela xícara bigodeira) ser mesmo um bigodudo Bloom. Apesar de o narrador em nenhum momento ter mencionado esse dado aparentemente óbvio de descrição física.

Já Bloom quer apenas se livrar dele. E diz que estava prestes a "jogar fora" o jornal. O problema é que corre naquele dia um azarão chamado Jogafora, e Lyons, conspiratório, conclui que Bloom está lhe dando uma dica discreta. O pobre Bloom nem entende que não está entendendo alguma coisa. E isso se tornará um fator crítico, porque o improvável cavalo vai ganhar a corrida, fazendo com que todos na cidade suspeitem, depois de avisados por Lyons, que Bloom, sozinho, ganhou uma bolada.

Depois de novamente vermos uma amostra dos dotes publicitários subutilizados de Bloom e de seu talento para se manter em bons termos com quem possa lhe prestar futuros favores, o episódio se encerra com uma antevisão do banho. Uma ideia de prazer, de lotofagia e esquecimento.

E, para atar vários temas do episódio e reforçar a técnica tão joyciana de encontrar o sublime e o lírico no grotesco e no baixo, as andanças solitárias de Bloom pela cidade de Dublin nesta manhã se encerram com uma visão de um pênis murcho que boia na água cercado por seus pelos como "lânguida flor flutuante".

6. Hades

A hora do enterro chegou. E Joyce vai aproveitar a oportunidade para traçar os paralelos com o momento em que, em busca de conselhos, Odisseu desce ao mundo dos mortos e encontra vários dos companheiros da batalha de Troia. Bloom não encontrará heróis em sua ida ao cemitério, mas Joyce teve o cuidado de traçar para o cortejo fúnebre uma rota que passasse pela maioria das estátuas dos heróis irlandeses na capital, criando assim uma espécie de parada cívica.

Nos vemos direto diante da carruagem, uma dentre várias, que vai levar Martin Cunningham e o senhor Power (do conto "Graça"), Simon Dedalus, pai biológico de Stephen, e Leopold Bloom, destinado a cumprir em parte o papel simbólico de pai do rapaz ao longo deste dia.

Bloom, desde os primeiros momentos, parece marcado como *não pertencente*. Na verdade, o convite de Cunningham para que ele suba ("Já está todo mundo aqui? Vem com a gente, Bloom") já soa muito mais como uma constatação de que, já que sobrou espaço, afinal cabe mais um.

Já de saída a presença da morte dispara em Bloom lembranças do filho e do ritual em que Molly e a diarista amortalharam o menino.

Sentindo um incômodo, ele percebe que sentou no sabonete. E seus singulares escrúpulos dizem que seria inadequado trocar a barra de bolso ali. E ele se diz para esperar uma oportunidade. Esperemos também.

O parágrafo seguinte, que descreve a partida do cortejo, é uma maravilha de efeito técnico. O movimento e os ruídos se transmitem lentamente das primeiras para as últimas carruagens numa sucessão de poucas frases curtas.

Em movimento, os cavalheiros esperam se afastar da casa do falecido para poderem se descontrair um pouco, apesar de a carruagem seguir o "costume antigo" de passar pelo centro da cidade para poder ser vista por todos.

Assim que eles partem, Bloom entrevê Stephen e o aponta para o pai. É o primeiro momento em que vemos os dois, por assim dizer, juntos.

Mas, antes, esclareçamos. Eles não estão à beira-mar, ainda que estejam perto da praia. A hipótese mais clara é que Stephen tenha voltado de Dalkey de bonde, talvez planejando, como intui seu pai aqui, ir direto para a casa da tia, como ele pensa em "Proteu". Mas aparentemente ele desiste, e apenas caminha pela orla.

O que nos leva a pensar: o que ele pretenderia com a visita à tia? E como seu pai saberia dessa intenção? Ele teria previsto os passos de Stephen?

A resposta mais cabível é que, determinado a não mais voltar à torre, Stephen tenha contemplado pedir pouso aos parentes e, claro, desistido. Sendo assim, não deixa de ser significativo que Bloom, que ainda vai lhe oferecer um leito, o veja precisamente quando ele se vê oficialmente sem-teto.

Simon Dedalus, o piadista de má vontade, imediatamente compara o filho ao Eneias de Virgílio, acompanhado do amigo Acates precisamente quando também se prepara para descer ao reino dos mortos.

Bloom conhece Goulding também, e depois do que já soubemos dessa figura pelos dois Dedalus, é refrescante e empática a visão que ele nos oferece do conhecido que já viveu dias melhores, como quase todos, quando andava na companhia do quase mítico Ignatius Gallaher, que já conhecemos de "Uma nuvenzinha", e de quem ainda ouviremos mais em breve.

Bloom suporta o palavrório inconsequente de Simon, pensando também no orgulho que sentiria de seu filho, se estivesse vivo. Duas imagens que lhe passam pela cabeça são relevantes. Primeiro, ele imagina o filho vestido com o uniforme escolar de Eton, e essa imagem retornará com grande impacto à noite. Depois, ele imagina como seria se ver nos olhos do filho, exatamente o que incomoda Stephen ("o sujeito com minha voz e meus olhos").

Daí ele salta direto à cena da concepção de Rudy. O que aconteceu naquele dia aparentemente foi que os dois estavam olhando pela janela para a prisão de Bridewell (que tinha na parede a inscrição "Chega de maldade: comece a fazer o bem"), de repente viram dois cachorros em pleno ato sexual e ficaram excitados. "Como começa a vida."

"Meu filho dentro dela", pensa Bloom, que mais uma vez nos deixa com dúvidas. Afinal, quando fala em "aprender alemão", provavelmente está pensando nele mesmo, e não no filho.

Enquanto reclamam do pão-durismo de Corny Kelleher, que não lhes arrumou carruagem melhor, os quatro percebem que os bancos estão cobertos de migalhas. Aparentemente eles consideram que pode ter havido um encontro romântico na carruagem, pelas meias frases que trocam. E é curioso que, em outro momento, sejam também as migalhas de comida numa cama que delatem um outro encontro romântico, entre Molly e Boylan.

Bloom está algo alheio à conversa, satisfeito por estar limpinho. As meias o deixam descontente, e bem no fim do livro veremos que uma delas não chega inteira ao fim do dia.

A visão de um "refúgio de cães", uma espécie de Sociedade Protetora dos Animais, que na verdade mais praticava eutanásia do que dava abrigo, faz Bloom lembrar do cachorro do pai, Athos, que apesar de levar o nome de um dos três mosqueteiros lembra bastante Argos, o velho cão de Odisseu, que morre de felicidade ao rever o mestre.

A chuva, que parecia uma ameaça desde cedo (e as botas de Bloom passam o dia rangendo por causa dessa umidade), faz uma pequena aparição. Mas ainda teremos que esperar anoitecer para ver chuva de verdade, e essa expectativa é mais uma das tensões do dia, pois vale lembrar que já cedo Bloom pensou que não havia ovos de qualidade no mercado por causa da seca prolongada. Uma pequena discussão sobre um discurso impresso no jornal prenuncia o episódio seguinte, e o fato de que Simon Dedalus estará também presente nesta segunda discussão ata as duas cenas.

Bloom deixa o olhar divagar e passa os olhos pela lista de óbitos. Ao ler os melancólicos obituários, se detém em um Henry. O que há num nome, diria Shakespeare. Henry Flower, afinal, está bem vivo.

Bloom ainda medita outra invenção para melhorar o dia a dia dos seus concidadãos antes de começar a pensar no que pode fazer à noite. Progressivamente ele está se decidindo a não voltar tão cedo para casa. E ele mesmo se choca por estar fazendo planos na "primeira pessoa", como um homem só. E é claro que isso o leva ao que está para acontecer ("Ele vem de tarde") quando, repentinamente, os presentes veem ninguém menos que Boylan na rua.

O incidente gera um dos melhores parágrafos de Bloom. Primeiro, desesperado, ele finge estar detidíssimo no exame das unhas e acaba sendo o único a não cumprimentar Boylan. Mas a ideia do adultério o leva de pronto a pensar no corpo de Molly, o que para ele é quase irresistível. E Bloom termina o parágrafo satisfeito depois de visualizar a bunda de sua esposa.

Os outros, no entanto, perceberam a situação, e imediatamente mencionam a turnê organizada por Boylan. Bloom diz que não vai, e o motivo para essa ausência só vai ficar claro daqui a pouco, quando Cunningham explicar aos outros que se trata do aniversário da morte do pai.

Logo depois disso é que Bloom finalmente se corrige: não há "voglio" na ária de Zerlina! Ele estava, aqui como em tantas outras coisas, preocupado com a coisa errada.

A próxima figura que eles avistam é do agiota, judeu, que gera uma insinuação ("quase todos") de que Bloom não teria motivos para ódio porque foi poupado dos horrores de Reuben J. Dodd, cujo filho recentemente virou motivo de riso na cidade por uma tentativa desastrada de suicídio romântico. Bloom, aliás, tenta contar essa história, mas é violentamente interrompido, seja por comentários, seja por Cunningham, que lhe toma o comando e deixa para ele apenas um inane "Não é excelente?". Não foi dessa vez que Bloom passou a ser "um dos meninos".

E, para sublinhar esse aspecto *marginal* de Bloom, nós o vemos primeiro lembrando o alcoolismo de Dignam, enquanto todos o elogiam como um grande homem, e, finalmente, dizendo que morrer dormindo é a melhor das mortes, o que ele (nada religioso) não pode ver como a gafe que é, num país católico cioso da confissão e da extrema-unção como formas de garantir o paraíso. Daí o silêncio dos outros.

Para piorar, o senhor Power prossegue, condenando os suicidas. O pai de Bloom, saberemos em breve, se matou, e Cunningham, que sabe disso, se apressa em tentar alargar a saia em que se meteram, ganhando assim ainda mais a boa vontade de Bloom, entregue a pensamentos lúgubres misturados a pedaços de uma canção popular.

Quando passam pelo hospital Mater Misericordiae, duas referências surgem. Uma à senhora Riordan, que é ninguém menos que Dante, a tia de Dedalus que conhecemos em *Um retrato*..., outra ao estudante simpático que tratou da picada de abelha e ainda hoje representará um dos elos entre as noites de Bloom e Dedalus.

A conversa segue, e Bloom conquista alguma atenção com menções a seus planos de melhorias urbanas. Como de costume, ele logo se perde em seus pensamentos, que culminam com a cena meio surreal em que ele imagina o caixão de Dignam caindo da carruagem.

Uma visão que retornará no livro é a do barqueiro que vem para a cidade pelo canal trazendo turfa. Aqui, ela está acompanhada pela lembrança de uma canção humorística, "A bordo do Bugabu". O barqueiro, claro, também evoca a figura de Caronte, que leva as almas para o outro lado do Estige e do Aqueronte, rios que cercavam o mundo dos mortos na mitologia grega, nessa que é, afinal, nossa viagem ao Hades.

Outro símbolo são as estátuas no jardim da casa de Dennany ("sombras silentes"), que representam as almas que Odisseu encontra na descida. Estamos chegando. E essa chegada é brilhantemente representada pelo parágrafo que se abre falando das "grades altas do Prospect", onde o cemitério quase ganha vida e se corporifica em meio a uma misteriosa névoa que tudo borra, num trecho de consideráveis ressonâncias simbolistas, interrompido prosaica e rudemente quando o aro da roda finalmente "rispida" o meio-fio.

A chegada é o momento para Bloom, até aqui apertado na carruagem, finalmente tirar o sabonete do bolso de trás da calça.

O que é irônico. De pé ele não vai mais sentir nenhum incômodo. Vale perceber que o papel grudado do sabonete decorre de ele ter sido usado no banho turco, logo antes, e ainda estar úmido.

Bloom acha curioso que o caixão tenha chegado antes dos vivos, mas os anotadores lembram que Dignam, aqui, cumpre o papel do Elpenor da obra de Homero, o amigo de Odisseu que morre jovem, e bêbado, e dessa forma chega ao Hades antes do herói, primeiro homem vivo a conhecer o reino dos mortos.

À chegada se segue um trecho curioso, em que Cunningham, sempre misericordioso, conta aos outros da morte de Rudolph Bloom. Mas o verdadeiramente curioso aqui é que se trata do primeiro momento em que o narrador abandona Bloom e fica ouvindo outras pessoas. Por pouco tempo. Imediatamente voltamos a ele, que olha para trás sem ouvir a conversa dos dois, como que chamando de volta o narrador.

Bloom, enquanto isso, começa a se inteirar da situação, catastrófica, das finanças de Dignam. As providências para cuidar dos órfãos e para prover a viúva ocuparão uma parte do dia dele e de Cunningham. Mas essas tarefas, curiosamente, tenderão a se passar nos bastidores, longe da ação narrada. A opinião de Bloom sobre a viúva é algo matizada, no entanto: ele continua achando que ela "riu por último". E parece até se perguntar se tem alguma chance com ela ("Ela ia casar com outro. Ele?").

Novamente abandonamos Bloom para vermos Lambert e Simon Dedalus, que cinicamente desconversa quando ouve falar da vaquinha que Cunningham quer organizar para os órfãos. A contribuição de Bloom, aliás, será surpreendente para muitos.

Falando em dinheiro, vale lembrar que Bloom não deve três xelins a algum O'Grady. Trata-se do pedaço de uma música de que ele lembra enquanto tenta ilustrar as coisas disparatadas que podem passar pela cabeça de um moribundo e, também, de uma leve paródia das últimas palavras de Sócrates, que ao menos segundo Platão teriam sido: "Crito, nós estamos devendo um galo a Asclépio, por favor não deixe de pagar a dívida".

É hora da consagração do corpo. Bloom espera que todos se ajoelhem e, prudente, larga o jornal no chão para não sujar a calça (sua única, logo preciosa, roupa preta), acomoda o chapéu no outro joelho (nada de largar no chão) e segura pela aba para que não caia. O divertido aqui é que, imitando os católicos, ele no entanto se põe ajoelhado apenas em um joelho, mais como um cavaleiro medieval que como um fiel. Para variar, ele está quase certo. E, entrando no espírito, o narrador descreve sua postura, algo ironicamente, como a de um "devoto". Ele está apenas afetando essa devoção.

Em mais uma demonstração dessa empatia narrador-personagem, vemos a entrada de "um criado", pois Bloom não conhece os títulos dos participantes, assim como não entende direito o latim "in nomine domini" (em nome do Senhor). Mas a próxima fala do padre vem transcrita corretamente, e significa "não peseis os atos do vosso criado, Senhor".

A sentença do Pai-Nosso, na sequência, é comumente traduzida como "e não nos deixeis cair em tentação". Mas o que chama atenção aqui (por que justo essa frase aparece, em meio a tantas outras possíveis?) é que literalmente o latim diz "não nos leves à tentação".

Mais uma vez latim, e uma demonstração de que Bloom não é de todo ignorante na língua que teria estudado na escola. A dúvida dele, afinal, reproduz o mandamento da cartilha latina, de que a preposição *in* seguida de acusativo indica movimento, e seguida de ablativo, localização. Aqui, apesar de Bloom não lembrar, trata-se do acusativo: ou seja, vamos *ao paraíso*.

Acaba o culto e Bloom, depois de se distrair durante toda a cerimônia, especialmente com sua tendência de se imaginar no lugar dos outros, de empatizar com a vida alheia, de viver pequenas cenas fictícias, apesar de estar num enterro, sai quase cantarolando. Mais uma vez sua imaginação lhe fez bem.

Outros, no entanto, estão mais abatidos. Simon Dedalus lembra da morte da mulher, ocorrida há menos de um ano, e tem um legítimo e tocante momento de abandono e quase desespero.

Bloom fica para trás, conversando com Kernan. Judeu e protestante, eles talvez se identifiquem como os *alienígenas* naquela cena, e se esforçam para manter as aparências. Essa situação de estarem *no mesmo barco* fica sublinhada pela suspeita de Bloom de que Kernan seja maçom. A ligação do próprio Bloom com a maçonaria ainda dará muito pano para manga.

Mais uma vez abandonamos Bloom, para vermos de novo o quanto ele não pertence ao círculo fechado das amizades dos bares e das conversas dublinenses. Menton mal lembra dele ("ele é o quê?") e só a lembrança de Molly parece fazer sentido.

O zelador do cemitério, figura para lá de simbólica, é o próximo a aparecer, trançando nas costas as chaves do mundo dos mortos, que não podem deixar de lembrar a Bloom o anúncio que no episódio seguinte terá que acertar com um editor. A figura desse zelador se reveste, como deveria, de certo mistério. E não pouco intrigante é o momento em que ele, de passagem, pisca para uma sepultura, como quem a cumprimenta.

O latim retorna. E a frase "Habeat corpus" ("que ele fique com o corpo") é uma eficiente alteração do jurídico "habeas corpus" ("que você fique com o corpo"). E pensar nas suas responsabilidades do dia (o anúncio) leva Bloom a pensar em Martha, no amor e, até, no amor em meio à morte. É aliás subvertendo a frase do serviço protestante do funeral ("No meio da vida estamos na morte") que ele fecha essa discussão, imaginando o quanto deve ser "tantalizante" para os mortos ouvir o amor dos vivos. Tântalo, aliás, é uma das figuras que Odisseu encontra no Hades.

Mas não ia ser mais lógico se enterrassem os mortos de pé? Aí está Bloom novamente tentando melhorar a situação pragmática.

Os pensamentos de Bloom nessa cena voam alucinadamente do amor para a morte, para a decomposição, para os vermes e então, inesperadamente, mas ao mesmo tempo como que fechando esse ciclo, para a música que Boylan costuma cantar. A imbricação dos temas do amor e da morte está quase sempre presente no fundo da mente de Bloom.

Ele volta ao latim, mas desta vez todo atrapalhado, misturando duas frases. Uma — "de mortuis nil nisi bonum" — é o que ele queria lembrar: "dos mortos só se fala bem". A outra — "nisi prius" ("a não ser que haja uma anterior") — é um termo legal no mundo anglófono. A língua dos padres, afinal, é a mesma dos advogados. Vários anotadores registram essa confusão, mas fica sem comentário o fato de que a frase que Bloom efetivamente cria significaria algo como "dos mortos só fica o que foi antes". Uma negação da vida após a morte muito coerente com a metafísica bloomiana.

Bloom logo se vê intrigado pela presença de um camarada desconhecido. Na cidade de relações estreitas que ainda era a Dublin de 1904, ele não espera encontrar ali alguém que não reconheça. O sujeito, cuja presença ao menos tem a vantagem de fazer com que não seja ele, Bloom, o "Judas", o décimo terceiro dos presentes, está usando uma capa de chuva estilo mackintosh. E ninguém, ali ou entre a crítica até hoje, sabe quem ele é.

Há quem pense que ele é um dos homens-sanduíche da Hely's, que veremos no episódio 10.

Há quem o veja como o senhor Duffy, do conto "Um caso doloroso", que estaria ali para visitar o túmulo da "amada", a senhora Sinico.

Vladimir Nabokov brincava que seria o próprio Joyce...

Mas aqui, no livro, quem o batizará será o próprio Bloom, por engano.

Num livro tão cheio de detalhes, esse será um dos mais atordoantes. Quem será o homem com a mackintosh? Como Bloom mesmo pensa: "mas quem é ele que eu quero saber? Mas eu dava um prêmio para quem me dissesse". E não será a última vez que o livro nos provocará com essa identidade oculta, chegando mesmo a ordenar, mais tarde: "encontre o Mackintosh".

Pois tudo aqui parece ser encaixado e pensado. Até a piadinha tola motivada pelo *Robinson Crusoé* ("Toda sexta-feira enterra uma quinta") não deixa de ser uma descrição do livro que lemos, transcorrido todo numa quinta, que desemboca na sexta-feira mais desconhecida da literatura mundial. O terrível e maravilhoso dia 17 de junho de 1904, em que tudo, ou nada, pode ter mudado.

Quando o caixão some na cova, Bloom, novamente incomodado pela superstição (apesar de não se julgar "tão jumento" a ponto de acreditar em todas elas), nota que os sete coveiros também contam, e de que são portanto vinte pessoas em torno da sepultura. E aí, do meio do nada, ele se põe uma questão típica de um escritor: "se nós todos de repente fôssemos outra pessoa".

E disso ele parte para imaginar a morte, e os procedimentos comuns à época para verificar a ausência de vida no paciente, e o final da ópera *Lucia di Lammermoor*, e o fato de que O dia da Hera, o 6 de outubro, dedicado a celebrar a memória do grande líder Parnell (como no conto "Dia da Hera na sede do comitê", de *Dublinenses*), estaria sendo esquecido. Somos todos, afinal, esquecidos.

Mas Bloom lembra da mãe e do filho, ambos enterrados no jazigo em que um lugar também espera por ele, naquele mesmo cemitério. O pai, que se matou em outra cidade, não está lá, e é por isso que ele precisará viajar.

Joe Hynes, repórter, passa pegando os nomes para o texto que aparecerá na edição do fim do dia. Como o livro nos leva até a metade da madrugada, ainda teremos tempo de ver essa edição e saber que o trabalho de Hynes é tudo menos competente.

Bloom acha estranho Hynes estar andando com aquele caderninho, se conhece a todos ali. Mas logo transparece que é a ele que Hynes desconhece. E o repórter se aproxima dele com a desculpa esfarrapada de que quer o nome de *batismo* de um judeu.

Bloom responde apenas isso, e seu sobrenome portanto aparecerá errado no jornal. M'Coy, ausente, tem o nome lembrado, e Bloom entende que é por estar devendo dinheiro ao jornal que M'Coy teria achado melhor se ausentar. E é aí, quando lhe perguntam quem seria o desconhecido, que Bloom, sem querer, vira o criador da figura misteriosa de M'Intosh.

Em seguida ficamos sabendo a data da morte de Rudolph Bloom, dia 27, e conhecemos as ideias de seu filho sobre lápides mais interessantes, que descrevessem as atividades dos defuntos. Com o detalhe de que "eu viajava vendendo linóleo" descreve exatamente as atividades de Bloom pai e, na juventude, de Bloom filho.

A cultura de Bloom continua dando mostras de ser vasta e esfiapada. Ele lembra do poema de Wordsworth, mas a palavra "elegia" o confunde. Lembra da história de Apeles e de seu proverbial realismo, mas o chama de Apolo. Mas a inteligência e a curiosidade nunca o abandonam, e logo o vemos imaginando as cenas causadas pela implantação de um sistema de gravações das vozes dos mortos, que ele considera interessante.

A visão de um rato o leva de novo ao lado físico, repulsivo da morte. Ele pensa no costume pársi de expor os mortos no alto de uma torre, para que fossem consumidos pelas aves (o dito *enterro no céu*, ainda hoje praticado no Himalaia, e que seria o enterro *no ar*, que Bloom lembra ser impossível). O afogamento, que ele considera a mais doce das mortes, é um tema que perpassa todo o livro, não menos pela presença algo ominosa daquele cadáver que ainda boia na baía de Dublin e deve ressurgir a qualquer momento.

Amor e morte (o pai, viúvo suicida, a senhora Sinico, semissuicida por desilusão amorosa) continuam na cabeça dele quando os brilhantes portões que oferecem a saída do reino dos mortos aparecem. Bloom se vê num humor triunfante (Odisseu viu, mortal, o reino dos mortos, e voltou) e reengrena a pensar na vida, em Martha e no estranho erro ortográfico da carta dela, que ressoa insistentemente por todo o livro.

Cunningham, sempre ele, surge e puxa conversa com Menton, aquele, o ex-patrão de Dignam que o demitiu pelas bebedeiras (o mesmo problema da senhora Sinico), o homem que mal lembra de Bloom, mas que não esquece que certa vez, dezessete anos atrás, se desentendeu com ele num jogo. Bloom, ao lembrar dessa partida, considera que esse lance foi mera questão de sorte ("puro bambúrrio").

Ao detectar um amassado no chapéu de Menton, ele decide ser simpático e avisar. Chapéus, em Joyce e em seu discípulo Beckett, tendem a ser símbolos de masculinidade. E Menton tem considerável dificuldade para esconder sua irritação com o intrometimento de Bloom.

Ele seria Ajax, com quem Odisseu mal consegue falar no Hades, tamanha sua soberba.

E Bloom, superior de fato, termina sua visita aos infernos com um irônico "como estamos magnânimos hoje".

7. Éolo

Eu gosto de pensar no *Ulysses* como uma sonata.

Agora, na abertura do sétimo episódio, é hora de lembrar que nós acabamos de concluir a apresentação dos dois "temas". Houve três episódios que nos mostraram Dedalus, o relógio voltou para as oito da manhã, e então seguimos Bloom durante três episódios. E as simetrias não param aí. Veja que, por exemplo, os dois pensam na morte e no amor nos seus respectivos terceiros episódios. E esses dois momentos, "Proteu" e "Hades", são basicamente simultâneos, como confirma aquele relance de Dedalus na praia durante a passagem do cortejo fúnebre. A primeira de várias vezes em que eles quase se encontram.

Se houve essa sobreposição dos trajetos de ambos no sexto episódio, o sétimo deveria ser o começo da elaboração, do desenvolvimento dos temas. E poderíamos esperar que eles agora aparecessem juntos. O que veremos, no entanto, é um intricado jogo de palco, em que ambos estão em cena, sem jamais estarem juntos. Só no fim do episódio mais uma vez Bloom verá Dedalus de longe. Não tão de longe, aqui, e não tão de passagem.

É cerca de meio-dia (o enterro era às onze), estamos na redação de dois jornais, o *Freeman's Journal* e o *Evening telegraph*. Tanto Bloom quanto Dedalus têm motivos para estar ali: um anúncio publicitário e aquela carta do senhor Deasy. Nesse momento do dia, a agenda de Bloom está prestes a se esgotar. Cuidar desse anúncio é a única obrigação que lhe resta, depois do enterro. Seria então o caso de voltar para casa logo depois do almoço, se fazer presente, e estragar a oportunidade de Molly. É nisso que agora ele pensa.

Já Dedalus tem um encontro marcado daqui a meia hora no Ship, com Mulligan e Haines, e também não tem mais nada previsto para o dia, além daquela conversa sobre *Hamlet* na biblioteca, mencionada por Mulligan logo no primeiro episódio. Só que o estado de espírito com que ele abandona a torre não nos faz esperar que volte. E esse almoço está para ser desmarcado. Estamos, portanto, num momento fulcral para ambos. A partir daqui, o dia se abre em plenas possibilidades.

O paralelo homérico aqui é muito menos fértil que no episódio anterior, embora sejam curiosas as escolhas de Joyce para tematizar o vento, personificado por Éolo: primeiro nas correntes de ar que sopram o tempo todo em cena, segundo nas diversas expressões idiomáticas com referência a vento e ar, terceiro, na escolha da retórica (da fala vazia, mero sopro) como arte, personificada ali pelo jornalismo, e quarto pela decisão de exemplificar em um ou outro momento praticamente todas as figuras retóricas registradas pelos manuais da época.

O assunto é a fala vã, os entimemas, o discurso cheio de ar.

Não é de estranhar, então, que este episódio seja o primeiro em que o *estilo*, a forma do romance ganhe total destaque. Aquelas *manchetes* que aparecem separando os fragmentos, e que de certa forma constituem uma pequena história do estilo jornalístico nas ilhas britânicas, têm essa função, de ditatorialmente marcar o livro como *livro*, como artefato manipulado por um criador.

E fazem isso inclusive ao se intrometer em lugares que, sem elas, constituiriam emendas inconsúteis, imperceptíveis. Faça essa experiência, veja como o texto normalmente flui bem, indiviso, por sob as divisões das manchetes. Ao mesmo tempo, veja como é difícil não reconhecer que esses fragmentos, depois de receberem título, como que ganham vida própria, como retratos, minicontos.

Mas vamos ao texto.

A abertura do episódio se dá em meio ao barulho e ao movimento de uma grande cidade. Isso é relevante, pois será revertido no final do trecho.

O terceiro fragmento já se abre com um parágrafo famoso, em que uma frase aparece como que espelhada, invertida, ao mesmo tempo iconizando o movimento dos barris que rolam e, mais uma vez, demonstrando que o *Ulysses* está deixando de ser o livro que era, passando a ser mais marcado em termos de estilo. Esse mesmo fragmento termina com Bloom, que pouco antes se surpreendeu ao pensar na primeira pessoa do singular sobre uma ida ao teatro, talvez achando forçada a primeira do plural de Murray, mero empregado.

E enquanto continuamos ouvindo o troar daqueles barris, som indicado pela repetição da expressão "barris baqueocantes", Bloom se lembra de uma ópera menor, *Martha*, de Friedrich von Flotow, que obviamente lhe diz respeito, por causa do título, e que em breve ouviremos cantada com grande talento por ninguém menos que Simon Dedalus.

Bloom se encaminha para a sala do editor, enquanto as lembranças da morte e do cemitério (inclusive porque Hynes já está ali) não o abandonam. O editor é italiano, e Bloom, que ainda hoje ouvirá ofensas por *não ser irlandês*, já que é judeu, pensa que deve ser estranho Nannetti nunca ter visto sua pátria *de verdade*.

Enquanto o barulho dos barris é abafado pelo ruído das prensas, que dominarão o episódio, Bloom tenta sutilmente lembrar a Hynes que este lhe deve dinheiro (aqueles mesmos três *merréis* que a canção que lembrou no cemitério evocava).

Em seguida Bloom, finalmente, trabalha. Ele quer explicar ao editor que o anúncio para a loja de Shawes (Keyes, no original) deve se assemelhar ao símbolo do parlamento independente da ilha de Man, conhecido como Casa das Chaves. É bem possível que a ideia desse anúncio seja dele, afinal. Ao mesmo tempo, muito embora já tenha lembrado que a palavra não está na ária do *Don Giovanni*, sua mente obsessiva pensa em perguntar sobre a pronúncia daquele "voglio". Palavras. Ele depois ainda se diverte com os testes de ortografia que Cunningham costuma inventar, tentando explicar os problemas gráficos da frase "É divertido ver o excepcional mal-estar de um pregoeiro exausto orçando a compensação do preço das peras naquela pensão". E só agora, muito depois, pensa no que poderia ter respondido a Menton, na saída do cemitério.

Lembre, afinal, que Bloom pode ter se sentido superior. Mas para quem olhasse de longe, ele só ficou com a cara no chão.

A multiplicidade dos assuntos que passam pelo jornal, como a multiplicidade dos defuntos que passavam pelo padre, leva Bloom mais uma vez a lembrar do afogado enquanto contempla um linotipista que, com tipos de chumbo, compõe de trás para a frente as frases do jornal para impressão.

Ler da direita para a esquerda o faz lembrar dos textos religiosos hebraicos, o que o leva a uma grande confusão de lembranças parciais da hagadá, do Shemá ("Ouve, Israel, o senhor nosso deus") e de diversos ritos judaicos. O judaísmo de Bloom está longe de ser perfeito.

O sabonete faz mais uma aparição, precedido por seu cheiro, enquanto ele mais uma vez pensa em voltar para casa, e mais uma vez desiste da ideia. Evitar o adultério, afinal, está em seu poder, e seria simples. Mas ele poderia evitá-lo sempre, se ela está decidida?

O *professor* McHugh entra anunciando que o caixa está aberto: ou seja, que o tesoureiro do jornal está pagando os colaboradores. O título pelo qual McHugh é conhecido é mais irônico que factual. Especialmente se considerarmos o uso inglês, em que *professor* é só o docente de uma universidade. Como o *padre* Cowley que ainda conheceremos, ele carrega mais um apelido que um título. E com ele, para desgosto de Simon Dedalus (que aliás está ali fazendo o quê? As bolachas de graça explicam talvez a presença de vários deles ali), entra a *elevada* retórica, de que Simon ri com uma citação enviesada de um poema de Byron.

O texto que eles agora comentam, aparentemente inventado por Joyce, se chamava "Nossa linda terra", e isso leva um inocente Bloom, que pegou a conversa pela metade, a perguntar "de quem", o que mais uma vez prenuncia as acusações que sofrerá à tarde.

Com a entrada de O'Molloy, que quer ver o editor (a história dele é uma das muitas mini-histórias embutidas no *Ulysses*. Ele está desesperado, precisando de dinheiro, e veio pedir algum emprestado, como veremos no final do episódio. Simon Dedalus, aliás, *deveria* estar fazendo o mesmo, e talvez tenha feito), ficamos sabendo que Lenehan está também no escritório. Lenehan é uma figura. O leitor o conhece desde o conto "Dois galantes", e ainda o verá bastante nesta quinta-feira.

Outro personagem de *Dublinenses* que recebe uma breve menção é Gabriel Conroy, protagonista de "Os mortos". Os Bloom, como já sabíamos desde aquela primeira referência a Greta, conhecem o casal Conroy.

A leitura do texto prossegue e Simon, irritado, tira a cartola para alisar a basta cabeleira. Simon Dedalus foi criado a partir do pai de Joyce. Até suas frases típicas ("bosta com cebola!") são de John Joyce, e o cabelo também. Vale notar que ele está totalmente quebrado, com as filhas passando fome, como em breve veremos, mas não deixa de usar uma elegante cartola para o enterro.

Os jornalistas e os parasitas decidem sair para beber. Afinal, os salários acabaram de ser pagos, informou McHugh. Simon Dedalus, o parasita-mor (ao menos até a chegada de Lenehan em cena), puxa a procissão, e apesar de o editor dar uma boa olhada para o sorridente Bloom, ninguém o convida a ir com eles, que saem rindo um pouco do alcoolismo avançado do editor. O alcoolismo, aliás, era um tema premente na Dublin de então (e ainda é), e não deixa de marcar o *Ulysses*, que acaba de sair do enterro de um alcoólatra.

Num episódio em que até as prensas parecem querer falar, cabe a um prosaico e mal-educado fio dental usado em público representar a mítica harpa eólia, que tocava sozinha, tangida pelo vento. "Bingbang, bangbang", diz o fio, inaugurando os discursos inanimados que culminarão com o "blip" do botão das calças de Bloom, madrugada adentro.

O'Molloy, tímido (as folhas murchas que ele deixa cair quase traem seu tremor), começa a puxar conversa com o editor, enquanto Bloom tenta ligar para ver se Shawes está na loja.

E aparece Lenehan, que "uive roúdos", porque dizer que você "ouve ruídos" é simplesmente sem graça demais se você é Lenehan, que além de tudo vive desses seus *charmes*, parasita perfeito que é, tendo que estar sempre em alta nas estimas alheias para poder colher seus pequenos favores. Bloom, enquanto isso, fica sabendo que Shawes está numa casa de leilões (a Dillon's), e decide ir encontrá-lo ali.

Ao sair do escritório, ele tromba com Lenehan, e o fato de ter que *tolerar* as mãos do parasita já nos diz algo sobre o que Bloom pensa dele. Em breve, veremos que não é sem razão. Imediatamente depois de ele sair, os jornalistas vão à janela ver uma fieira de jornaleiros que andam arremedando o passo de Bloom.

Num livro com tão poucas descrições físicas, é juntando pedaços de informações que ficamos sabendo da aparência do nosso protagonista. Se ele desceu a escada, de manhã cedo, com longas pernas de cegonha, agora anda com pés chatos.

Os restantes decidem ir ao encontro dos que já foram beber, apesar de a memória do editor já trair o estado adiantado do seu alcoolismo, como o professor McHugh comenta. Os episódios do *Ulysses* muitas vezes têm esses temas ocultos, de segunda ordem. Mas aqui, quando Simon já levou os mais velhos para o bar, e Stephen acabará levando os outros, esse tema soa particularmente ominoso.

É interessante notar que é Lenehan que corre para acender os cigarros dos outros, e que O'Molloy, que de início não tinha lhe oferecido um, agora o faz meio a contragosto. É necessário certo talento para parasitar, e carregar um isqueiro é mais barato do que comprar cigarros. Com um público que conhece melhor, Lenehan além disso pede espaço. Mas sua oferta de um enigma é prontamente ignorada, pois a discussão segue para o Império Romano, e nem mesmo seu algo feliz trocadilho, que inverte o livro do Gênesis, transformando-o no registro da cerveja Guinness, é suficiente para recuperar a atenção perdida. Curioso lembrar que o verdadeiro *Guinnessis*, o Livro dos Recordes patrocinado por essa mesma cervejaria, surgiria só em 1951.

Assim, cortando brutalmente uma história de O'Molloy (uma das muitas coisas que nunca conheceremos no *Ulysses*), Lenehan insiste em apresentar sua charada, interrompida, no entanto, pela entrada de Dedalus, que escapa por talvez dois minutos de cruzar com Bloom. O parasita, ainda tentando se manter no centro do palco, recebe O'Madden e Dedalus aos gritos, em francês, de "entrem, rapazes". E finalmente solta sua adivinha.

Stephen, enquanto isso, prontamente repassa ao editor as folhas da carta de Deasy, para então se dar conta de que rasgou uma folha para rabiscar seu poema, justo onde estava a assinatura. Assim, a carta parece sua, e essa breve *identificação* com Deasy ocorre logo antes de Stephen ficar sabendo do perfil e do gênio da (ex-)esposa do diretor, o que faz com que ele relembre rapidamente todas as demonstrações da misoginia de Deasy.

Voltando aos temas clássicos, vemos o *professor* evocar Pirro, e com isso, pouco a pouco, é como se o mundo intelectual de Dedalus, especialmente o que apareceu no segundo episódio, fosse tomando conta das referências. E isso não seria à toa. Os cavalheiros ali presentes estão de fato querendo impressionar o promissor intelectual da nova geração. Ou estamos vendo o que Dedalus pode ser daqui a algumas décadas…

Lenehan, enquanto isso, sopra para Dedalus um poeminha satírico sobre o suposto alcoolismo do professor, que só enxerga *dobrado*. Mais à frente, quando há uma menção a Bloom e, logo depois, a Molly, que todos parecem conhecer, Lenehan tosse alto, como quem tem um segredo a contar. Esse segredo nós conheceremos daqui a umas três horas, numa conversa com M'Coy.

Dedalus volta a ser o centro da atenção do editor, que, ao dizer que enxerga nele um futuro brilhante, não pode saber que evoca, para o rapaz, as palavras que um dos irmãos disciplinadores do colégio de Clongowes lhe disse, em *Um retrato…*, quando não acreditou que ele, primeiro aluno da classe, estava sem fazer os deveres porque tinha quebrado os óculos. Nessa ocasião, o jovem Dedalus foi castigado diante de toda a turma, mas (como o jovem Joyce, no incidente real que inspira a cena) se encheu de brios e, instado pelos colegas, foi reclamar com o diretor do colégio. Esse diretor, don John Conmee, tratou com absoluta consideração o comportamento insubordinado do menino injustiçado. E por isso, entre outras coisas, Conmee, homem real e personagem, mereceu de Joyce uma estima, e um espaço, que outros pedagogos jesuítas não ganharam.

Paparicado como Bloom (muito mais *simpático* e sorridente) nunca foi, e como Lenehan quer ser, Stephen ouve um comentário ("Nós vamos paralisar a Europa") que prenuncia adequadamente o final deste episódio, quando pelo menos Dublin se verá paralisada. E apesar de a conversa se estender desde o atentado dos Invencíveis, que em maio de 1882 — portanto quando Dedalus tinha meses de idade, se lhe atribuirmos o dia do aniversário de Joyce, 2 de fevereiro — mataram dois oficiais do governo no Parque Phoenix, ela acaba tocando o presente e antecipando temas do livro que, curiosamente, só se manifestarão quando ele e Bloom já estiverem juntos. O *abrigo do cocheiro*, afinal, é onde eles passam mais tempo conversando. E Stephen ainda encontrará este *Gumley* que acaba de ser citado, antes de eles chegarem lá.

A história do quase mítico Gallaher, que já vimos como personagem de *Dublinenses*, se concentra num exemplar de um jornal de 17 de março. E vale lembrar que a data não teria sido escolhida ao acaso: trata-se do dia de São Patrício, padroeiro da Irlanda.

E o livro continua nos apresentando imagens e citando locais que logo veremos. Se o peitilho engomado e rebelde de Crawford antecipa o do filho de Dignam, no décimo episódio, o bar de Day Byrne, citado aqui, aparecerá já no episódio seguinte.

E outra coisa que nunca acaba são as gracinhas de Lenehan (não se engane, eu gosto dele), que do meio do nada cumprimenta o vazio e solta dois palíndromos.

Nesse entretempo toca o telefone. Nós o ouvimos na página anterior, e agora vemos o que diz o professor, que informa (a Bloom) que o editor ainda está ali, e que não vai ficar transmitindo recados. "Venha aqui você."

A conversa não é das mais interessantes para o beletrístico e algo autístico Dedalus, e ele pronto se vê divagando sobre rimas, comparando as dos seus poemas com as de Dante, com desvantagem para as de sua lavra, claro. O que ele cita são três versos

(92, 94, 95) retirados de duas estrofes diferentes (o único jeito de elencar três rimas iguais numa obra toda em *terza rima*). Uma tradução bem prosaica do trecho inteiro seria: "Se o rei do universo fosse nosso amigo, rezaríamos por vossa paz, já tendes piedade de nosso infortúnio perverso. Como ouvir e falar vos agrada, ouviremos e falaremos convosco, enquanto o vento, como está fazendo, se cala".

Palavras ao vento. Tudo muito conforme com o episódio.

Em "Elos com dias idos de outrora", na elipse que encerra a opinião do professor sobre Bushe, esconde-se, mais uma vez, o fantasma dos problemas conjugais, pois foi um caso extraconjugal que abafou a carreira de Bushe, na vida real.

Dedalus, durante tudo isso, voltou a pensar no *Hamlet*. E agora sua dúvida, que ele manifestará mais elaborada na biblioteca, daqui a umas três horas, é como poderia o rei Hamlet ter ficado sabendo, após a morte, do adultério e da autoria do seu envenenamento. Shakespeare endossa uma ideia de vida após a morte? Outro parágrafo que podemos atribuir a Stephen, precisamente porque ele está pensando em literatura, é o pastiche de Dickens que começa com "Muitas vezes pensei…". Ele aparentemente está imaginando como recontaria essa história em livro. E ele o fará. Este é só um dos primeiros momentos em que a dupla identidade Stephen/Joyce se faz gritante.

Vale a pena uma pequena nota sobre o "período burilado" citado por O'Molloy. Anthony Burgess era tão obcecado por ele, e pelo mecanismo da interpolação sintática que gera o eco de "merece viver" no final da sentença, que em seu romance *Enderby Outside* criou uma frase em que a palavra *onions* (cebolas) aparece não duas, mas três vezes seguidas.

(E mais uma vez uma rodada de cigarros; nenhuma oferta a Lenehan, que no entanto corre para acender os dos outros e pegar "seu troféu", soltando mais uma gracinha.)

O incidente com o ianque, que é descrito a seguir, e que de fato deixa Dedalus morrendo de curiosidade, realmente aconteceu, quando um professor da Universidade da Pensilvânia, em 1902, conversou com George Russell, nome real de A. E., que mencionou ter sido abordado por um jovem Joyce em busca de conselhos literários. E Stephen, fervendo por dentro, mantém a pose o tempo todo.

A discussão sobre discursos nobres vai ter seu clímax com a descrição da fala de John F. Taylor, emitida de fato em 1901. A algo oblíqua referência à ausência de taquígrafos sugere que ele não teria escrito em cima da perna, e não teve qualquer ajuda para tomar notas; e, como seu discurso era uma resposta a um outro, enunciado ali mesmo, não podia ter chegado pronto ao salão. Logo, o que importa ali aos cavalheiros da imprensa é que ele improvisou.

Joyce, o escritor com problemas visuais, não é exuberante em termos de visualidade, mas um raro detalhe visual chama atenção neste momento: a bela (conquanto bizarra) imagem dos olhos do professor como crustáceos que querem escapar do aquário dos óculos de lentes grossas.

A descrição do tal discurso de Taylor realmente encanta os ouvintes, que, num prenúncio da citação que fecha o episódio 9, se detêm enquanto sobe a fumaça de seus cigarros. A citação sobre os "fumos retorcidos", que também retornará, é de *Cymbeline*, de Shakespeare.

Já a menção a Moisés, mais famosa criança abandonada em um rio, leva Dedalus de volta às "Marias" que viu e transformou em personagens da sua imaginação no terceiro episódio, criando todo um contexto em que elas estariam carregando para o mar um feto. Talvez seja neste momento que ele começa a ordenar o que virá a ser o conto que encerra o episódio, com suas duas velhas vestais.

Um detalhe, agora sonoro, que serve como de costume para introduzir o grotesco em meio ao sublime, é o arroto de fome do professor, que quase atrapalha sua declamação.

Vale ainda lembrar que toda a conversa sobre os judeus, a terra prometida e o hebraico, apesar de aqui diretamente se referir apenas à questão do ressurgimento da língua gaélica na Irlanda, traz à tona a questão semítica de Bloom e o problema mais amplo naquele momento da busca de uma terra autônoma para os irlandeses. O Estado irlandês ainda teria de esperar quase vinte anos, a nação de Israel só vira depois da Segunda Guerra e o antissemitismo europeu... bem, ele ainda está por aí.

Encerrada essa digressão retórica, Stephen repentinamente lembra que tem dinheiro. E o que isso significa? Ora, significa que ele pode pagar bebidas. Algo que recorre no *Ulysses* e que era ativamente combatido pelas ligas de senhoras que tentavam livrar a Irlanda do alcoolismo era o dito *treating system*, em que ao invés de cada um pagar pelo que bebia, cada pessoa que chegava pagava uma rodada a todos, fazendo com que os Lenehans da vida bebessem muito mais do que poderiam pagar. E o padrinho dessa bebedeira aqui será Stephen, que acabou de receber seu salário, com o qual iria, a princípio, pagar cervejas para Mulligan e Haines no Ship. Ele está mudando de ideia. Está mudando de "clube".

Funcionou a paparicação dos jornalistas? É muito mais provável que Stephen esteja apenas fugindo de Mulligan, como Bloom escapará da companhia de Molly.

Depois de mais uma busca por chaves (repare que elas ficam reaparecendo desde o episódio anterior, no cemitério, depois daquela primeira chave largada sobre a camisa de Mulligan na praia), eles se preparam para sair, não sem que antes O'Molloy se tranque brevemente com o editor no escritório. Ele precisa tomar coragem e pedir aquele dinheiro.

Quando Dedalus, futuro autor de *Dublinenses*, pensa "Dublin. Eu tenho muito, muito o que aprender" e declara que tem "uma visão", entramos no último momento do episódio, quando ele vai nos apresentar como que o conto que falta no livro de contos publicado por James Joyce. E se pararmos para pensar que o *Ulysses* a princípio seria um conto a mais naquele volume, vemos que estamos lendo *Dublinenses* dentro de *Dublinenses*, exatamente no episódio que mencionou tantos personagens do livro. Até O'Madden Burke, afinal, está lá, em "Uma mãe".

Dedalus começa a narrar, e começamos nós a acompanhar também o que se passa na cabeça dele enquanto inventa ou descreve a história, em que vão entrando elementos que povoaram seu dia desde cedo. Um primeiro momento de angústia (o parágrafo que começa com "Noite úmida") parece justamente uma espécie de revisão geral de obsessões e premências, especialmente sexuais, e talvez especialmente ligadas àquele sonho estranho e algo oriental. Ele supera essa *crise* e embarca na narrativa com a frase que poderia ser o lema de todo escritor: "Faça-se a vida".

A história vai se desenrolando segundo a boa cartilha do livro *Dublinenses*, com um arsenal de detalhes belissimamente escolhidos, que em poucos traços vão criando e colorindo aquelas figuras, que têm inclusive os nomes que ele imaginara para as "Marias".

O professor fica angustiado com o atraso do editor. Nós sabemos o motivo. Ele está tendo que lidar com O'Molloy. Quando Crawford emerge, Bloom também está chegando, e quer falar com ele. Se antes dois minutos os separaram, agora são talvez dez metros entre Bloom e Dedalus.

Bloom informa que Shawes dará dois meses de renovação (e nem menciona que o editor pedira três) e diz que pode passar na biblioteca procurar o leiaute do anúncio. É por esse motivo que, mais uma vez, no episódio 9, seu caminho atravessará o de Stephen.

E é só quando vemos a cena pelos olhos de Bloom, que as coisas ganham ares mais nítidos. Lenehan é descrito como "esmolando" e Dedalus surge como alvo da preocupação algo paterna de Bloom, que percebe que ele está com botas novas (ganhas de Mulligan) e, também, que andou pisando na lama (a areia úmida do terceiro episódio).

E agora, também, vemos o editor declarar *nulla bona* (nada de bom) e acabar com as esperanças de O'Molloy.

Dedalus, nesse intervalo, já colocou suas senhorinhas embaixo da estátua de Nelson, que de fato perdeu uma mão em batalha, e de fato teve um caso fora do casamento ("adúltero monomãoníaco"). Um detalhe a mais é que essa coluna, que está a poucos metros à esquerda deles, no caminho entre o jornal e o bar Mooney, não existe mais, tendo sido destruída nos anos 1960 no único atentado do IRA contra a cidade de Dublin. A temática da independência, renitentemente presente em todo o episódio, ganha assim ecos inauditos.

Outro detalhe da paisagem urbana é que o Mooney ficava a uma mera quadra do Ship. Dedalus faz sua escolha porque quer. Poderia facilmente estar logo ao lado.

As senhorinhas vão lá cuspindo seus caroços, num clímax bastante anticlimático, muito típico das narrativas breves de Joyce.

Ao ser comparado ao sofista Górgias, Stephen (que de fato ninguém pode dizer se é mais cruel com os outros ou consigo) veria ainda mais paralelos, inclusive a pretensa *aristocracia* de seu pai, que julga ter se casado abaixo de seu nível social.

De passagem, a Penelope Rich que gera o trocadilho com a expressão "pobre Penélope" era a musa do poeta elisabetano Sir Philip Sidney.

E é neste momento que a *paralisia*, que o próprio Joyce dizia ser a marca da cidade e o tema principal de seu livro de contos, se instaura, graças a um curto-circuito, ao menos simbolicamente casado com a conclusão da narrativa de Dedalus. Todo aquele movimento da abertura do episódio, congelado (como os fragmentos separados pelas manchetes) em literatura, se interrompe, se transforma em retrato imóvel.

Nesse momento (um comentário sobre o poder da literatura?) é quase como se Stephen realizasse a paralisia que buscava encenar, representar...

Embora os cavalos, claro, continuem adiante.

A última discussão dos cavalheiros da imprensa, num livro em que o título é a chave (sempre elas) para tudo, é sobre como chamar o conto de Dedalus. Ele refuta a virgiliana sugestão do professor (o verso "Deus fez essas horas vagas para nós" é da *Eneida*) e declara que seu conto se refere a Moisés (de novo a criança abandonada na água). Num livro assombrado por aquele cadáver que boia nas águas da baía, Stephen parece introduzir esse elemento da mistura de nascimento e morte na água. E esse paradoxo está presente também no fato de que Moisés, que do alto do monte Pisga pôde ver a terra prometida, nunca chegaria a pôr os pés nela, pois morreu na travessia do deserto. Basicamente como os líderes políticos daquele momento não veriam a independência final da Irlanda.

Mas o detalhe final, que não se pode perder, é a brincadeira com a palavra "parábola", que se refere tanto às histórias alegóricas do Novo Testamento (e é nesse sentido que o termo grego *parabolé* dá origem ao português "palavra") quanto à curva traçada no ar pela trajetória descendente daqueles caroços.

"Nós demos essa ideia a ele", diz o professor. E hoje, acrescentaríamos, tudo entrou na fornada. O dia inteiro. E a vida toda de Dedalus até ali ainda caberia no livro que lemos agora.

8. Lestrigões

Estamos de novo no meio da rua, acompanhando alguém que observa uma menina vender balas. E só vamos saber (suspeitávamos) quem é esse observador na última palavra do segundo parágrafo, que fecha uma linda manobra, quase um movimento de câmera, em direção a uma mão "que era do senhor Bloom".

E o que lhe vem à mão é uma filipeta anunciando a chegada a Dublin de um pregador real, muito mais estranho que a ficção (pode procurar para ver). Apesar disso, a primeira sílaba do texto faz Bloom pensar que o panfleto se refere ao seu nome.

Logo depois ele vai ver de longe a irmã de Stephen, Dilly, magra e mal-vestida, dando início ao pequeno arco da história da menina dentro do *Ulysses*, que vai se encerrar só no décimo episódio.

As divagações de Bloom são cortadas algo bruscamente por um "se eu me jogasse", quando passa pela ponte. O *Ulysses*, o livro da vida, da celebração, vive imerso na sombra da morte. Rudy, May Goulding, Rudolph Virag, o afogado que boia na baía... E, ainda mais curiosamente, há uma presença constante do tema do suicídio. Mesmo no dia do cordato e *pacificado* Bloom. Ainda logo antes de ir dormir ele, aparentemente, contempla essa possibilidade, pensando em monóxido de carbono...

Mas ele não se joga. Joga o panfleto. Aquele. Que *não* tem seu nome. E que cai, sujeito à aceleração da gravidade, de 32 pés por segundo ao quadrado, um número que se repetirá como um *tema*. Preste atenção, esse panfleto vai voltar.

E Bloom elabora até uns versinhos que, na opinião de alguns, são mais competentes que o que recebemos de Dedalus na praia.

Mas ele não é poeta, é um grande curioso, isso sim. E esse seu espírito atinge o máximo do humor e da intensidade com aquele "Como é que pode?" com que encerra suas meditações sobre o gosto da carne dos peixes. Impossível não sorrir com ele.

As andanças de Bloom o levam agora a contemplar um anúncio que o impressiona. A verticalidade, o uso do II como imagem das calças, o local, tudo lhe parece inventivo. E esse anúncio o leva a pensar em outro, grosseiramente alterado por algum passante, o que o leva a uma dúvida dolorosa: e se Boylan tiver uma doença venérea?

Como sempre, Bloom resolve o problema fingindo que ele não existe: "Não, não".

Já passa da uma: a bola no alto do observatório cai de hora em hora, nas horas cheias, para as pessoas acertarem seus relógios. Quanto mais avança a tarde mais ele vai pensar em Molly e no seu encontro vespertino. Aqui, é o jeito de ela desentender a palavra "metempsicose", bem como suas expressões ("com a breca! Cuspi o que estava pensando"), que volta à mente de Bloom.

Seu próximo encontro é com os homens que anunciam, em placas que lhes pendem sobre a barriga e as costas, a papelaria Hely's, onde o próprio Bloom já trabalhou. Aliás, aquele homem que leva a placa Y pode ser alguém que já conhecemos... aquele pedaço de pão seco pode ser a dica. E todos esses temas ("funciona tudo direitinho") o levam novamente à publicidade e aos brilhantes anúncios que concebeu para a papelaria, todos recusados pelo dono.

Estamos prestes a entrar mais fundo na memória de Bloom, a conhecer mais sobre o passado da sua família, a rever outros tempos, melhores e mais tristes, e é curioso que esse mergulho se veja entremeado de referências às falhas de sua memória, a nomes que não consegue recordar. Exatamente como logo antes o editor do jornal não lembrara o nome de Monks.

E no meio dessas reminiscências (é curioso ver como se apagam as referências internas enquanto Bloom viaja pelo passado), encontramos a senhora Breen. Num certo sentido esse encontro ecoa aquele outro, com M'Coy, também no meio da rua, mas é bem mais dotado de sentido. A senhora Breen, grande amiga de Molly, foi um flerte de juventude de Bloom.

A conversa entre os dois nos é apresentada completamente *editada*, acompanhada pelos comentários mentais de Bloom, que manipula o encontro e as reações de Josie, até se ver surpreso, bem quando ia pensar em sugerir que a causa do comportamento do marido dela era indigestão, por notícias mais estranhas.

O último surto de Denis Breen, afinal, envolve um misterioso cartão-postal, cujo significado ofensivo parece ser plenamente claro apenas para ele, e cujo remetente não vamos conhecer. Somos inteirados, no entanto, da triste situação de Josie, que aos 35 anos é tratada por Bloom como uma velha senhora.

Bloom conscientemente quer mudar de assunto e, depois de uma ligeira troca de nomes (mais uma), pergunta de uma amiga comum, cujas mazelas vão render-lhe um pretexto para mais um desvio da rotina antes da volta para casa, já com a noite avançada.

Uma nota divertida surge quando Bloom é subitamente assaltado por uma dúvida: acionou ou não a descarga do banheiro? Isso depois de acabar (em vários sentidos) com o conto de Beaufoy.

Um maluco leva a outro, e agora é Cashel Boyle O'Connor Fitzmaurice Tisdall Farell, outra figura importada da Dublin real, quem faz sua aparição. *Meshuggah*. Doido, como lembra em ídiche Bloom.

Ao passar pela fachada do jornal *Irish Times* (Josie o retirou da terra das lembranças, e ele volta ao aqui e agora), ele pensa que pode ainda haver lá outras respostas ao anúncio que colocou e acabou lhe rendendo o contato de Martha Clifford. O anúncio, sabemos agora, teve 44 respostas!

E entre elas esteve a de uma protegida do poeta George Russell, que de fato usava o pseudônimo A. E., e que em breve encontraremos na rua.

Um pouco da rebeldia irlandesa se insinua na voz de Bloom por uma citação indireta do sempre polêmico e àquela altura proibidíssimo Oscar Wilde, que uma vez definiu a caça à raposa, hobby inglês por definição, como "o indizível perseguindo o incomível".

E Bloom se vê de novo tomado de piedade pela "coitada da senhora Purefoy", que na sua visão é vítima não apenas de um marido mas também de uma religião, que a constrange a dar à luz sem parar.

E agora, finalmente, depois de transcorrido um terço do episódio, é que o errante Bloom lembra que, um, tem que passar na biblioteca para verificar o leiaute do anúncio de Shawes e, dois, está com fome. Mas isso se resolve rapidamente por uma decisão: vai comer alguma coisa no Burton (ele ainda vai se arrepender...). E de novo ele se deixa levar... para os partos de Molly, para sua infância, até passar por um mictório público, que mais uma vez desperta seus pensamentos igualitários: por que as mulheres não têm algo equivalente? Por que precisam dar desculpas para usar o banheiro de uma confeitaria? (E vale lembrar que os mictórios públicos da Dublin de então eram apenas espaços murados com um ralo no chão.)

A estátua de Thomas Moore, autor de um poema posteriormente musicado, faz Bloom lembrar de ter ouvido a canção cantada por Julia Morkan, personagem de "Os mortos" que agora, sabemos, já viveu seu "último momento".

As lembranças seguintes, entre a empatia para com os policiais e a memória de sua participação em um protesto de rua, trazem à tona o nome de Dixon, que veremos em cena no episódio do "Gado do Sol". Mas desde que viu Josie, a cabeça de Bloom se inclina também para o sexo frágil, e é assim que ele se vê como que criando, ou encenando interiormente, o suposto diálogo entre um rapaz e uma criada que, curiosamente, se chama Mary... mais uma Molly.

O denso parágrafo que se segue, a princípio a respeito de política, evoca também ao menos duas vezes o conto "Os mortos", onde um Gabriel trincha um ganso e quase fica sem comer de tanto servir os outros. Ainda mais curiosamente, há a frase "Façam as suas filhas atraí-los para a casa de vocês", que se reveste de estranhas simbologias quando enunciada pelo pai de Milly e ganha tintas ainda mais lúgubres depois da desagradável canção de Dedalus em "Ítaca".

E o humor de Bloom, que já vinha oscilando bastante, se vê de novo fundamentalmente alterado (como de manhã cedo) no exato momento em que uma nuvem cobre o céu. Dali em diante tudo que lhe passa pelos olhos parece trágico, até culminar com a amarga constatação de que "ninguém é coisa nenhuma".

Mas gradativamente a fome se restabelece, junto com o sol, e o desejo de comer "fígado com bacon" (duas coisas proibidas para um judeu) reanima Bloom. E seu próximo encontro, ainda mais curiosamente, é com ninguém menos que George Russell, que, afinal, de contas, está a caminho da biblioteca, para se encontrar com Dedalus. Bloom, que ouviu o galo cantar, sabe do pseudônimo de Russell, mas não conheceu sua origem ou significado (a palavra *Aeon*, éon).

A lembrança da lenda urbana dublinense do reloginho no alto do prédio leva Bloom a algumas divagações astronômicas (logo veremos que seu interesse pelos astros é notório). A referência ao horário de Greenwich nos lembra que estamos num tempo em que as cidades ainda tinham *fusos* ligeiramente diferentes (Dublin estava 25 minutos e 21 segundos atrás da hora de Greenwich até 1916).

Quase sem perceber, Bloom de novo se deixa levar a lembranças de Boylan. Do dia em que a história dele com Molly começou. E, como de costume, ele corta essa linha de pensamento com resignação (e talvez covardia...?): "Pare. Pare. Se foi foi. Precisa".

E agora quem passa por ele é Bob Doran, que, já sabíamos, está numa de suas bebedeiras anuais. Nós, leitores do conto "Casa de pensão", sabemos também por quê.

Mas a nostalgia pela possível perda de Molly retorna, e ele vai à provável raiz do problema, lembrando que o sexo deixou de ter interesse para ele há onze anos, quando da morte de Rudy. E agora Martha, apesar de todo o linguajar *safado*, quer no fundo cuidar da roupa dele, virar sua mulher.

O humor de Bloom só piora. O que o salva temporariamente é a música (a menção aos huguenotes evocou a ópera homônima de Meyerbeer) e, mais importante, a visão de uma vitrine de roupas femininas. Bloom, o fetichista, se entrega a devaneios que geram um dos parágrafos mais famosos do livro: "Humana morna maciez...".

Era a esse trecho que Joyce se referia quando disse uma vez a seu amigo Frank Budgen que tinha passado toda uma tarde lidando com apenas um parágrafo. Procurando a palavra certa?, perguntou Budgen. Não, ele respondeu. As palavras eu tenho; o que me falta é a ordem.

E é sensacional acompanhar os passos de Bloom nos momentos seguintes. A imagem dos tecidos de roupas femininas e, quem sabe, certa empolgação diante da infidelidade de Molly o deixaram totalmente enlevado e, assim, ele decide ceder ao outro ímpeto físico e comer. Tudo isso enquanto imagina, relembra, ou encena momentos de sedução hipotéticos. Mas ao abrir a porta do restaurante ele é assolado pelo fedor.

"Homens, homens, homens." A frase se reveste de uma crueza digna de Jonathan Swift. Bloom está chocado com a barbárie da raça. Mas, ao mesmo tempo, ela parece também uma correção. Ele os chamou de animais na frase anterior.

A descrição do ambiente nojento do Burton (a serragem era espalhada no chão para absorver as bebidas derramadas e o cuspe dos clientes, sendo varrida na hora de fechar) é um dos trunfos da técnica de presentificação de Joyce. É difícil não sair deste trecho sem os mesmos engulhos de Bloom, que, dissimulado, faz um pequeno teatrinho à porta, como se estivesse frustrado por não ver ali quem buscava, e parte. Salvo.

Esse momento, aliás, prenuncia a brilhante cena final do episódio. Espere para ver.

Mas ele continua com fome. E de repente o Davy Byrne's, "pub de família", lhe parece uma saída. O bar, aliás, está lá até hoje. E bem vale uma visita.

Bloom entra e dá uma olhadela para o relógio (que está funcionando...) antes de decidir o que beber. E esse gesto prudente lhe custará pontos na avaliação dos circunstantes, que consideram uma mostra de "fraqueza" ele não aceitar beber qualquer coisa em qualquer horário do dia. Ou, de início, apenas de Flynn, que o cumprimenta sem maiores cerimônias. A última vez em que vimos Flynn, aliás, foi exatamente neste mesmo lugar, no conto "Contrapartidas". Um parasita que passa o dia no bar esperando que cada recém-chegado lhe pague uma rodada. E o nome desse grupo, na Dublin de então, era de fato legião.

(Nota do tradutor frustrado: enquanto Bloom escolhe o que comer, aparece a frase "um caixão de sanduíches de presunto fresco para o velório". Que é, ou foi, a melhor tentativa de reproduzir um trocadilho clássico, e brilhante: "Ham and his descendants mustered and bred here", que joga à perfeição com os sentidos "Presunto e seus descendentes, mostarda e pão" e "Cam e seus descendentes dominararam este lugar e aqui procriaram".)

A linha de raciocínio que leva um calado Bloom a escolher comer queijo é simplesmente hilária, e podemos apenas imaginar a cara de Flynn, frustrado com o silêncio e a falta da oferta de um drinque. Já a escolha do gorgonzola se harmoniza muito bem com o gosto que sabemos que Poldy tem por cheiros fortes e orgânicos, mesmo que sejam de urina.

Vingativo, Flynn toca no assunto da turnê organizada por Boylan, com a capciosa pergunta, novamente, sobre "quem é que está montando". Bloom tenta tergiversar, concentra-se em metodicamente pingar gotas de mostarda no sanduíche. Mas Flynn, coçando a virilha (Bloom supõe que seja uma pulga: um parasita de um parasita), insiste e menciona diretamente o nome proibido para Bloom.

Do ponto de vista de Flynn, o que se segue é tempo de espera, e uma resposta cordata. Para nós, que acompanhamos o pensamento de Bloom e sua força consciente até para conseguir engolir, o sofrimento causado por aquela pequena crueldade é evidente.

Bloom continua sentindo certa repulsa física por Flynn, cujo nariz escorre a todo momento. Daí o apelido de *Cheirão*.

A chegada de Byrne introduz o tema do turfe (e Bloom ainda não sabe o quanto está envolvido sem querer na Copa de Ouro) e dá a Bloom uma chance de se livrar do inquérito. E ele volta, quase com a mesma frase que abriu o quarto episódio, a mastigar "destemperadamente" suas comidas de gosto duvidoso: "o sabor chulé do queijo verde".

* * *

    Enquanto isso Flynn passa a alugar o proprietário, que mal consegue disfarçar o tédio, até que se resigna (e a palavra que aparece é essa) a beber de seu copinho, vendo que nada mais há de surgir para ele.
    E Bloom se entrega aos prazeres da refeição leve e fresca que exorciza o nojo do Burton's. Mas ao pensar que lá pelas seis vai ter que comer algo mais substancioso, a ideia de que então o encontro de Molly e Boylan já terá acontecido o ataca pelas costas. E ele, mais uma vez, mergulha num longo parágrafo de digressões, agora motivadas pela comida e seus usos e fins, que só serve para evitar que ele pense no que o assombra.
    O breve parágrafo seguinte, com sua menção às duas moscas, grudadas, que não conseguem sair do lugar, como que evoca o beco sem saída de Bloom. E de Molly. E a imagem das moscas vai se repetir depois do próximo e lindo parágrafo em que, sem nada da linguagem e do imaginário romântico tradicionais, o primeiro e prosaico beijo do casal Bloom nos é apresentado pela primeira vez. Haverá uma segunda.
    Novamente algo enlevado (é recorrente esse mecanismo: Bloom tentando não pensar em Molly; Bloom se vendo preso à memória da mulher e da dor que sente; Bloom consolado pelo amor que sente pela esposa e pela lembrança, física, do seu corpo) e novamente admirando a curva do balcão do bar, Bloom passa a pensar na beleza. De mulheres (curvas) e de estátuas.
    A imagem das deusas entalhadas em mármore gera a comparação: se nós somos criaturas nojentas, "enfiando comida em um buraco e saindo por trás", as deusas, que vivem de néctar, não devem ter... o quê? O buraco de trás! E isso leva ao brilhante plano de averiguar se as estátuas no Museu Nacional têm ou não têm o dito orifício!

Mais uma vez a lógica de Bloom é hilária. Mas isso não o impedirá, veremos, de tentar realizar seu plano de fingir que derrubou alguma coisa para ter um ângulo de visão privilegiado.

O parágrafo seguinte anuncia que ele percebeu que tem que ir ao banheiro. E ele sai, pensando nas deusas que se entregam aos mortais... Vamos passar agora um tempo sem Bloom, o que é raro, ouvindo o que os outros falam dele, o que não é tão raro assim. E vamos perder alguns minutos da sua linha de raciocínio. Só podemos supor como ele salta das deusas para a máquina de raio-x que por algum motivo precisaria de um alimento verde.

Byrne não é muito inclinado a fofocas, mas Flynn... da insinuação de que Bloom ganha dinheiro de formas não sabidas, ele passa à de que o ausente seria maçom ("bodepreto"). É curioso ver como a maledicência de Flynn vai trombando com a postura séria do proprietário, para quem Bloom é um sujeito decente, que ele nunca viu cair de bêbado, o que era raríssimo. No fim, o Cheirão se vê forçado ("ao capeta o que é do capeta") a reconhecer que Bloom não é de todo mau, e até já ajudou os amigos (como hoje de manhã, na vaquinha para os filhos de Dignam).

Entram mais três, um deles, Tom Rochford, sofrendo de azia ("mão lamuriante no colete").

E enquanto eles de novo conversam sobre turfe, Bloom, quase despercebido, sai do banheiro e, enigmaticamente, cumprimenta os presentes com um gesto de três dedos. Um passe maçônico?

E Lyons, inocentemente responsável pela desdita de Bloom ainda hoje, continua espalhando a notícia de que Poldy tinha uma dica quente para a Copa de Ouro.

Saímos dali, claro, junto com Bloom, que de cara encontra na rua um cachorro comendo o que acabara de vomitar. Ainda estamos no mundo de animais e de nojo. A cabeça de Poldy está a mil, e ao mesmo tempo em que pensa que, como em *As viagens de Gulliver*, deveria haver um clube de inventores, uma academia, cantarola uma ária. "Estou melhor agora", ele pensa.

Mas será?

A imagem do cachorro nem parece tê-lo afetado?

Vamos nos deter um momento nessa ária. Trata-se, mais uma vez, de um trecho do *Don Giovanni*, como *Là ci darem la mano*. É o ponto mais dramático e sem esperança dessa ópera profundamente tragicômica, quando a estátua (de novo estátuas) do comendador que Don Giovanni matou no primeiro ato aparece, viva, para levar a alma do sedutor para o inferno. A cena, uma das mais poderosas da história da ópera, e a música terrível que a acompanha (e que curiosamente já surgiu na *abertura*) criam um pano de fundo ensombrecido para os pensamentos desse Bloom que pode, aqui, parecer tão satisfeito.

E ele continua pensando em seu experimento, que parece ter algo a ver com a possibilidade de seguir o caminho da comida pelo tubo digestivo. Mas a ária, podemos imaginar, continua soando em sua cabeça. E ele, exatamente como se preocupava equivocadamente com o *voglio* que não existia na ária de Molly, agora quer traduzir mal o "contigo" italiano (*teco*).

Voltando a pensar em trabalho, ele repassa o dinheiro que pode recolher. E o que esse dinheiro poderia comprar? Presentes para Molly. E lingerie, claro. Para quem? "Para Raoul", como dirá a frase tentadora de um romance erótico que ainda não encontramos, e que fará com que todos os amantes masculinos possam ser, no *Ulysses*, esse mesmo Raoul...

O próximo encontro do nosso Odisseu é com o "rapazote cego" (e Joyce, sempre escrupuloso, só usa a palavra "stripling", "rapazote", para se referir a *esse* personagem em todo o romance). Bloom, o bom samaritano de sempre, ajuda o rapazote que, do nosso ponto de vista de releitores, está indo para o cenário do episódio 11. E, com o conhecimento que a essa altura já temos de Bloom, não é exatamente estranho que esse encontro o faça pensar em como deve ser a vida de um cego.

Isso, além de tudo, evoca as experiências de Dedalus na praia. Mas enquanto para Stephen tudo se transformou numa densa investigação dos princípios do solipsismo, com Bloom entraremos numa longa rotina semicômica em que ele tenta inventar pretextos e gestos verossímeis para poder meter a mão dentro da própria roupa e tatear a pele para ver se existe uma "sensação de branco". Ele tem que ser cuidadoso. E se alguém estiver olhando?

Mas antes de tudo isso lhe vem num relâmpago o nome. Penrose! A maioria dos leitores nem lembrava que ele estava tentando lembrar esse nome. E é bem assim, afinal, que essas coisas acontecem. Quando você desiste de lembrar, o nome aparece. É um episódio, como vimos, cheio de divagações sobre a memória e de ilustrações de seu funcionamento.

Várias ideias continuam passando pela cabeça do agora atentíssimo Bloom, inclusive uma curiosa manifestação de uma opinião algo antissemita! E ele pensa no Bazar, e em Haendel, quando, de repente: "Chapéu de palha à luz do sol. Sapato marrom. Barra italiana. É sim. É sim".

São todas marcas de um dândi, em um mundo em que todos usavam roupas mais sérias, botas pretas... só pode ser Boylan, a sombra que paira o tempo todo sobre Bloom. O tabu. O nome proibido. *Il commendatore*. O que se segue a esse reconhecimento é angústia, quase desespero. Mas, também, reconheçamos, grande comédia involuntária.

O resumo da *ópera* é que Bloom, que já se encaminhava para o museu, entra rapidamente pelo portão, torcendo para Boylan não vê-lo e, ao mesmo tempo, tentando não agir ostensivamente como alguém que tem pressa de se esconder. Ele quase tem uma síncope enquanto finge que procura coisas nos bolsos e medita sobre a arquitetura do prédio ao lado.

A confusão mental de Poldy se reflete até na embaralhadíssima sintaxe do último parágrafo, que narra sua chegada ao portão do museu.

Penúltimo parágrafo, na verdade, porque o episódio se encerra com o gigantesco suspiro de alívio que é aquele "A salvo!".

Porque tanto Bloom quanto nós sabemos muito bem que Boylan não é o tipo de sujeito que vai ao museu no meio da tarde...

9. Cila e Caribde

Se os três primeiros episódios foram de Dedalus e os três seguintes foram de Bloom, e se agora nós já estamos no terceiro *trio*, podíamos esperar distribuição semelhante. E como o sétimo teve os dois homens como protagonistas, enquanto apenas Bloom deu as caras no oitavo, seria a hora de Dedalus. E vai de fato ser, pelo menos até os últimos momentos.

Se é para sermos rigorosos, podemos supor que a ação que se descreve já nas primeiras páginas deste nono episódio se sobrepõe levemente ao final do oitavo. Veremos, daqui a pouco, Mulligan descrever um encontro com Bloom na entrada (a biblioteca e o museu são adjacentes).

O que nós vamos presenciar aqui é a discussão sobre Shakespeare, ou a palestra de Dedalus a respeito de Shakespeare, que estava anunciada desde cedo, quando Mulligan, que vai chegar atrasado, mencionou esse encontro para Haines, que não virá. A curiosa ausência dos dois na abertura do episódio já pode apontar para o distanciamento que, na cabeça de Dedalus, já se efetivou desde aquele "usurpador" à beira-mar.

Vale lembrar também que a ausência dos dois ecoa a ausência de Dedalus no almoço marcado para o meio-dia e meia, no Ship. Não vimos nada quanto a isso, mas sabemos que àquela hora Dedalus preferiu ficar com os jornalistas.

Biograficamente, registre-se que William Kirkpatrick Magee (John Eglinton), Richard Best, Thomas Lyster e George Russell (A. E.) eram pessoas reais, todos, exceto o último, funcionários da Biblioteca Nacional da Irlanda naqueles dias. Estão entre parênteses os pseudônimos usados por eles na publicação de trabalhos.

O único personagem rigorosamente fictício em cena é Stephen Dedalus, que no entanto, como já vimos, era o pseudônimo literário de Joyce no começo do século. Estamos a um milímetro de distância de ouvir o nome de Joyce entre os convivas e de sentir que essa conversa se deu realmente. E esse estreitamento da já tensa relação entre realidade e ficção tinha de ocorrer, claro, durante uma discussão da relação entre biografia e arte no *Hamlet*. Nada se dá por acaso nesse nosso *Ulysses*.

Infelizmente, há que antecipar um detalhe que só vai ficar claro no fim do episódio, quando Mulligan pergunta se Dedalus "consegue andar em linha reta": deixamos Dedalus na saída do jornal, disposto a pagar bebidas a todos os jornalistas com o dinheiro que recebeu na escola. Juntando informações que aparecerão agora, ficamos sabendo que ele apenas bebeu. E não pouco. Não almoçou.

Em jejum desde antes das nove da manhã (agora seriam cerca de duas da tarde...), as doses de uísque que enumera terão tido seu efeito. Dedalus está bêbado. E isso, somado àquela influência que sabemos que os personagens têm desde a abertura do livro sobre os narradores que os acompanham, responde por boa parte do estranhamento causado pela narrativa de "Circe". O texto está algo embriagado, como Dedalus, e assim se deixa invadir por brincadeiras sonoras e formais e por evocações da língua e do mundo elisabetanos.

Desde as primeiras linhas, quando acompanhamos as palavras do bibliotecário, já podemos perceber esse tom novo, essa nova liberdade que deixa o texto muito mais, digamos, lúdico. De início, inclusive, parece que essas excentricidades vão se restringir às representações de Lyster, e até podemos pensar que se trata apenas de certa má vontade de Dedalus para com ele. Dedalus, afinal, parece achar que Lyster apenas pronuncia obviedades.

E assim que ele sai de cena, convocado a atender um usuário da biblioteca, a mente de Dedalus ganha velocidade, passando por tangenciais referências a Yeats (W. B.) e a Dante ("Ed egli avea del cul fatto trombeta", uma frase que prenuncia o que Bloom fará no final do episódio 11, onde quase literalmente "ele tinha transformado o cu em trombeta"). O parágrafo que se segue a esses versos reúne referências quase criptográficas a rebeliões, traição ("Ave, rabi" foi como Judas cumprimentou Cristo no Jardim das Oliveiras), Cranly, desilusão.

E então Dedalus lembra que Mulligan está com o telegrama. Que telegrama? Veremos assim que Mulligan chegar repetindo o seu conteúdo.

A afirmação seguinte, de Eglinton, é uma primeira ocasião em que o episódio parece se referir ao próprio *Ulysses*, que será, afinal, uma tal resposta irlandesa ao *Hamlet*. Mas Dedalus, neste momento, não está em condições de escrever um clássico. Ainda incomodado com a ideia de que A. E. andou falando dele para um repórter americano, ele logo se deixa levar por uma amarga e crítica leitura das inclinações míticas dos colegas, acabando por ridicularizar a própria Helena (Petrovna) Blavatsky (H. P. B.), principal representante da dita teosofia do século xix.

Dedalus precisa reunir forças, concentrar-se. E logo se incita a isso, no parágrafo que começa com "Desembainhe suas definições", repassando inclusive ditos seus de outros momentos. Ele está se preparando para falar e o faz com um conselho, que calou fundo na elaboração do *Ulysses*. Mantenha-se no agora, no aqui.

Outra figura real, e interessantíssima, que aparece citada é Stephen Mackenna, tradutor de Plotino e responsável por parte da divulgação da obra de Mallarmé (outra presença importante nesta biblioteca) no mundo de língua inglesa. É claro que o humor acerbo dos jovens promissores não poupa nem alguém dessa estatura, e o fato de a língua francesa usar a mesma palavra ("pièce") para falar, como nós ("peça"), de um texto dramatúrgico e de um "pedaço" gera sorrisos.

Mas a frase de Mallarmé, que se referiu ao *Hamlet* como "suntuoso e estagnado exagero de um assassinato", libera Dedalus, que passeia pela ideia (errônea) de que o pai de Shakespeare teria sido açougueiro e menciona os nove cadáveres que restam ao fim da peça. A menção a um "pai nosso" que está no purgatório se refere, claro, ao fantasma de Hamlet pai, assim como o *limbo patrum* (limbo dos pais) que virá na sequência. E àquele "Pai Nosso" que Bloom entreouve na capela do cemitério?

Toda essa violência acaba trazendo à tona o infame poema em que Swinburne considera fruto da bondade dos ingleses o que na verdade eram cruéis campos de prisioneiros durante a Guerra dos Bôeres. E o que abre de fato a fala de Dedalus é um termo do jargão teatral ("Sobe"), como se se fizesse referência às cortinas do palco. Ele está falando de teatro mas também, claro, está representando um papel, o que faz sem muita convicção, como transparece quando lhe perguntam sua opinião sincera sobre a própria teoria.

A leitura que Dedalus faz do Hamlet é de fato consistente e interessante. Todo o paralelo biográfico, que equipara Shakespeare ao fantasma do rei Hamlet e vê na peça uma acusação contra Anne Hathaway, esposa do dramaturgo, que estaria representada pela figura da rainha adúltera, é muito bem montado e muito claramente exposto. Mas nem todos seus pontos são claros. O ator que faria o papel do fantasma na montagem original (papel que sabemos ter sido do próprio Shakespeare) é descrito trajando as roupas de algum "buque", o que evoca Mulligan e também o fato de que ele, Dedalus, usa as roupas velhas do amigo. Stephen também cita uma compleição física forte e uma voz de baixo. Nada disso bate necessariamente com as descrições que temos de Shakespeare. Gogarty, no entanto, a inspiração para Mulligan, tinha uma bela voz profunda.

Logo após a citação de mais um poema céltico, a respeito de Mananaan McLir, o texto (e Dedalus?) definitivamente sai um pouco dos eixos. Dedalus, desinteressado da conversa quando ela não está sob seu controle, reflete sobre suas dívidas, e o faz nos termos de uma encenação algo anacrônica, como que numa peça de teatro renascentista.

Ele ensaia desculpas refinadas para não pagar ("Eu sou outro eu agora"), mas reconhece que, como enteléquia, continua sendo o mesmo, apesar de seguir sob formas mutantes. É quase o credo de um criador romanesco.

E então a autopiedade de Dedalus, sempre presente, corre para o momento em que, vítima da injustiça, ele foi (em *Um retrato...*) salvo pelo padre Conmee, personagem que será recuperado no *Ulysses*, e mais uma vez tratado com algum carinho por Joyce. E Dedalus reconhece que deve, não nega.

O trecho final dessa pequena cena é renitentemente intraduzível. *A.E.I.O.U.* Ou seja, A. E. (Russell), *I Owe You* (eu te devo). O que se pôde fazer aqui foi minimamente brincar com o som das vogais. O que fazer quando a mera enunciação das cinco vogais gera uma sentença plena e reconhecível?

Mas o virtuosismo verbal (cada vez mais presente no livro) não pode desviar a nossa atenção do fato de que o que se discute aqui é uma questão de fundo. Um problema maior para a literatura, e muito especialmente para Shakespeare e Joyce: a obra como espelho e reelaboração da vida. E outro momento que descreve muito bem as preocupações realistas de Dedalus/Joyce se dá quando Eglinton nega retoricamente a vida de Anne Hathaway, e Dedalus responde com fatos brutos e números, deixando-se levar por uma cena, uma imagem de morte e de dor mais uma vez evocativa da morte de sua mãe e do trecho da missa de réquiem que o acompanha desde cedo (desde outubro?), quando o assunto é esse.

"Eu chorei sozinho." Ele lembra.

Teria sido por vergonha? Por não querer se dobrar também a esse sentimento?

Um pouco de latim (*absit nomen*: "evitemos seu nome", com um trocadilho com a expressão clássica *absit omen*, "evitemos agouros"...) e de grego (a *Epipsychidion do Socratididion* seria algo como a "alma que sai da alma do Socratezinho") aparece apenas para dar espaço ao Sinn Féin como símbolo da violência política. Mas, política e arte à parte, Dedalus continua com a angústia que vimos na praia e acompanhamos desde *Um retrato do artista quando jovem*. Quando chegará para ele o momento do amor? Dedalus, condenado a representar Joyce sem Nora, provavelmente será condenado à solidão.

Logo depois disso, a figura alta de Russel diz que tem que sair, e Dedalus lembra que o *Irish Homestead* é "solo explorável" para a publicação da carta de Deasy, prestes a ser entregue ao editor. O mesmo Dedalus que se recusa a se ajoelhar serve algo devotamente às ordens de Deasy.

É curioso ver também que os literatos seguem marcando coisas para aquela noite, enquanto "esquecem" sistematicamente de incluir Dedalus. Quando se menciona uma antologia que aparentemente também não incluirá seu nome, Dedalus apenas reage como prosador, pensando "Veja isto. Lembre". Ele está guardando dados para escrever o *Ulysses*. "Ouça."

E, convenhamos, nesse episódio todo dedicado à relação entre realidade e ficção, é muito poderoso esse momento em que o personagem Stephen Dedalus, descarado alter ego de James Joyce, olha para uma cena e se concentra em fazer o registro daquilo tudo, e daqueles presentes todos, para poder recriar, quase vinte anos depois, essa mesmíssima cena que estamos lendo. Espelhos diante de espelhos.

Mas a discussão shakespeariana tem que seguir, e Dedalus agora chega aos anos finais da vida do bardo, que compara a uma raposa. Fox (raposa) era o nome do fundador da Sociedade Religiosa dos Amigos, os quacres. E há toda uma série de simbologias no *Ulysses*, e neste episódio especialmente, que apontam para costumes e características daquele que é talvez o grupo religioso que um não religioso mais tem facilidade de respeitar.

A imagem de Anne Hathaway, envelhecida, comparada a uma árvore que perde as folhas, além de por si só belíssima, encontra uma amplificação extremamente poderosa nas últimas páginas do *Finnegans Wake*.

Uma das múltiplas coisas que separam Dedalus dos outros é sua relação fundamentalmente crítica com a revivescência dos valores, dos mitos e dos temas célticos. E quando a língua gaélica aparece em sua mente é para enunciar uma frase de manual de língua, "o barco está em terra", e a enigmática "eu sou um padre", ainda mais intrigante se lembrarmos que Dedalus passa o dia todo sendo tomado por padre, por causa da roupa e do chapéu. E essas frases mirradas são tudo de *beurla*, ou gaélico, que Dedalus nos dará aqui. Já seu amado italiano comparece com a citação de Brunetto Latini, que diz "e quando vê o homem, mata-o". Frase e ideia que já estavam no *Giacomo Joyce,* pequena narrativa ou pequeno poema em prosa publicado apenas postumamente.

Uma marca do *Ulysses* vespertino e noturno, sua crescente autoconsciência enquanto livro, começa a surgir quando o entontecido Dedalus comenta algo e se repreende mentalmente, pensando que já "disse isso". Essa mesma consciência textual, agora aplicada a outras obras, explica por outro lado o cutucão de Eglinton, que lembra a Dedalus que *Péricles, príncipe de Tiro* é uma das peças que sabemos não serem integralmente de Shakespeare. O episódio é literatura, fala de literatura e, em certa medida, já se pensa *como* literatura.

A discussão esfria, e quem sacramenta esse amornamento é, claro, o morníssimo Lyster, com uma longa fala que inclui ainda mais dados reais (inclusive uma referência a George Bernard Shaw, que detestou o *Ulysses* quando o livro foi publicado). Feliz por sua participação na cena, ele retira do foco sua cabeça calva e lisa, que é comparada a um ovo de dodó, um tema que retornará curiosamente nos últimos segundos que veremos da mente consciente de Bloom. Stephen não consegue olhar para o bibliotecário sem nele ver o quacre e sem pensar que um dos costumes dos *amigos* era usar o *tu* informal com todo e qualquer interlocutor.

As coisas estão calmas. É a hora, como o livro registra, de um *entreato*. E o responsável por essa entrada cômica, obviamente, será o bufão Mulligan, que finalmente chega e se anuncia (ele que abriu o livro com as palavras que iniciam uma missa) com um "amém!". (E veja-se que nos dois casos ele *canta* as palavras como um padre.)

Com Mulligan o humor retorna. Hamlet, que define o homem como "quintessência do pó", é chamado de "vertebrado gasoso". E todos o recebem com alegria, levando Dedalus a lembrar um provérbio alemão que sintetiza o lugar de palhaço respeitado que ele pensa ser o de Mulligan: "aquilo que ridicularizas mesmo assim será teu amo".

Logo depois ficamos sabendo que Best passou por Haines na rua e este mandou dizer a Mulligan que o encontraria na confeitaria mais tarde (o episódio seguinte). Não só o inglês não compareceu à fala de Dedalus, como ainda o trocou pelos poemas irlandeses de Hyde e por mais um encontro a que Stephen não será convidado.

Mulligan comenta que entrou pelo museu e, dada a sincronia dos episódios, já podemos imaginar quem ele terá encontrado por lá, se refazendo do susto causado pelo quase-encontro com Boylan. E, mais ainda, dadas as intenções de Bloom no museu (ele ainda quer saber se as lindas estátuas de mármore, além de lindas bundas, têm orifícios anais), podemos apenas imaginar a cena que Mulligan terá visto.

O texto, ele próprio uma brilhante investigação shakespeariana sob o disfarce da ficção, não poderia deixar de citar "O retrato do senhor W. H.", conto em que Wilde sintetiza sua leitura (surpresa!) biográfica dos sonetos de Shakespeare. Mas a centralidade imediata da figura de Mulligan relega Dedalus a seus pensamentos, cada vez mais turvos pelo álcool. Ficamos sabendo, aliás, que ele bebeu, e pagou, três rodadas de uísque (*usquebaugh*, "água da vida", é a palavra gaélica de onde vem o nome da bebida). E ele fica perdido em divagações que o levam de volta à praia, a Eva e ao Pecado.

Enquanto isso, Mulligan começa a sacudir seu telegrama, em que Dedalus informa, tortuosissimamente, que não pretende comparecer ao almoço com Haines e que a relação entre os amigos parece estar mais que estremecida.

A frase "o sentimentalista é alguém que quer aproveitar sem incorrer na imensa dívida por algo feito" é uma citação de George Meredith. O que, exatamente, ela significa para os dois, podemos apenas especular. O que sabemos, no entanto, com certeza, é que um telegrama dessa extensão terá sido caro, como as rodadas de uísque. Conforme profetizara Deasy, Dedalus está perdendo seu dinheiro.

Outra figura real, Synge, comparece no texto. E Dedalus lembra que (como Joyce) esteve com ele em Paris, onde o dramaturgo lhe contou uma estranha história sobre um encontro na floresta, numa Sexta-feira Santa (*vendredi saint*). Dedalus na sequência pensa que encontrou também sua própria imagem. E essa ideia, a de que encontramos sempre a nós mesmos, é absolutamente central e recorrente em todo o *Ulysses*.

E vemos, mais uma vez (a primeira foi no encontro com a leiteira), que os devaneios de Dedalus nos fizeram perder parte da conversa, pois, quando o assistente interrompe a cena, ele como que desperta e ouve apenas o trecho final da fala de Lyster.

Quem Lyster agora recebe é Bloom. Ou, na descrição maldosa de Mulligan, "o judengo". E aparentemente não só Mulligan o viu de olho na bunda das deusas, mas conversou um pouco com o nosso herói. Pois teria mencionado por que estava ali e ficado sabendo que Bloom conhece Simon Dedalus. A insinuação de homossexualidade ("mais grego que os gregos"), lógico, assim como a ideia de que ele estará à caça do jovem Dedalus, depois, é pura contribuição de Mulligan.

A fala de Dedalus continua cheia de palavras estrangeiras, como a irlandesa *gombeen* ("usurária"), mais um trecho em francês, que reencena um encontro amoroso venal: "Mais vinte tostões. Vamos fazer sacanagem. Minette? Está a fim?".

Um trocadilho que se perde é o do nome do poeta Alfred Lord Tennyson com o esporte *lawn tennis*, tênis na grama. Felizmente a nova referência a Wilde, mais uma vez mencionando a homossexualidade, depende menos de jogos de linguagem. Pois a expressão "o amor que não ousa dizer seu nome" está presente num poema de Alfred Douglas, o jovem amante de Wilde responsável por sua queda e sua condenação.

Mas o trecho todo vai ficando cada vez mais denso e cifrado, à medida que Dedalus se desinteressa daquilo tudo e se deixa levar pelo estado de espírito induzido pelo álcool. Talvez a melhor representação disso esteja no trecho que se encerra por um "epa!", que parece ser o próprio Dedalus sacudindo a cabeça, piscando forte e pensando, volte ao mundo, rapaz.

A discussão ali ronda o testamento de Shakespeare, em que ele famosamente deixa à esposa sua *segunda melhor cama*. Especula-se se isso demonstraria a falta de afeto entre os dois ou, alternativamente, o tácito reconhecimento de que a primeira melhor cama já era dela de direito. Os estudos shakespearianos há muito discutem se houve de fato essa "separação na mesa e na cama", como Mulligan cita em latim.

Quando eles se aproximam da morte de Shakespeare (que segundo um relato posterior teria morrido depois de uma bebedeira com seus amigos Michael Drayton e Ben Jonson), as misturas entre personagens históricos ganham mais um exemplo, com a fusão de Aristóteles (que tinha uma amante chamada Herpyllis, e que de fato realizou várias *boas ações* em seus últimos desejos) e o rei Carlos II da Inglaterra, com sua famosa amante Nell Gwynn.

Apesar disso, a figura de Edward Dowden é real, assim como seu divertidíssimo comentário sobre a possível homossexualidade descrita nos sonetos. Aliás, outro tema subterrâneo do *Ulysses* é o da atração homossexual, especialmente entre homens (mas Molly também queria ser homem para *montar* uma mulher), presente desde a abertura do romance e epitomizada em "Ítaca", quando Bloom e Dedalus concordam que há pontos positivos e negativos na heterossexualidade.

O passo seguinte da discussão shakespeariana, com a referência ao aproveitamento de fatos da vida nas peças, obviamente ancora mais uma vez o *Ulysses* no jogo entre realidade e ficção. Dedalus se empolga a ponto de comentar sozinho que acha que está indo muito bem (esse *monitoramento* interno do que diz, mais uma faceta daquela *autoconsciência*, é uma constante em todo o episódio). Mas sua cabeça continua errante, e o verbo latino cujo paradigma ele recita é, não o verbo "misturar", como quer parecer, mas o verbo "urinar". Como ele mesmo pensa, ainda em latim, "eu deveria ser contido".

Dedalus, como Shakespeare para Coleridge, é também um homem com *miríades de mentes*. E tem que conviver com isso. E nós acompanhamos sua mente não só no que ela expõe aos outros, mas também no que se prepara. É assim que primeiro vislumbramos o trecho latino (de origem desconhecida) que lhe passa pela cabeça ("De forma mais ampla, é estritamente necessário no convívio dos homens que haja relações amistosas entre todos"), e que o leva a se conter de fato, e não estourar...

Mas basta ele começar a se referir a Tomás de Aquino e quem explode é Mulligan, que lamenta em irlandês: "beije a minha bunda! Amor da minha vida"...

E Dedalus sorri. Estranhamente. Ele, que pretende ter rompido com Mulligan, tem na verdade um carinho muito maior pelo amigo do que nos quer fazer crer. E prossegue em sua fala, onde comparece também o deus caracterizado por William Blake como *Old Nobodaddy*.

A meditação sobre a morte (*Requiescat*: descanse) leva Dedalus mais uma vez a dar vida àquela mulher, Anne Hathaway, em seus últimos dias, lendo panfletos puritanos, urinando no penico (como Molly no fim do *Ulysses*). Mas a interrupção de Eglinton menciona um pai, uma família. Por intermédio da frase de Mulligan, que diz que Bloom conhece Simon Dedalus, e de uma lembrança inesperada do reencontro com o pai na volta à Irlanda para ver a mãe morrer, Dedalus mergulha não só na sua teoria e na sua imagem de um Shakespeare que, como Dante na *Divina comédia*, está "no meio do caminho de nossa vida", mas também no problema fundamental da maternidade ("amor de mãe", no latim citado, como já vimos: o amor que tem a mãe, ou o amor que temos pela mãe) e da paternidade, até que ele mesmo percebe o nó que está criando e que talvez só faça sentido para ele próprio: "O que diabos você está tentando fazer?".

E ele tenta se motivar, lembrando que os conectivos lógicos da escolástica, "de forma mais ampla, até aqui, mais uma vez, posteriormente", são sua escada, um método a que estaria talvez condenado.

O raciocínio de Dedalus sobre o *Hamlet*, assim, chega ao fim com a referência à heresia sabeliana que, curiosamente, confirma o que Mulligan anunciara de manhã cedo ("ele prova algebricamente que o neto de Hamlet é avô de Shakespeare") e, num gesto de bravata retórica, com uma citação de um poema do próprio Magee/Eglinton.

Uma nova interrupção formal, que descreve a cena no estilo de uma rubrica de teatro mas, logo depois, se perde em desorientação, abre o trecho em forma de diálogo dramático, acompanhado, curiosamente, de notações musicais de andamento e expressividade.

Logo depois de mais uma vez manifestar sua angústia e sua carência ("quem a ti cortejará?"), Dedalus cai de novo na erudição e nos comentários críticos. *Autontimorumenos*, "autoatormentador", além de definir Stephen perfeitamente, é o título de uma peça do comediógrafo latino Terêncio, em cujo prefácio aparece uma frase, adorada por Montaigne e muitos outros, que muito bem poderia ser um lema de Joyce e do *Ulysses*. *Humanus sum, nihil humani a me alieno puto*: "Sou humano, e acho que nada de humano é estranho a mim". Terêncio, como Shakespeare e Joyce, era *tudo de todos*.

Já *bous stephanoumenos*, "boi com alma de Stephen", que no *Retrato...* é uma provocação dos colegas de Dedalus, que também gritam *bous stephanoforos*, "boi portador da coroa", pode servir além de tudo para ligar o nome *Stephanos* (coroa) à imagem do basilisco (do grego *basiliskos*, rei), empregada logo antes.

Um detalhe curioso é que neste trecho ficamos sabendo que Dedalus tem as meias furadas. Bloom, veremos já alta a madrugada, furou a sua durante o dia. O jogo de identificações continua quando da discussão, motivada por Eglinton, do uso e da realidade dos nomes. "Eu, Magee e Mulligan", pensa Dedalus. Sendo Magee o nome real de alguém que normalmente o episódio trata pelo pseudônimo (também *real*) de Eglinton e Mulligan um nome inventado para se referir a uma pessoa real (Gogarty), resta saber a que se refere aquele *eu*. Dedalus? Ou Joyce?

A próxima frase em latim se encaixa muito bem no tema da paternidade. *Pater, ait*, afinal, é "pai, disse ele". Outra perna da questão biografia/ficção surge quando o monólogo interior de Dedalus se pergunta, como Deus perguntou a Caim, "cadê o teu irmão?". O desaparecimento da figura de Maurice, inspirada em Stanislaus, irmão mais novo de Joyce, é um dos traços mais significativos do desenvolvimento final de *Um retrato...* e do *Ulysses*. O irmão mais novo e interlocutor de *Stephen Herói* é simplesmente suprimido no *Retrato*, a segunda versão do livro. No *Ulysses*, ele nem é insinuado. O próprio Stanislaus, aliás, iria ainda um dia escrever um livro de memórias chamado *Guardião do meu irmão*, numa alusão à resposta que Caim dá a Jeová: *não sou o guardião do meu irmão*.

Eglinton, na sequência, ao defender o canibalismo de referências anacrônicas de Shakespeare, acaba curiosamente defendendo o livro em que se encontra. Pois, apesar de ele dizer que hoje uma coisa dessas não seria possível, esse tipo de intrafertilização de temas e citações é justamente o que o *Ulysses* faz o tempo todo. E se Shakespeare de fato erra nas datas ao fazer Odisseu (ou na verdade Heitor) citar Aristóteles séculos antes de o filósofo nascer, em sua peça *Troilo e Créssida*, aqui a fusão de Homero e da filosofia grega que lhe é posterior é ainda maior, mais tensa e menos direta.

Outro dado curioso é a fusão final de referências ao tio *Richie*, que pode ser o irmão de Shakespeare e o tio de Dedalus, e que acaba "onde vão parar os pretos malvados", numa anacrônica referência a uma canção racista do século XIX.

E logo após declarar o encerramento de seu falatório ("cortina enfática"), Stephen nos brinda com a mais clara enunciação do princípio de que sempre vemos no mundo o que somos, o que damos ao mundo. E, por se tratar de Dedalus, por se tratar do *Ulysses*, por se tratar deste episódio tão metaliterário, não deveríamos estranhar que essa mais pessoal afirmação de um credo provenha na verdade de uma citação de um dos textos menos conhecidos (*La sagesse et la destinée*) de Maurice Maeterlinck.

Como que para ridicularizar as alturas retóricas e filosóficas a que chegou seu amigo, Mulligan simula ter recebido o relâmpago da inspiração e se põe a escrever. O que faz Dedalus lembrar (ele se censurou por isso em "Proteu") de levar papéis da biblioteca para seus próprios momentos de inspiração.

O desenlace do evento shakespeariano é fundamental para entendermos a desilusão geral de Dedalus, sua descrença daquelas pessoas, sua sensação de superioridade e sua desfaçatez. Como ele pode negar acreditar naquilo tudo que expôs? Simplesmente porque não faz diferença.

Eis o que separa a conexão biografia/vida em Joyce daquela que prudentemente somos ensinados a desconsiderar nas aulas de teoria literária. A versão joyciana incorpora a vida ao livro, plenamente, mas não como explicação maior que o livro. Como fonte e material para reelaboração. Não vamos ler o *Ulysses* como chave para entender o indivíduo James Joyce; tampouco vamos procurar na sua biografia as respostas para os enigmas e os claros do livro. Por outro lado, não podemos negar que a imbricação entre uma coisa e outra era constitutiva, e nada acidental, do seu projeto literário. Afinal, como lembra Dedalus, quem ajuda a crer sou *eu mesmo* (*egomen*, em grego), mas é o *outro* que me ajuda a descrer. E o romance é o convívio dessas visões, e é daí que nasce sua eventual verdade.

E é só agora, quando eles se preparam para sair, depois de Eglinton mais uma vez convidar apenas Mulligan para o evento da noite, que este último enuncia com todas as letras aquele "Você consegue andar em linha reta" que nos faz perceber o grau da embriaguez de Dedalus. Que, ator desiludido, pensa agora que é melhor "andar como Haines". Lembre, ele já se perguntou em Proteu, "você estava tentando andar como quem?".

E eles saem da área do escritório privado do bibliotecário ("a catraca") para o saguão da biblioteca. Mulligan, enquanto isso, aparentemente ridiculariza Lyster comparando-o a Bottom, o tecelão com cabeça de asno em *Sonho de uma noite de verão*. Mas nesse momento surge um parágrafo ("Será?...") profundamente enigmático.

Aliás, se estamos pensando em enigmas, quem é a pessoa de chapéu de fita azul? E quem está olhando para ela?

O trecho remete diretamente ao momento em que Bloom identifica Boylan na rua, mas aqui estamos ainda acompanhando as divagações de Dedalus. Seria a menina a personificação da Emma de *Um retrato...*, a musa do Stephen adolescente? Ou seria Gerty McDowell, a moça de idade algo indefinida que ainda não conhecemos, mas que reencontraremos no fim da tarde, na praia, quando inclusive será dito que ela esteve na cidade à tarde? E será que isso poderia reforçar a identificação dessa Gerty com a Gerty que estava entre os alunos na sala de aula de Dedalus?

Duas expressões em francês merecem elucidação no trecho que se segue. Uma é a referência ao romance de Balzac, *A mulher de trinta anos*. E outra, "esprit de l'escalier", tem na verdade trânsito em várias línguas, descrevendo a sensação de descobrir a resposta certa a uma tirada, piada ou provocação, apenas tarde demais, na saída da festa.

Os comentários de Mulligan sobre Lady Gregory se baseiam no fato real de que, recomendado a Longworth pela própria Gregory, Joyce resenhou, violentamente, o livro de poemas que ela acabava de publicar. Mulligan diz que ele deveria ser delicado, como Yeats, que de fato escreveu aquelas palavras ("o mais belo livro...") num prefácio a uma obra de Gregory. A alusão a Homero, no entanto, é cortesia de Mulligan e como que prenuncia o uso da *Odisseia* como material para a construção do *Ulysses*.

Outro dado biográfico que comparece mencionado pela primeira vez é a cena em que Joyce, bêbado, ficou caído na rua, abandonado pelos amigos. Como vimos, trata-se do incidente que gerou o primeiro embrião do *Ulysses*.

Enquanto Dedalus pensa que eles agora devem se separar (tudo deu errado; ele pretendia romper com Mulligan e está apoiado no amigo), quem passa por entre eles, consumando a separação e, também, reproduzindo a ação de Odisseu ao navegar cuidadosamente entre o rochedo chamado Cila e o redemoinho chamado Caribde, é nosso amigo Leopold Bloom.

E imediatamente Dedalus lembra do seu sonho da noite passada, que parece ligá-lo, sem que ele ainda o saiba, a esse quase desconhecido que acaba de passar a seu lado.

10. Rochedos errantes

Na *Odisseia*, Circe avisa a Odisseu que ele tem de escolher entre dois caminhos quase impossíveis. Um envolve a passagem entre os monstros (na verdade um rochedo e um redemoinho) chamados Cila e Caribde, e outro, o que Odisseu decide não enfrentar, acarretaria ter que navegar por entre perigosos rochedos errantes, móveis, imapeáveis e letais para as embarcações.

Assim, o fato de o *Ulysses* de Joyce nos levar agora pelos rochedos errantes, caminho mais que perigoso, é já um desvio. A aventura, afinal, não é homérica; não consta da *Odisseia*. E o episódio realmente configura uma pequena alteração na trajetória geral do livro.

Consolidado o terceiro *trio* de episódios introdutórios, o livro agora entra em um novo momento, mais abrangente. E isso fica muito bem simbolizado pela escolha de suspender momentaneamente as andanças de Bloom e Dedalus e enquadrá-las no cenário mais amplo da cidade de Dublin, também ela personagem importante do romance.

Aquelas rochas móveis, sua localização incerta, levam Joyce a uma nova experiência. Toda a ação narrada neste episódio dura cerca de uma hora. A bem da verdade, temos uma marca precisa de tempo logo nas primeiras linhas, quando Conmee olha para o relógio, disparando o cronômetro de toda a narrativa. Veremos breves cenas envolvendo Bloom e Dedalus, mas aqui eles estarão imersos em um mar de dezenas de personagens, cujas andanças (quase todos estão em movimento) serão narradas em dezenove seções algo independentes, expostas, claro, uma depois da outra.

No entanto, o maior interesse de Joyce aqui é a abordagem das sincronias. E, para isso, ele precisa marcar claramente que essas dezenove seções se intercalam, se sobrepõem, se cruzam e se entrelaçam. E para isso ele se utiliza do que eu chamaria de *âncoras*, pequenos fatos que vemos acontecer várias vezes, em seções diferentes, e que propiciam o correto alinhamento temporal das ações. Assim, o marujo perneta, o braço de Molly que surge da janela, o "rapaz afogueado" e sua namorada, o professor Maginni, nos servirão como marcas, como referências de sincronia e de *continuidade*.

Consta que Joyce escreveu esse episódio tendo a sua frente um mapa de Dublin e um cronômetro. E Clive Hart, que se pôs a refazer essas várias andanças pela cidade também com seu cronômetro à mão, descobriu que elas se encaixam perfeitamente, inclusive dando conta do fato de que pessoas mais velhas andam mais devagar que as mais jovens etc.

Para dar uma estrutura mais sólida ao episódio (quase que uma *coluna dorsal* mesmo) e para integrar ainda mais as dezenove seções, há duas trajetórias que perpassam toda a cena: o passeio do padre Conmee (a Igreja) e o desfile da carruagem do vice--rei (o Estado). Assim, o caos da urbe dublinense se vê sustentado pelas duas forças mais estáveis (ambas mais do que questionáveis, para Joyce) daquela sociedade.

E o episódio se abre com John Conmee, que foi o diretor do Clongowes Wood College durante a infância de Joyce e, portanto, virou personagem de *Um retrato*... e do *Ulysses* (talvez o único jesuíta tratado por ele com algum carinho). Para facilitar a exposição, vou numerar as seções e **negritar** algumas das *âncoras* relevantes.

Um. Já de início um dos jogos preferidos de Joyce: a quebra sutil de expectativas. "Superior", afinal, aqui não é adjetivo, qualificativo, é o cargo de Conmee em sua ordem. "Arrumar" o relógio não se refere a mexer no horário. "Polido" não quer dizer bem-educado... Seguimos essa primeira frase tropeçando, tendo que rever nossas expectativas palavra a palavra...

Pegamos o monólogo interior do padre, como já estamos acostumados a ver no *Ulysses*, a meio caminho. Ele está indo a pé (mas vai acabar pegando o bonde) até o Artane, a escola industrial que acolhia crianças órfãs, local onde Cunningham, numa carta, pede que ele tente acomodar os filhos de Dignam. Ele está, portanto, dando continuidade a ações que foram decididas no cemitério e de que Bloom participou e participará.

O **marujo** que lhe pede dinheiro fica sem sua esmola porque, convenhamos, uma coroa de prata é dinheiro demais! Conmee é bondoso, mas não é bobo. É caridoso, mas pragmático. Veja, por exemplo, como o narrador nos informa que, ao ver o mendigo mutilado, ele pensa "mas não por muito tempo" nesses sofrimentos.

Logo em seguida Conmee encontra a senhora Sheehy. A conversa dos dois é absolutamente desprovida de interesse. Mas a técnica... ah, a técnica. Veja bem com que habilidade Joyce alterna o uso da representação direta das falas e do resumo pelo narrador do que foi dito, saltando de discurso direto para indireto livre até se despedir da personagem com um "Boa tarde" que soa quase metaliterário. Quase pensamos que é o livro que diz adeus.

Seguimos na simpática companhia de Conmee, passamos por **Maginni** e chegamos ao Jardim de Dignam, que nada tem a ver com Patrick Dignam, o falecido. Pistas falsas abundam nos "Rochedos errantes".

Numa igreja, Conmee, que gosta de formalidades, registra bem o D. V. (*Deo volente*, "se Deus quiser") num cartaz anunciando que um reverendo que é também bacharel (B. A.) vai falar ao público.

Passamos por **Kelleher**, revemos o barqueiro de turfa que foi entrevisto quando Bloom estava a caminho do cemitério (o episódio assim se amarra também ao resto do livro) e, num outro floreio de brilhantismo técnico de Joyce, quase trocamos de padre quando Conmee sobe no bonde e o reverendo Dudley desce. Trocada sua coroa de prata, Conmee agora se acomoda no vagão.

Um outro parágrafo ("O padre Conmee no frontal do altar...") merece destaque. Uma simples imagem que, mesmo isolada, contaria entre os melhores microcontos. Dalton Trevisan certamente se orgulharia de criar essa imagem, provavelmente ligada a uma lembrança que passa pela mente do padre.

Depois de citar um livro sobre *O número dos escolhidos*, Conmee quase trai certa ironia no seu novo uso da sigla D. V., mas seu estado de espírito geral continua sendo o da doce nostalgia que caracteriza seu livro (publicado de fato pouco antes), *Old times in the barony*.

As intrigas da história são tratadas por ele com uma mistura de empatia e repreensão moralizadora, que ainda define o ato sexual pleno em latim, como "ejaculação do sêmen no vaso natural da mulher". O padre Conmee, como bem lembra o narrador, "caminhava e se movia por tempos d'antanho". E para ele aquele 16 de junho só poderia ser descrito como "um dia encantador". O espírito de Conmee faz com que até os repolhos pareçam lhe prestar reverência. Lembre, todo o *Ulysses* ilustra aquela citação de Maeterlinck: as pessoas sempre veem o mundo que escolhem.

As pistas falsas continuarão. Conmee está de fato muito longe de Clongowes. É apenas na sua memória que aquela grama lhe roça os tornozelos. Da mesma maneira o *Sin* e o *Res* que aparecem antes de suas leituras não são as palavras "pecado" em inglês e "coisa", em latim, mas as letras hebraicas que marcam seções do breviário.

O latim do trecho, aliás, é: "Pai (Nosso) e Ave (Maria), (Apressa-te,) Ó Deus, em me livrar, A tua palavra é a verdade desde o princípio, e cada um dos teus juízos dura para sempre; Príncipes me perseguiram sem causa, mas o meu coração temeu a tua palavra".

Passamos por um **rapaz afogueado**, que reencontraremos à noite.

Dois. Essa seção, por sua absoluta brevidade e pela abundância de âncoras (**Kelleher**, **Conmee**, o **braço** de Molly), serve para deixar claro ao leitor o procedimento técnico. Fora isso, ela é mais enigmática que narrativa, e sua grande contribuição ao romance como um todo é confirmar o suspeito envolvimento de Kelleher com a polícia, que Bloom já mencionara, e que ainda virá bem a calhar no fim do livro.

Outro dado curioso? É também um guarda 57 quem investiga o aparente suicídio de Emily Sinico no conto "Um caso doloroso", de *Dublinenses*... Como a senhora Sinico pode ter relação com nosso misterioso homem da capa mackintosh, vale registrar.

Três. O **marujo perneta** passa por um carro de sorvete que veremos de novo à noite, a caminho da rua onde moram os Bloom. E ultrapassa duas das irmãs de Dedalus, que estão indo para casa.

J. J. **O'Molloy**, em outro ponto da cidade, pergunta por Lambert. Uma generosa senhora que assovia feliz (Molly, arrumando a casa para receber Boylan) lança uma moeda e, ao abrir uma janela, seu **braço** desloca um cartaz que lembra que a casa dos Bloom tem um quarto vago, a ser ainda hoje oferecido a Dedalus.

Quatro. Katey e Boody chegam em casa e descobrem que nem penhorando os livros do irmão a família consegue dinheiro para comer direito.

Conmee, enquanto isso, pensa nos gramados de Clongowes, onde Dedalus correu enquanto sua família usava os últimos fundos que o pai herdara. Um outro pequeno cruzamento, aliás, é que elas tentaram penhorar mais alguns livros exatamente com a penhorista que Conmee acaba de ver na rua.

Em outro canto, o **lacaio** da casa de leilões toca seu sino. Lembre que na hora do almoço Bloom já viu a filha de Simon parada perto dali. Agora, ficamos sabendo que Dilly saiu de fato em busca do pai. Outra âncora com episódios anteriores do livro é o panfleto amassado por Bloom, que singra o rio Liffey passando por "pierespontes", uma ligação com a atrapalhada definição do aluno de Dedalus.

Cinco. Boylan encomenda uma cesta para ser enviada a Molly. E se os repolhos de Conmee exprimiam devoção, os pêssegos corados de Boylan manifestam claramente estar envergonhados!

Os **homens-sanduíche** que já vimos antes continuam marchando, enquanto **Bloom** (uma figura de dorso escuro, como já tinha sido descrito na saída da biblioteca), em outro lugar, escolhe livros eróticos para Molly, a mesma Molly que receberá a cesta de Boylan, apesar de ele mentir que o destinatário é "um inválido", enquanto espicha bem os olhos para o decote da vendedora. Até aquelas peras gordas agora ganham súbitos ares indecentes...

Seis. Artifoni conversa com Stephen, reencenando uma conversa que de fato Joyce teve com um professor de canto que queria lhe dar aulas de graça em troca de parte da renda de seus primeiros concertos como tenor. Vale lembrar, também, que o nome do personagem vem do dono da Escola Berlitz de idiomas de Trieste, que deu um emprego a Joyce. Assim, nesse episódio onde Joyce parece dedicado a reservar um cantinho para as pessoas de quem guarda boas lembranças, matamos dois coelhos de uma vez.

O trecho em italiano diz: "eu também tive dessas ideias, quando era jovem como o senhor. Depois me convenci que o mundo é um monstro. É pecado. Porque a sua voz... seria uma fonte de renda, homem. Mas em vez disso o senhor se sacrifica. Sacrifício, sem sangue... Vamos ver. Mas vá por mim. Pense no assunto. Vou pensar. Mas a sério, hein? Chegou. Venha me visitar e pense no assunto. Tchau, meu caro. Adeus, professor. E obrigado. Por quê? Desculpa, hein? Tudo de bom!".

A seção se encerra com as largas calças de **Artifoni** (que também fecharão o episódio) sumindo entre a **banda escocesa** que chega.

Sete. A secretária de Boylan esconde na gaveta um clássico do romance policial (onde um dos personagens centrais é uma Marian, e não Marion, que pelo estranho ato falho da senhorita Dunne acaba se tornando uma referência à "amada" do chefe). A bem da verdade, os paralelos entre *A mulher de branco* e o *Ulysses* são numerosíssimos. Entre eles estão os fatos de o livro de Wilkie

Collins ser narrado por múltiplos personagens e de que a grande alteração do enredo acontece numa entrada de diário (de Marian, claro), escrita imagine só em que dia? Dezesseis de junho...

O **disco** que corre se refere a uma demonstração que Tom Kernan está fazendo em outro local. A essa altura, Joyce espera que seu leitor já esteja atento.

Vale lembrar que, quando a senhorita Dunne põe a data no cabeçalho do documento que datilografa, temos pela primeira vez a confirmação completa do Bloomsday. O cartaz da estrela real que era **Marie Kendall** faz sua primeira aparição, assim como os nossos amigos **homens-sanduíche**.

O telefonema de Boylan tem duas implicações para a trama. Primeiro, ele passa para a secretária tarefas que devem ser realizadas "depois das cinco". Ele quer liberar sua agenda no fim da tarde, para estar à vontade com Molly. Segundo, fica sabendo que Lenehan estará à sua espera no Ormond. E é para lá, e para o próximo episódio, que ele agora se dirige.

Oito. Estamos num ponto histórico da cidade, que Lambert e O'Molloy mostram ao reverendo Love, que quer escrever um livro, e que, saberemos mais tarde, é um credor exigente. Além disso, O'Molloy, que Bloom já entreviu na rua, tenta falar com Lambert de suas dívidas. Lambert, diga-se de passagem, nós conhecemos desde o conto "Graça", de *Dublinenses*.

Enquanto isso, em outro ponto da cidade, o irmão do falecido Charles Stewart **Parnell**, maior símbolo da luta pela independência irlandesa, olha para um tabuleiro de xadrez, que também não pode deixar de ser um símbolo relevante num episódio tão intricado quanto este.

Uma pista falsa aparece quando eles saem da abadia de Maria para a Mary's Abbey, a rua de mesmo nome.

Em outro local, a **moça** que acompanhava o **rapaz afogueado** tira um graveto da saia. O que estariam eles fazendo deitados no mato...? Bom, ouviremos ainda à noite esse rapaz se vangloriar do encontro. E o livro que cobre tudo de um dia todo não podia deixar de incluir um espirro. E é com ele que Lambert responde às tateantes tentativas de O'Molloy.

Nove. Acompanhamos agora a demonstração do invento de Tom Rochford, que já foi mencionado no oitavo episódio. O **disco** com um número estampado agora revela seu significado.

Nova pista falsa é a referência à firma Goulding, Collis e Ward. O acréscimo daquele primeiro nome, afinal, é obra e *graça* de Richie, o tio Richie Goulding, única pessoa que podia imaginar se referir ao escritório de Collis e Ward se incluindo como sócio. Mas, como de costume, não é da boca dele que sai essa piada, que na verdade é incorporada pelo narrador.

Lenehan, enquanto isso, confirma que daqui a pouco verá Boylan, provavelmente para tentar vender a ideia do amigo. E sai dali na companhia de M'Coy, aquele, o da esposa fanhosa, que Bloom tratou, agora veremos com ainda mais clareza, talvez com uma rispidez indevida logo cedo.

Logo de cara eles passam pelo cartaz com a figura de **Marie Kendall**, que na verdade é uma falsa âncora no episódio, pois, imóvel, ancora a ação apenas espacialmente, sendo vista por várias pessoas, mas em momentos diferentes.

Um detalhe pungente que revela a má situação de M'Coy é seu gesto de discretamente procurar um relógio público quando Lenehan quer saber as horas. Nenhum dos dois tem um relógio. Relógios estavam sempre entre os primeiros bens penhorados.

Se M'Coy é em certo sentido um duplo de Bloom, sua preocupação com a casca de banana na rua só confirma esse paralelo.

A frase que encerra esse parágrafo, inclusive, lhe dá breve direito a um monólogo interior, privilégio raro entre os personagens marginais do *Ulysses*.

Exatamente quando Lenehan comenta que Lyons andou recebendo uma dica improvável para o páreo desta tarde (aquela dica que Bloom nunca quis dar), a figura de dorso escuro de Bloom aparece perto deles. Legitimamente curioso, M'Coy imagina o que ele estaria comprando na banca de livros, mas Lenehan só quer achar uma brecha para contar sua história safada.

Outra pista falsa? O senhorzinho Patrick Aloysius Dignam que aparece agora é o filho do falecido e tem o mesmo nome do pai, com o acréscimo daquele Aloysius que, aliás, era o nome que Joyce adotou na sua confirmação dos votos de batismo. Claro que não haveria um fantasma rodando pela realista Dublin de Joyce. Mas curiosamente, depois desse pequeno susto que o leitor pode tomar, Bob Doran, no episódio do "Ciclope", jurará ter acabado de ver Dignam pai.

À primeira menção do jantar em que aconteceu a "grande" experiência de Lenehan com Molly, M'Coy quer se colocar à altura da história, mas Lenehan o desconsidera de imediato. E, nada coincidentemente, a âncora que surge agora é o **braço** nu de Molly. A história no fundo deprimente do parasita Lenehan continua atropelando as tentativas que M'Coy faz de contar também alguma coisa, e apenas quando ela termina, com a informação da ereção do seu "amiguinho", é que Lenehan se dá conta do sorriso amarelo de M'Coy, que se identifica muito mais com Bloom do que com ele. Homem casado, homem sério e, aparentemente, ligado a Bloom por algum afeto, M'Coy é o público errado para os gracejos de Lenehan.

E ele, que não pode correr o risco de queimar seus créditos com ninguém, falso a mais não poder, encerra a narrativa com fingidos elogios a Bloom.

* * *

Dez. E finalmente reencontramos **Bloom**, em meio ao mar dos rochedos errantes, exatamente no meio das dezenove seções. Ele tenta achar livros "quentes" para Molly, e acaba esbarrando num estranho manual de comportamento sexual e conselhos para parteiras que foi de fato vendido na Inglaterra durante séculos sob o título de *A obra-prima* de Aristóteles. A edição que Bloom encontra, aparentemente ilustrada, o faz pensar de novo na pobre senhora Purefoy, que ainda o levará a visitar a maternidade.

Enquanto outros veem a figura colorida de **Maginni**, ele se decide por um título, *As doçuras do pecado*, que virará um tema da segunda metade do livro, junto com os trechos que lê agora de passagem ("Para Raoul!").

Enquanto a **senhora** de idade deixa o tribunal, aonde vai apenas para passar o tempo, Bloom decide comprar a obra. E, ao falar com o vendedor, ficamos sabendo que ele precisa conter "seu alento perturbado". Bloom está excitado. Pouco mais de uma hora antes da chegada de Boylan à sua casa, a ideia do relacionamento adúltero de fato o empolga.

Onze. O **lacaio** sacode o sino bem na frente de uma Dilly encantada com a riqueza dos itens oferecidos na casa de leilões. Quase sincronizadamente, outro **sino**, que marca a última volta de uma corrida de bicicletas, toca no campus da universidade.

Dilly, que aparentemente andava cercando o pai, ataca: "agora o senhor não escapa". O pândego Simon imediatamente se põe a ridicularizar a filha, que de alguma maneira parece saber que ele conseguiu dinheiro (será que ela conversou na rua com algum de seus amigos?). Tom **Kernan**, enquanto isso, caminha satisfeito.

E Dilly parece até saber quanto dinheiro seu pai tem em mãos. Com quem ela teria falado? A longa e miserável cena entre pai e filha, entre chantagens emocionais (do pai!) e pedidos instantes, termina com Simon tentando subornar Dilly. Ele lhe dá menos dinheiro do que poderia e diz que é para ela ir comprar um doce em vez de levar para as irmãs.

Doze. Essa seção é singular. Depois de conhecermos, por dentro, nossos personagens mais centrais, acompanhamos aqui em algum detalhe o fluxo de consciência de um personagem menor, Tom Kernan, numa espécie de contraponto a Bloom. Kernan, afinal, conhece Bloom, e é com ele que Poldy pensa conseguir um pouco de chá desde cedo.

Com Kernan, visitamos mais uma vez a tragédia, real, do navio *General Slocum* enquanto, em outro ponto (perto do Ormond), Simon Dedalus cumprimenta Cowley, um padre que abandonou sua vocação, mas aparentemente não a ponto de ser desligado da Igreja. Mais uma pista falsa está naquele gerente de banco, John Mulligan, que tem quase o mesmo nome de nosso amigo Malachi Roland St. John Mulligan.

Em meio a isso tudo, o **panfleto** de Bloom navega pelos mesmos pontos por onde andava Poldy no oitavo episódio.

As divagações de Kernan a respeito da morte de Robert Emmet nos levam tanto ao "Ciclope", no qual seu enforcamento será reencenado, quanto a "Hades", em que se falou de seu enterro secreto.

Um misterioso **docar** sem cocheiro chama a atenção de Kernan, enquanto **Breen** leva a pobre Josie para o escritório de Collis e Ward e Kernan se entrega a duas de suas expressões favoritas: "arranjo retrospectivo" e "tocante". A segunda das grandes linhas que unem o episódio agora se apresenta, com a cavalgada de sua excelência o vice-rei passando por Kernan, devidamente precedida por seus batedores que saltitam nas selas, enquanto a frase saltita também, de vírgula em vírgula, num trecho de prosa merecidamente famoso entre os leitores do *Ulysses*. Não é sempre que vemos a sintaxe dar pulinhos na descrição de uma cavalgada.

Treze. Stephen olha pela vitrine o trabalho de um lapidário, que imediatamente se transforma, em sua imaginação, numa espécie de Gollum. Essa mesma imaginação parece lhe devolver as imagens daquele sonho, onde uma mulher dançava imoralmente. Enquanto isso as duas **mulheres**, aparentemente as mesmas que ele viu na praia, andam por perto.

Stephen caminha, e ao passar pela relojoaria de William Walsh, ouve os comentários dos passantes. Ele vê o cartaz que anuncia uma luta de boxe ocorrida 44 anos antes.

Na banca de livros (ele quase encontra Bloom!), ele pensa num dos seus prêmios ("A Stephen Dedalus, o melhor aluno, que leva o prêmio"). A lembrança dos tempos de escola antecede imediatamente a âncora em que **Conmee** ressurge. Ao menos no caso dos personagens principais, um considerável nível simbólico se acrescenta à seleção dessas âncoras.

Dedalus então encontra um encantamento para atrair o amor, aparentemente inventado por Joyce, e enquanto o contempla, é abordado por sua irmã. Depois de tentar esconder o livro (como Bloom fará diante dele tarde da noite, tentando ocultar *As doçuras do pecado*), parte para o ataque: "O que você está fazendo?". A pergunta não deixa de carregar outro fel, afinal, o que faria uma *menina* numa loja de livros?

Até o carinho que Dedalus sente pela irmã, sintetizado na memória de vê-la cuidando do fogo (desde *Um retrato...* a imagem de alguém cuidando do fogo para ele lhe desperta sentimentos de acolhimento), é de certa forma egoísta. É *ela* cuidando *dele*.

Afinal se esclarece que ela, em primeiro lugar, aceitou tacitamente o suborno do pai, e ao invés de levar o dinheiro para casa, comprou mais um livro! E que livro? Uma gramática de francês, que ela timidamente pede que o irmão mais velho chancele. Dilly quer fugir. Quer seguir seus passos.

Trata-se de um momento-chave para Dedalus. Ele olha nos olhos da irmã, que dizem ser iguais aos seus, e pesa suas alternativas. Dar-lhe as costas e se salvar, ou tentar resgatá-la daquele mundo e talvez, como no caso do afogamento em que pensou à beira-mar, afundar com ela.

Sabemos qual vai ser sua escolha; a essa altura já conhecemos Stephen o suficiente e, como se isso não bastasse, conhecemos a vida posterior de Joyce. Mas não veremos como ele vai lidar imediatamente com ela. Depois daquelas últimas palavras ("Desgraça! Desgraça!"), só voltaremos a ver Dedalus perto das dez horas da noite, bêbado e amedrontado... Nós o abandonamos aqui, no que será talvez o ponto mais negro do seu dia, e não será à toa que o veremos tão torturado quando o reencontrarmos.

Já Dilly só reaparece no livro como alucinação ou lembrança...

Catorze. Revemos o cumprimento de Dedalus e **Cowley**, que ao mexer nos bigodes denota não ter muito de *padre*, de fato. Um membro do clero não poderia ter bigodes. Cowley, como O'Molloy, Simon e muitos outros, está fugindo de dívidas, e o agiota (*gombeen*) a quem deve dinheiro é Reuben Dodd, que conhecemos no episódio 6. Dollard se aproxima deles (rumarão todos para o Ormond), enquanto Cashel **Farrell** segue em suas andanças e o reverendo **Love** caminha por uma Dublin antiga, citada até por seu nome gaélico original, *Baile Átha Cliath*, a cidade do vau das barreiras.

Os imbróglios financeiros dos três que acompanhamos seriam risíveis se não fossem trágicos. E agora Dollard tenta provar a Cowley que, por estar duplamente endividado, pode estar livre de Dodd.

Quinze. Cunningham (era dele o **docar** vazio? Kernan estava a cerca de duas quadras daqui quando viu o carro, que agora tem um cocheiro...) aparentemente está desde cedo cuidando da sorte da família Dignam.

Como que a preparar o trecho final do episódio, pela primeira vez vemos as senhoritas **Douce e Kennedy**, loura e ruiva, ouro e bronze, que nos receberão no próximo episódio.

Os comentários algo maldosos de Nolan a respeito de Bloom, que parece ter feito a contribuição mais generosa para a vaquinha de auxílio aos Dignam, encontram um eco inesperadamente desagradável em Cunningham. Ou não? Pois a referência a *O mercador de Veneza*, uma peça de conhecida temática antissemita, afinal serve para reafirmar, como no famoso discurso de Shylock no tribunal, o quanto o "judeu" é menos um tipo que um ser humano, como todos.

Boylan, enquanto isso, anda atrás de Bob Doran (o cunhado de Mooney, como vimos em "Casa de pensão") e eles passam novamente pelo carro vazio.

Fica então progressivamente claro que o motivo da visita que eles fazem ao subxerife Fanning é, mais uma vez, os assuntos dos Dignam. Sua conversa, no entanto, é interrompida pelo estrépito dos cascos da **cavalgada**, cujos batedores continuam saltitando e, com isso, fazendo o texto como que gaguejar.

Dezesseis. Haines e Mulligan na confeitaria, onde também está o irmão de **Parnell**, que já foi tema das meditações de Bloom no oitavo episódio e continua com seu simbólico xadrez. O **marujo perneta** já passou da casa dos Bloom.

A conversa dos dois é sobre Dedalus, que aparentemente declinou do convite, se convite houve, de se juntar a eles ali depois da cena na biblioteca. Ao comentar a obsessão de Stephen pelo inferno (alimentada pelo tipo de sermão que vimos representado, por exemplo, em *Um retrato*...), Haines lembra que Julius Pokorny de fato sugeria que os mitos irlandeses não continham tal noção.

Antes de fecharmos a seção com um vislumbre das errâncias do **panfleto** de Bloom, agora flutuando ao pé da escuna de três mastros que vimos entrar na baía de Dublin no final de "Proteu", e que já havia feito uma aparição no conto "Um encontro", trazendo à terra um marujo que ainda encontraremos, Mulligan solta a pérola, em 1904, segundo a qual devemos esperar que em 1914, ano da publicação de *Dublinenses*, Dedalus/Joyce escreva algo de valor.

Dezessete. Outra seção que nos encaminha para o fim. Aqui, como um músico, Joyce retoma alguns dos temas semeados durante a peça: **Artifoni**, o **rapazote cego** (que pronuncia uma frase *delicadíssima*, que vai virar seu *tema*) e **Farrell**, que recebe os impropérios do rapazote e, logo antes de passar pela clínica de um dentista de nome Bloom (pista falsa, trata-se do real Marcus Bloom, sem parentesco com Poldy), solta, em latim, a frase "forçado, quis".

Dezoito. Mais um personagem menor recebe a dádiva de um acompanhamento próximo do narrador. Menor, de fato. Pois agora ouviremos o filho de Dignam que, como Dedalus, examina um cartaz que anuncia uma luta de boxe, também, infelizmente, já acontecida.

O senhorzinho Dignam, nessa quase *coda* do episódio, vira o centro fixo de várias referências: o cartaz de **Marie Kendall**; a lembrança da imagem nos maços de cigarros Sereia, que voltará no episódio seguinte; seu colarinho, que insiste em saltar; a flor vermelha na boca de Boylan, que conversa com Doran; a promessa do tio de que a notícia da morte de Dignam estará no jornal (como veremos à noite)...

Mas acima de tudo é através do jovem Dignam que cai sobre o livro o peso da morte de seu pai, e da morte, ponto: ponto final. É através das tentativas do menino de entender o que significará a ausência do pai, aquele alcoólatra problemático, que o leitor, quase atordoado já pela obsessão de Dedalus pela morte da mãe, enxerga de novo a onipresença do tema.

Mais referências cruzadas? Ainda veremos, numa espécie de sessão espírita, o espírito de Dignam se referir àquelas botas perdidas.

Mais pistas falsas? O padre Conroy com quem Dignam se confessou não é o irmão de Gabriel Conroy, de "Os mortos", padre, sim, mas no interior da Irlanda.

Dezenove. Finalmente ficamos sabendo, em detalhes, quem estava nas carruagens precedidas pelos batedores. E ao acompanharmos o trajeto do vice-rei da Irlanda, passamos em revista quase todas as âncoras que nos faltavam. E o leitor, quase como um bônus, pode se divertir com as diferentes reações de cada pessoa à passagem da comitiva.

Goulding é tomado de surpresa; a **mulher de idade** sorri crédula; o rio **Poddle** mostra a língua (!); as senhoritas **Douce e Kennedy** admiram (é assim que as encontraremos no próximo episódio); **Simon Dedalus** presta uma reverência, que é retribuída; ao contrário da do reverendo **Love**, que continua vivendo num mundo antigo; **Lenehan e M'Coy** apenas observam; **Gerty**, fascinada pelas figuras elegantes, não consegue ver porque uma carroça para na sua frente (exatamente como aconteceu com Bloom de manhã, quando queria ver as meias da dama elegante: e Bloom, logo, verá bem mais que as meias de Gerty); **John Wyse Nolan** sorri com frieza; **Tom Rochford** se julga alvo da atenção da lady; o cartaz de **Marie Kendall** sorri apenas para os homens da comitiva (só eles olharam para ela...); **Mulligan e Haines**, irlandês e inglês, olham sérios para o símbolo do poder colonial, que o irmão de **Parnell** solenemente ignora; **Dilly**, míope como o irmão, mal vê as rodas; **Menton**, bêbado, olha atordoado; **Josie Breen** salva o marido de ser atropelado pelos cavalos e **Denis Breen**, recomposto, consegue saudar apenas a segunda carruagem; surpreso com essa distinção, o ajudante de campo agradece satisfeito o cumprimento; os **homens-sanduíche** apenas estacam; **Maginni** passa despercebido; **Boylan** se pavoneia diante das senhoras da comitiva, enquanto ouve a **banda escocesa** tocar uma canção popular; os **ciclistas**, enquanto isso, saem atrás do pelotão que largou com vantagem; **Farrell** olha com fúria; Hornblower, porteiro da universidade, toca o quepe; o colarinho do menino **Dignam** salta em involuntária saudação a alguém que ele nem sabe quem é; o **rapazote cego** apenas passa; também passa inalterado o homem da capa **mackintosh** que come pão seco (e será ele o Y?); outro cartaz, do falso negro **Eugene Stratton**, sorri amarelo; as **duas mulheres** que Dedalus viu na praia se detêm pasmadas e, finalmente, numa bela imagem final, as calças largas de **Artifoni** são engolidas por uma porta que se fecha.

11. Sereias

Os "Rochedos errantes" inauguraram essa segunda metade do *Ulysses* (estamos no meio da tarde, no meio do dia também) com ares mais inventivos. As "Sereias", que agora aparecem, levarão tudo ainda um tanto mais longe.

Em Homero, Odisseu resolve que quer ouvir o canto mítico das sereias e pede que seus homens tapem os próprios ouvidos com cera e o amarrem ao mastro, não o retirando dali por mais que ele peça. Bloom, aqui, vai se ver cercado de música e de tentações mas, ardiloso, vai ficar fora do centro dos acontecimentos.

Do tema central das sereias mitológicas Joyce tirou várias ramificações. Temos as duas mulheres tentadoras imóveis atrás de um balcão (um recife?) decorado com conchas, temos um cartaz do cigarro Sereia, temos a onipresença da música (muito se canta e se toca aqui), os trocadilhos com termos musicais (*cantar* mulheres, não ter *dó*) e uma verdadeira obsessão por efeitos formais e sonoros. Mas a mais radical das aproximações com a música está na forma geral do episódio, que segundo Joyce seria a de uma fuga *per canonem*.

O cânon é a forma mais rigorosa do contraponto musical. Trata-se de um tipo de *fuga*, ou seja, de música em que uma melodia é apresentada, sem acompanhamento, para que depois outras vozes, uma de cada vez, se somem cantando a mesma melodia, com um certo atraso, gerando todo tipo de sobreposição. No cânon propriamente dito, as regras são ainda mais estritas, com as outras vozes cantando a mesma melodia de trás para frente, ou de cabeça para baixo, espichada, espremida, ou tudo isso ao mesmo tempo.

Aqui, o que temos é a simulação da entrada de uma primeira voz da fuga (aquelas primeiras páginas de trechos aparentemente desconexos) e, depois, da entrada das demais vozes, que repetem o primeiro tema. É por isso que cada um desses fragmentos da *abertura* (em geral selecionados por seu efeito sonoro) vai reaparecer ao longo do episódio, e todos hão de ressurgir exatamente na mesma ordem, em mais uma tentativa, depois dos "Rochedos", de fazer a literatura encarar o problema da sincronicidade, de fazer duas vozes soarem ao mesmo tempo; um problema que terá sua abordagem mais radical apenas no *Finnegans Wake*.

Mas, ao texto.

O primeiro dos fragmentos, como que a nos preparar gradualmente para o choque que há de vir, é familiar. Já sabemos do episódio anterior que bronze e ouro são duas funcionárias do Ormond Hotel, que assistem à passagem da cavalgada. Assim, exatamente como na transição entre "Lestrigões" e "Cila", vemos que este episódio 11 se sobrepõe ao anterior. A brincadeira sonora ("cascosferros", "açonantes") que se segue, no entanto, é novidade. E quando topamos com o fragmento seguinte, "imperthnthn thnthnthn", só nos resta esperar que algo, mais tarde, faça sentido.

E a sequência de frases nonsense (mas muito sonoras) segue inabalada até o momento em que uma voz quase metaliterária (um diretor? Um regente?) brada: "Comece!".

E o que aparece depois disso é, de novo, o conhecido "bronze junto a ouro", como que a mostrar ao leitor o que está para acontecer. Agora é esperar que os demais fragmentos surjam na página e se expliquem.

E já a primeira página do texto *corrido* vai nos mostrar o tipo de *ludismo* textual que devemos esperar. É ficar atento ao belo parágrafo ("A senhorita Douce saltou...") que reproduz em sua repetitividade o gesto circular de Lydia, ou à brusca intromissão ("Um homem") com que se introduz Bloom no texto, ainda que ele não esteja ali com elas no bar.

Logo adiante, entre dois parágrafos todos referentes à cena interna, temos uma única palavra, "Bloom", como que nos lembrando que ele continua presente como tema. Ainda mais à frente, o texto parece ficar indignado com sua ausência, perguntando "mas e o Bloom?".

Nosso primeiro mergulho no fluxo de consciência de Bloom neste episódio ("Bloomcujo olhescuro...") nos revela que ele continua em meio a pensamentos que seguem ao sabor do que vai vendo pela rua, mas também que o maldito motorneiro que lhe tapou a visão das pernas da desconhecida não foi perdoado! E ele continua intrigado com o filho de Dedalus, com quem já cruzou três vezes no dia de hoje: quando o viu da carruagem rumo ao cemitério, na saída do jornal e agora na biblioteca. E ficamos sabendo também que a presença de Mulligan impediu sua verificação do ânus das deusas.

Se isso ainda não estivesse claro, um novo exemplo do fluxo de consciência de Bloom ("Por perto dos escritórios...") demonstra claramente que mesmo seu pensamento, aqui, aparece mais truncado, mais *elaborado* sonoramente.

Outro tema *sonoro* que aparece entre parágrafos é a breve palavra "tine", que anuncia (com suas reduplicações e intensificações) a aproximação do tininte e gingante coche que traz Boylan para seu encontro com Lenehan. Da mesma maneira, mais à frente, as sucessivas aparições da onomatopeia "tap" reproduzirão a tateante bengala do afinador cego que volta para buscar o diapasão que esqueceu sobre o piano.

Lenehan, claro, chega antes de Boylan. E aproveita o tempo livre para atazanar as moças, sobretudo Mina (Kennedy, Bronze), que aparentemente não sabe ler mas ostenta um jornal como prova de que não presta atenção nele.

Ao se dirigir a Simon Dedalus com (inventados) cumprimentos de Stephen, ele recebe a fria simulação de que o pai não sabe de quem ele fala. O que na verdade se harmoniza muito bem com as gélidas relações entre os dois e com a atitude de Simon quando Bloom lhe apontou o filho na rua.

Ao informar que viu Stephen e se apressar a registrar que o menino tinha recebido seu salário, o parasita Lenehan nem tenta disfarçar seus interesses.

O primeiro comentário de Lydia (Douce, Ouro) sobre o afinador, cego (ela nunca ouviu pianista tão "invulgar"... desde as primeiras páginas ela demonstra que está apaixonada por esse adjetivo), nos mostra que é ele o rapazote cego que já encontramos. A maldição rogada por ele contra Farrell nos é oferecida como contraste à imagem delicada que a senhorita Douce nos apresenta.

Não posso ter a menor esperança de comentar, caso a caso, as invenções formais das "Sereias". Mas dois trechos ilustram duas características centrais desses processos.

Uma, a autoconsciência textual (em que o livro parece se saber livro, e se saber lido), transparece muito bem quando alguém (Lenehan?) ergue a tampa de algo que o livro, a voz do narrador, demora a entender que era um piano. O texto quase parece, como o leitor, estar surpreso com a revelação.

Outra, a ludicidade verbal, aparece plenamente no trecho que diz "duas folhas papel creme pergaminho uma de lambuja quando eu estava na Wisdom Hely's sábio Bloom na Daly's comprou Henry Flower". Pouquíssimas e indiretas palavras que nos mostram o que Bloom comprou, como se deu a negociação, para que fim ele quer as folhas (escrever para Martha com seu pseudônimo) e o que lhe passou pela cabeça na loja (que ele também já trabalhou numa papelaria). Mas foi-se o tempo em que tudo isso seria exposto cuidadosamente...

A cabeça de Bloom vai tão longe e se embrulha tanto ao ver de novo a figura de Boylan, que quase esquece de pagar a compra e a vendedora, sem graça, o aborda.

Bloom decide sair apressado para tentar seguir Boylan, e se despede telegraficamente da vendedora. Ele dizer "astardes" como cumprimento pode ser normal. Mais interessante é o narrador descrever seu comportamento assim: "Bloo sorr ráp ir". Pois, se Bloom tem pressa, o livro tem que correr.

Logo em seguida ouvimos o coche de Boylan parar à frente do Ormond e, enquanto Lenehan provoca a garçonete sobre as notícias do jornal, ouvimos seus sapatos que adentram o bar. As impressões auditivas sempre são as primeiras nas "Sereias".

Bloom, enquanto isso, ainda evitando ser visto por Boylan, mas curioso para ver o que ele está fazendo ali, quase na hora do encontro marcado, vê a figura de Richie Goulding e localiza nele uma oportunidade de entrar, como quem não quer nada, e matar dois coelhos: almoçar e observar.

Lá dentro, Lenehan continua torturando Mina com seus pedidos para ela estalar a liga contra a coxa (*Sonnez la cloche!*, ou seja, "Batam o sino!"), e até Boylan, o conquistador barato, fica chocado com sua infantilidade. Outro tema sonoro que aparece é o "tique-taque" da passagem do tempo, que angustia, de maneiras diferentes, tanto Boylan quanto Bloom. A palhaçada de Lenehan prossegue enquanto Boylan exerce seu fascínio sobre as moças e soam canções, o tempo todo. Quase todos os trechos em itálico são versos de diferentes canções.

Boylan declara que precisa ir e Lenehan sai correndo atrás dele (ele ainda não tratou de seus *negócios*), cumprimentando de passagem as figuras de Dollard e Cowley, que entram. E Cowley ainda não parou de se lamentar com Dollard.

Enquanto Bloom tenta escolher rapidamente o que vai pedir, para não fazer o pobre Pat andar duas vezes até a mesa (eles estão no salão de jantar, um ambiente diferente do bar, onde estão os outros), ainda sem se decidir se a cor preta reflete, refrata ou conduz o calor (está pensando nisso desde cedo), aplausos que não ouvimos levam Simon Dedalus a agradecer com falsa modéstia. Ficamos sabendo que era ele quem cantava ao fundo.

O "tine" agora anuncia que Boylan se afasta. E sabemos para onde vai. Portanto, sabemos por que tinha pressa. Mas a pobre Lydia não sabe, e fica pensando se terá sido sua complacência para com Lenehan o motivo da fuga do conquistador.

A memória de um episódio da carreira de Dollard (que envolverá os Bloom, pois era Molly quem tocava piano no Coffee Palace) leva todos ao riso. E o parágrafo correspondente, claro, engasga e perde fôlego entre as gargalhadas ("Ele não tinha rou. Riu todo o trio. Não tinha roupa de ver Deus."). E, mais adiante, "ele salvou a situa. Calça jus. Ideia mar".

E, enquanto isso, descobrimos que Bloom, o quase-judeu, vai quebrar duas regras dietéticas de seu povo, comendo aquele fígado com bacon em que já tinha pensado. Pois, *como dito anteriormente*, ele gosta de vísceras. A novidade, aqui, mais uma vez, é que aquele *como dito anteriormente* vem do próprio livro!

Enquanto isso, no salão do bar, agora é Dollard quem está sendo persuadido a cantar. E Bloom, que empapa o purê de batatas no caldo do fígado, como fizera com o pão no molho do rim matinal, lembra a situação do empréstimo das roupas.

Quando ficamos sabendo que Cowley aparentemente tem ouvido absoluto ("sabe qualquer nota que você toca") a sensação de musicalidade transbordante (Simon Dedalus canta e se acompanha ao piano, Dollard canta, Cowley cantarola e se oferece para transpor a tonalidade da ária que Simon cantará, coisa que está longe de ser simples assim para a imensa maioria dos pianistas amadores...) quase nos faz esquecer que, ao reconhecer o toque de Cowley, o próprio Bloom demonstra ter um bom ouvido.

As lembranças do passado deixam Bloom em um humor melancólico ("Eu. Ele. Velho. Novo."), enquanto Cowley tenta convencer Dedalus a cantar a bela ária *M'Appari*, daquela ópera chamada, lógico, *Martha*.

Bloom, enquanto isso, tem dificuldade para prestar atenção na conversa de Goulding, e reflete sobre os hábitos e costumes do companheiro.

A próxima ária do programa, uma versão de *Tutto è sciolto*, de Bellini (e também título de um poema de Joyce), leva Bloom a concordar que é tarde demais para impedir Molly e Boylan. E a frase que ele solta depois que Goulding lhe informa o nome da peça, e depois de ter ficado provavelmente calado enquanto refletia sobre tudo aquilo, é, discretamente, uma das mais dolorosas do romance: "Uma bela ária... conheço bem. Tudo está perdido".

Outra confirmação do ouvido fino de Bloom é ser ele quem percebe que o piano deve ter sido afinado. E depois de Richie reconhecer a voz do cunhado, os dois se deixam enlevar pela música e Bloom, delicadamente, pede para Pat abrir um pouco a porta que separa os dois salões.

O pensamento de Bloom, enquanto Simon canta, dispara em altíssima velocidade, misturando ideias referentes a todo o dia, normalmente citadas em frases brevíssimas, quase lampejos. Sua empolgação atinge níveis inéditos, devidamente acompanhados pela prosa, que também se deixa levar e encantar, no parágrafo que se inicia "Bloom. Influxo de cálido segredo...".

E mesmo quando o narrador, no parágrafo que se segue a este, não está acompanhando diretamente os pensamentos de Bloom, a prosa não pode mais ser a mesma da primeira metade do dia. Tudo foi tocado pela música.

É aqui que Bloom se dá conta da coincidência de a ópera se chamar *Martha*, o nome, ou pseudônimo, de sua amante epistolar.

Mas a música continua operando seus encantos, e o parágrafo que começa com "A voz de Lionel" (o personagem da ópera) revela a que ponto estão todos ali fundidos em uma só consciência, misturando as identidades.

Enquanto Bloom, inebriado, se deixa como sempre levar a seu passado com Molly, vale pensarmos na verossimilhança da representação desses pensamentos. Os versos que aparecem em itálico entre os parágrafos não correspondem à canção inteira. Vemos pedaços de versos, na verdade. Mas o fato é que entre "cada olhar gracioso" e "enfeitiçou meu olho", assim como entre este trecho e o seguinte, há pouco mais de dois segundos de música na gravação que ouço agora (facílima de encontrar na internet pelo título inglês "When first I saw that form endearing"). É um momento bom para lembrar, num escritor tão obcecado pela coerência da cronologia do seu relato (acabamos de sair dos "Rochedos", ora...), que o fluxo de consciência não deve ser lido como um texto que transcorreu tranquilo pela mente do personagem, mas como a tentativa de pôr em palavras o jorro de ideias que o acometeu, às vezes, em dois segundos.

Bloom, enquanto isso, retorce entre os dedos (Odisseu atado ao mastro) o elástico da papelaria, que ainda vai estourar...

E enquanto a ária chega ao ápice (um Si bemol "de peito", como o texto registra), essa nota gera o mais lírico dos parágrafos até aqui ("Pairou, uma ave...") e a identificação final que cria o nome *Siopold*. E que outro romance faz o anotador contar segundos entre versos de uma canção e correr até o piano para confirmar uma nota da melodia?

O texto anota então um "consumado" e prossegue nos lembrando que Boylan, nesse momento, está quase chegando. A estátua de Theobald Mathew, por exemplo, na rua que então se chamava Sackville e hoje se chama O'Connell, fica a cerca de um quilômetro da casa dos Bloom. Ao passar da Rotunda, no final do parágrafo, essa distância já se aproxima dos seiscentos metros.

Encerrada a música, a alegria e a conversa se restabelecem. Menos para Bloom. Mais sensível, e num momento talvez mais delicado, ele é o único que se vê reduzido a "canção sem som".

A disparidade entre o falatório de Goulding, por exemplo, e o silêncio de Bloom aparece bem ilustrada na sequência de parágrafos ("Goulding, um rubor..." e "Ele, o senhor Bloom...") que contrapõe as atitudes de cada um e, simultaneamente, ilustra a técnica musical da *variação*.

A desilusão de Bloom, a perda do amor, se transforma em pensamentos sobre a morte e o rato que viu entrar num túmulo de manhã. O máximo da resignação: "na hora eu sofro". E o elástico se rompe. Odisseu não está mais protegido das sereias.

E Boylan entra na Dorset Street, o que o deixa a quatro quadras do número 7 da Eccles Street.

E Bloom, amante epistolar, decide responder, descaradamente, a carta de Martha ali, sentado à mesa com Goulding. Seu novo estado de espírito, depois de singrar por entre os encantos da música, o leva inclusive a desfazer da harmonia. É tudo, afinal, mera matemática.

As contas de Poldy talvez mereçam explicação, pois a "matemática" musical tem lá suas singularidades. Dois vezes dois divididos por meio, afinal, dá oito num mundo que não seja o de *Alice no país das maravilhas*. E a *oitava*, em música, é o intervalo que leva, por exemplo, de um dó a outro. Ou seja, oito é igual a duas vezes a mesma coisa. Um mais dois mais seis somam nove, claro, e não sete. Mas nove semitons separam um dó de um lá, o sétimo grau (diminuto, é verdade) da escala de dó.

Esse lado prático, concreto, da música leva Bloom a pensar na canção das flores (*Blumenlied*) que comprou apenas por causa do nome e no fato de que Milly (a moça loura filha de pais de cabelos escuros) também não herdou dos dois o gosto pela música.

O mesmo Bloom que fingiu não ter encontrado alguém para não entrar num restaurante que lhe dava nojo agora encena estar encontrando alguma coisa na seção de classificados do jornal, para justificar a carta que irá escrever. O nome de Dignam, contudo, chama sua atenção, e com ele vêm os sinos que ouvimos de manhã.

Há quem veja importância no fato de o sobrenome Callan, que reencontraremos ainda à noite numa mulher por quem aparentemente Bloom teve lá seu afeto, surgir aqui como que à toa, exatamente quando ele escreve para a amante. Seria essa uma pista para a identidade de Martha? Voltaremos a isso.

Ele desfralda o jornal, como quem copia algo, para toldar a visão de Goulding, e, enquanto simula escrever uma carta comercial, se dedica a simular a caligrafia de Henry Flower, que tem como marca usar o que se chamava de *e grego*, ou seja, uma versão do *épsilon*, mais ou menos como o nosso "E" maiúsculo cursivo.

E enquanto ele simula refletir sobre o texto, na verdade começa a fazer pequenas contas dos gastos do dia para determinar o valor do "presentinho" que enviará a Martha. Na verdade, Boylan, a conversa no bar, Molly, tudo passa pela cabeça de um Bloom que escreve em silêncio, enquanto seu rival, com quem compartilha alfaiate e chapeleiro, está dobrando a esquina da Eccles Street, a talvez cem metros da porta de Molly.

É verdade que Bloom se deixa levar pela empolgação com tons sadomasoquistas do final da carta, quase cantarolando feliz enquanto decide escrever um p.s. triste, que ele acredita ter um bom efeito retórico. Mas é curioso vermos o quanto o texto trai seu verdadeiro estado de espírito. Ele de fato está, ao menos naquele momento, tão só, tão triste...

Ou seja, Bloom finge responder a um anúncio para poder escrever uma carta em que finge ser Henry Flower, que finge estar triste para ganhar a atenção da musa. Bloom, triste, finge estar alegre fingindo estar triste. E, em mais uma invenção, ele murmura o nome de uma firma fictícia, formada dos sobrenomes que leu nos anúncios do jornal.

Um dos momentos mais violentos daquela autoconsciência do livro surge quando, ao vermos Bloom pensar em Shakespeare, de repente somos brindados com todo um parágrafo ("Em um rosário...") que na verdade sai dos pensamentos de Stephen na biblioteca, horas antes. Quem *lembra* disso não é Bloom, claro, mas a consciência do livro.

O parágrafo seguinte, no entanto, todo de Bloom, começa com uma conexão verbal que o amarra ao anterior! E, encerrada essa questão da carta, Bloom começa a pensar adiante. Quem ele prometeu encontrar no Barney Kiernan nós veremos no próximo episódio. E a "casa enlutada" em questão é a da família Dignam, que eles visitarão.

Bloom pode agora de novo se dedicar a ouvir as conversas no bar e exercitar seu bom e velho espírito científico ao lembrar que o que ouvimos quando colocamos a orelha contra uma concha é apenas o barulho do nosso sangue.

A música que toca agora é mais dançante, e Bloom parece tentar contar os tempos e os compassos, até reconhecer que se trata do minueto do *Don Giovanni*, ópera que assombra todo o livro, tanto pela temática (o sedutor castigado) quanto pela música. Na cena em que se toca o minueto, o conquistador dança com Zerlina, enquanto tenta seduzi-la.

O fato de que Don Giovanni chamou todos os camponeses para seu palácio apenas com o intento de atrair Zerlina leva Bloom a pensar em contrastes sociais, num quadro que quase evoca um outro famoso baile de máscaras, o da "Máscara da Morte vermelha" de Edgar Allan Poe.

Os pensamentos de Bloom voltam a correr (ele sabe que horas são, e sabe o que isso representa) e se sexualizam enquanto os sapatos de Boylan tocam a calçada defronte à sua casa. A fusão de música e corporalidade atinge seu ápice no trocadilho que supõe que o ruído de uma mulher urinando é uma récita *privada*, de *música de câmara*, trocadilho que ressurgirá no monólogo de Molly.

Boylan, menos intricado, estapeia a porta dos Bloom e é equiparado a uma ave tonitruante e, também, ao escritor erótico Paul de Kock.

Enquanto Bloom vai se decidindo a sair ("eu vou"), os homens no bar sugerem novas árias e acabam pedindo que Dollard (o mais profissional dentre eles) deveria cantar "O menino camponês", uma melancólica canção sobre um participante da Rebelião de 1798, que se vê traído ao confessar seus pecados a um soldado inglês disfarçado de padre. O destino de Robert Emmet, um dos rebeldes e figura temática constante no *Ulysses*, teria sido parecido com o do menino da canção, ao menos segundo versões populares de sua captura.

A armadura de clave, diga-se de passagem, está correta: seis sustenidos correspondem ao tom de Fá sustenido maior. As pessoas aqui sabem do que estão falando no que se refere a música. Mas não necessariamente têm a mesma segurança em questões políticas ou religiosas. A opinião de Bloom sobre o que os padres fazem com seus fiéis ("arruínam com eles") é bem mais crítica.

Acompanhamos de maneira mais fria, mais distante, o desenrolar da canção, que não causa em Bloom o enlevo da ária de Flotow. Nada de versos em itálico entre os parágrafos, sugerindo o transcorrer da melodia. Prestamos atenção apenas na letra e no que ela nos revela.

É da letra da canção que vem o latim "em nome de Deus e por minha culpa", que introduz a cena da confissão do menino e faz Bloom lembrar dos ritos fúnebres no cemitério. E do padre, cujo nome ainda lhe escapa. E do rato, claro.

Enquanto o camponês confessa que blasfemou três vezes, o texto relembra a explosão do rapazote cego no episódio anterior. Aliás, ele está chegando de volta. Sua bengala não para de soar.

Bloom vê Mina se ajeitando no espelho, e pensa que Molly sempre se ajeita um pouquinho antes de abrir a porta. E sabemos (como sublinha aquele "carcaracok") que ela acabou de abrir a porta de casa.

E mais uma vez, a tristeza causada pela infidelidade de Molly leva Bloom a pensar no passado e, paradoxalmente, a encontrar na vida com Molly seu consolo. "Com a breca!" Ela é dor e alento, durante todo esse dia.

Mas há outras tristezas. Bloom está perdendo a filha para um jovem estudante? E será culpa dele não ter tido um filho homem depois de Rudy? E será tarde demais? Lembre, Molly completará 34 anos no dia da Natividade de Nossa Senhora, 8 de setembro (o leitor do *Ulysses* ainda não sabe exatamente). Tarde para outro filho? Não seria esse o problema. O que o futuro reserva para os Bloom, afinal, é uma das grandes questões do *Ulysses*, que até já levou um escritor, Peter Costello, a escrever o romance do resto da vida de Bloom. Voltaremos a essa questão de madrugada.

Acima de tudo, o que fica, neste momento, e o que melhor resume Bloom e sua atitude diante de todas essas possíveis dores é a frase "Ele não guardava ódio".

À medida que cresce a tensão musical, crescem também o enigma dos sons "tap" que se repetem e a angústia de Bloom por causa de Molly e da senhora Purefoy. E desligada do mundo, enlevada pela música, Lydia Douce praticamente masturba a alavanca fálica da bomba de chope.

Coitus interruptus? Bloom decide sair antes do final da canção. Não sem antes verificar de novo se não deixou, por algum acaso, a carta junto com o jornal que não pretende levar. Imagine só se Lydia fosse Martha? (E ela sabe escrever? Pensamos nós.)

A despedida de Bloom se dá num parágrafo particularmente denso. Primeiro, tanto ele quanto o narrador engolem, na pressa, suas palavras, e quase todas as vogais. Há quem veja nessas sequências de letras saltadas uma referência a acordes ocos, sem as terças. Curiosamente, Dedalus vai tocar esse tipo de acordes ainda na noite de hoje. Será?

Logo depois o sabonete faz sua já esperada aparição, e Bloom lembra que tem que passar no farmacêutico para pegar a loção que encomendou (e, não esqueçamos, pagar pelo sabonete). Uma olhadinha dentro do chapéu ("alta qualidade" é o que diz a etiqueta do "chap") para conferir se o cartão da caixa postal não caiu. E vamos embora.

Já quase na rua, Bloom ouve os aplausos e a celebração, e Kernan, claro, com seu adjetivo "pungente". Já os dois clientes do bar que não pertencem ao grupinho fechado dos amigos e foram apenas descritos como os homens com grandes canecos murmuram que o cantor seria o conhecido Dollard.

E estamos, como em tantos outros momentos, na rua com Bloom. Tão só. E ele mais uma vez pensa que se arrepende de ter marcado o encontro com Cunningham e, como vários dos homens no bar, não consegue se livrar da imagem da mão que acariciava a alavanca.

Não podemos esquecer que, mesmo livre dos encantos das sereias, Odisseu ouviu seu canto. E o parágrafo que começa com "Cais acima" mostra perfeitamente o quanto Bloom está mudado. A música o mudou? Sim. Mas é bom lembrar ("doçuras do pecado") que neste exato momento está acontecendo algo em sua casa ("para Raoul!") que impedirá que sua vida se mantenha igual.

Mas é a música que agora retorna à cabeça de Bloom. E da musicalidade do piano de Cowley ele passa ao órgão tocado pelo velho Glynn. E a imagem do instrumento que gera música a partir de ar soprado através de tubos de espessuras várias, aliada à informação anterior, de que o gás da sidra estava incomodando Bloom, é que nos faz entender melhor o que seria o "ventinho diminuto" (*pfuí*), que sopra no "diminutinho" de Bloom.

Num arremedo de pudor, o livro então se afasta de Bloom e volta a Dedalus, que fica surpreso ao saber que o outro estava ali até agora há pouco. Mas a cena no Ormond é agora interrompida (*Rrrrr.*) pela voz de Bloom que pensa que parece que deve...

Bloom, a última sardinha abandonada, Bloom só. Bloom com gases.

O incômodo intestinal faz Bloom desejar ter à mão o Milagreiro, produto que lhe foi anunciado pelo correio (em carta endereçada a uma "cara madame"... como veremos. O que Bloom anda aprontando no mundo do correio?). Aparentemente trata-se de um objeto a ser inserido no ânus durante a noite!

A consciência do livro continua seletiva. Ficamos acompanhando entre parênteses a informação de que as descrições do ambiente não se referem ao que o cego percebe, por ser cego, mas não veremos jamais o uso incorreto de *da capo* (do começo, entre os músicos) por parte de Bloom ser corrigido ou comentado.

E no que Bloom, como nós, fica se perguntando quem seria o homem da capa mackintosh, sua frase é cortada ao meio por uma exclamação cômica de medo!

"Ai, a puta da alameda!"

Porque essa profissional certa vez abordou Bloom com um dos bordões comuns às prostitutas de então ("Precisa de roupa lavada?") e, como quem não quer nada, comentou que já o tinha visto com Molly. Na rua? Ou eles foram a algum lugar? Bloom parece apenas ter se sentido tentado na ocasião.

E ele recai em dois comportamentos típicos. Um: relativizar e lembrar que a prostituta está, como todos, trabalhando (na verdade muito pouca gente trabalha nesse 16 de junho); dois: fingir que não a vê e se concentrar artificialmente numa vitrine de loja.

Com o canto do olho ele acompanha a passagem da prostituta enquanto seu pensamento faz que se interessa pelos artigos do antiquário.

E bem quando o rapazote cego entra no Ormond, para buscar seu diapasão, Bloom vê, talvez emolduradas, as últimas palavras de Robert Emmet diante do tribunal que o condenou à morte. Ele teria pedido que seu epitáfio fosse escrito apenas quando a Irlanda ocupasse seu lugar entre as nações do mundo. E encerrou com um enfático "tenho dito".

O tema das "últimas palavras" faz Bloom pensar nas sete últimas palavras de Cristo, que originaram várias adaptações musicais, inclusive uma de Mercadante, já lembrada por Bloom. Mas não uma de Meyerbeer, autor da ópera *Os huguenotes*, que rondou todo o episódio.

Solitário, o rapazote cego para à porta sem que ninguém o perceba.

Solitário, Bloom examina o discurso do líder da rebelião.

E somente quando percebe que não pode mais se conter, somente quando vê que ninguém está atrás dele (um cuidado genial!), somente quando percebe a aproximação do bonde que, com seu barulho, afogará qualquer outro som, é que ele resolve dar vazão aos gases que o incomodam.

Odisseu está livre das sereias.

E, caro leitor, novamente bem-vindo ao *Ulysses*, provavelmente o único livro-mito com piada de flatulência.

Tenho dito.

12. Ciclope

Já falamos, em "Algumas informações preliminares", dos elementos homéricos no "Ciclope". Bloom escapará por pouco da fúria de um monstro e quase pagará o preço de sua própria bravata.

Formalmente, o episódio se distingue por duas marcas. Uma é o fato de se tratar de uma narração em primeira pessoa, feita por um desconhecido, cheio ele também de preconceitos.

E que fique claro que esse narrador não está narrando para nós. Ele de fato parece estar contando para outras pessoas, em outro momento, o que aconteceu no bar de Barney Kiernan. Isso acarreta um estranho salto na cronologia do *Ulysses*: este décimo segundo episódio nos é apresentado no momento em que os fatos ali relatados se deram, mas o *presente* do discurso do narrador se refere a algum momento posterior, talvez até encaixado na estranha *janela* temporal entre este e o próximo episódio. Voltaremos a falar disso.

É muito interessante tentar imaginar toda essa narração feita, provavelmente em algum outro bar, por apenas um *ator*, que imita vozes e trejeitos etc. Richard Ellmann registrou que Joyce aparentemente identificava esse narrador com Térsites, o mais reclamão entre os gregos da *Odisseia*.

O outro elemento distintivo do "Ciclope" são os 33 pastiches de diversos estilos (todos caracterizados por certa verborragia e uma retórica exagerada), que funcionam como ilustrações, caricaturas que ridicularizam as ideias e as pretensões do cidadão e, também, do narrador. Esses trechos serão marcados, um a um, e o estilo que parodiam será brevemente descrito.

Começamos conhecendo, em termos, nosso Térsites, e uma das primeiras coisas que nos saltam aos olhos é a relação, digamos, "próxima" que ele tem com a polícia. Seria ele mais um alcagueta, como Kelleher?

Outros detalhes relevantes são o guarda chamado Troy (Troia), o que alinha nosso narrador entre os inimigos de Odisseu, e seu ligeiro antissemitismo, que parece compartilhar com Joe Hynes. E a descrição dos imbróglios comerciais em que se envolve esse "cobrador de dívidas más e duvidosas" leva direto ao primeiro pastiche.

P1. Sob a forma de um documento comercial, entendemos, ou quase, a situação da dívida mencionada. Logo na abertura, esse pastiche, escandalosamente inadequado para um romance, serve como que para demonstrar o procedimento e não deixar dúvidas de que esses trechos serão ilustrações que simultaneamente pertencem e não pertencem à narração.

Hynes e Térsites decidem ir tomar uns goles na companhia do "nosso amigo", aquele que viremos a conhecer como "o Cidadão": a encarnação dublinense do Ciclope de Homero. Algumas fontes registram Michael Cusack, personalidade histórica, como modelo. Mas Ellmann, biógrafo de Joyce, torna a situação ainda mais densa e mais paródica ao lembrar que algumas das opiniões do Cidadão se parecem muito com as que o próprio Joyce emitiu em textos de juventude.

E eles decidem seguir para o bar de Barney *mavourneen* ("meu amor") Kiernan, onde o Cidadão tende a passar o dia, num espelho da figura de Flynn logo antes. O bar de Kiernan ficava (não existe mais) logo atrás do tribunal, e por isso será um ponto conveniente para o encontro de Bloom e Cunningham, que está neste momento no tribunal.

P2/P3. A chegada dos dois ao bar é narrada num estilo que parodia a retórica elevada das narrativas românticas dos mitos irlandeses, o que fica sublinhado pela localização do trecho em Inisfail, a *ilha do destino* desses mitos. A retórica exagerada permite que Joyce embarque em um de seus recursos preferidos, derivado de Rabelais: as listas e enumerações. Como a atestar que os pastiches continuam inseridos na estrutura geral do romance, vemos nesse trecho curiosos ecos, por exemplo, do almoço de Bloom e Goulding (a expressão "dignos de príncipes") e empregos antigos de Bloom (a referência a seu ex-patrão *Cuffe*). Igualmente, a frase "Eu desafio ele" aparece como uma intromissão dentro da intromissão. Um pedaço da narrativa contínua dentro de um dos pastiches que a interrompem.

A chegada ao bar nos apresenta aos parasitas de sempre, "esperando pra ver qual bebida que ia cair do céu". Na companhia do Cidadão, está o cachorro Garryowen, batizado em homenagem a um subúrbio violento da cidade de Limerick e em referência a um cachorro real que de fato pertencia (como veremos) a um Giltrap.

O "vinho da terra" que o Cidadão quer beber é, lógico, a cerveja Guinness, meu amigo! Ou, melhor dizendo, Guinness, *a chara*, em bom irlandês.

P4. A descrição mitologizante da figura imponente do ciclope é hilária. Apenas a lista dos heróis *irlandeses* cujas figuras estão gravadas nos seixos marinhos que pendem de seu cinto (gente como Buda e Beethoven, por exemplo) já bastaria como elemento cômico. A descrição do escudo do Aquiles homérico fica definitivamente superada.

Hynes paga a rodada com uma moeda de uma libra e diz dever esse dinheiro ao conselho do *maçom* (o "membro prudente"). Aqui começa o sofrimento de Bloom, pois se Hynes ganhou dinheiro nos cavalos com sua dica (a dica que ele *acha* que recebeu) todos passam a achar que Bloom terá ganhado muito mais. E se Hynes paga bebidas para todos, por que Bloom não paga?

Térsites diz que passou recentemente por Bloom, que, claro, espera já por Cunningham.

P5. Brevemente vemos Bloom descrito nos termos de um relato de cavalaria.

Injuriados com a imprensa local, que consideram "vendida", eles leem com sarcasmo até os anúncios, que incluem muitos sobrenomes britânicos, sem esquecer o nome Carr, que ainda reaparecerá e se refere a um ator inglês que se estranhou com Joyce em Zurique, incidente reelaborado na peça *Pastiches*, de Tom Stoppard. Joyce, como Stoppard lembra bem, vingou-se de quem pôde em seus livros...

P6. A retórica elevada prossegue, agora para narrar a mais patética das cenas, quando Denis Breen passa pela porta, ainda seguido por Josie.

Quem também vem atrás dele é Bergan, um dos grandes suspeitos de ter enviado o cartão-postal que causa a indignação de Breen. Outro que se manifesta é Doran, que sabemos que anda numa grande bebedeira, e que agora descobrimos semiadormecido num canto do bar, solertemente ignorado por todos, já inteirados do estado em que ele fica quando bebe demais.

Bi i dho husht é gaélico para "cale a boca".

P7. O atendente do bar entrega-lhes as bebidas enquanto Bergan, que está bancando, paga o prejuízo. Tudo isso é narrado em um tom de relato mítico ainda mais elevado, que mistura mitos irlandeses, gregos e narrativas medievais. O nome do atendente vale uma nota, na medida em que existia um Terence O'Ryan na Dublin de 1904, mas se tratava de um padre! É bem verdade que no inglês do período, a palavra *curate* podia designar tanto um cura quanto um bartender, mas a confusão aqui ultrapassa o trocadilho E, se pensarmos que Terence é também o nome inglês do dramaturgo latino que chamamos de Terêncio (aquele, a quem nada de humano seria estranho), podemos pensar que Joyce, como bom beberrão, reconhecia no camarada atrás do balcão uma espécie de sacerdote e de conhecedor dos homens e seus problemas.

O Cidadão agora percebe o vulto de Bloom que caminha pelas redondezas do bar. Enquanto eles fazem força para ignorar Doran, Bergan menciona ter encontrado Paddy Dignam, e o leitor, que se viu confuso com a aparição de P. A. Dignam nos "Rochedos", soma-se aos outros nesse pasmo. Doran fica ainda mais indignado, e essa entrada do sobrenatural justificada por pouco mais que confusão gera...

P8. Um amálgama de misticismos, espiritismo, hinduísmo e especialmente a linguagem pseudocientífica dos teosofistas de Elena Blavatsky, um dos alvos preferidos de Joyce. Depois de recados que o falecido envia para os coveiros e para seu filho (aquela bota!), o texto se despede de Dignam com a mais lírica das retóricas empoladas.

E voltamos ao bar quando o Cidadão vê Bloom mais uma vez na rua, e por um instante podemos pensar que ele teria visto Dignam também! Aquele "quem?" do narrador parece querer dirimir exatamente essa dúvida.

Mas ainda não é hora de Bloom entrar, e o elogio fúnebre de Dignam, especialmente nas mãos de Doran, não cessa.

P9. É como que uma coda, um apêndice brevíssimo em apenas uma frase, ao pastiche anterior. Esse procedimento vai contribuindo para misturar mais os dois registros, o *realista* e o *caricatural*, que se verão completamente fundidos nas últimas linhas do episódio.

As cartas de condenados e carrascos que eles leem seriam parte do acervo de curiosidades criminais de fato mantido por Kiernan no bar. E logo depois de Bloom finalmente meter a cara ali (ainda sem entrar) eles começam a ler a carta de um inglês que se voluntaria para executar prisioneiros na Irlanda. Esse inglês, que obviamente despertará todo tipo de fúria naquele ambiente, ainda por cima tem outro sobrenome ligado à malfadada experiência teatral de Joyce em Zurique, o do ministro inglês Horace Rumbold.

Bloom finalmente entra e, para decepção de todos, não aceita uma bebida (e consequentemente não aceita pagar uma rodada para os outros como, determinava o chamado *treating system*, que mantinha mesmo os mais pobres sempre com o copo cheio).

P10. É mais interessante. As fontes do pastiche seriam lendas medievais e o texto bíblico. Mas a mistura de estilos se vê fragilizada, ou na verdade enriquecida, por um veio de oralidade ("foi bem o que disse") que vai ancorando ainda mais os registros uns nos outros.

O trecho seguinte demonstra uma das principais razões que separam Bloom dos outros ali naquele bar: seu renitente espírito científico e sua incapacidade de perceber que ele em nada interessa aos seus "pares".

P11. Isso se vê sublinhado no relato pseudocientífico em que *Herr professor* Luitpold (forma germânica antiga do nome Leopold) Blumenduft ("aroma de flores") descreve os efeitos do enforcamento ou, num latim mal-ajambrado, "no momento da morte por diminuição da cabeça". A *diminutio capitis* é um termo jurídico que significa perda de poderes políticos. Mais uma vez vemos que a fonte desse latim é o mesmo Bloom do *domine namine* anterior, e que os pastiches dependem tanto da integração personagem/narrador quanto o resto do texto.

A conversa no bar segue, com Doran dando de bobo com o cachorro e Bloom entrando em certa altercação com o Cidadão. Nesse meio-tempo, a palavra "fenômeno", que Bloom aparentemente emprega várias vezes, começa a ganhar ares de refrão, e ficamos sabendo de uma anedota relativa a um certo *loodheramaun* ("motivo de vergonha", em irlandês), coisa da época em que Bloom e Molly moraram no hotel City Arms. Essa anedota, aliás, nos faz mudar mais uma vez nossa visão de Bloom. Será verdade?

Os discursos de Bloom só podem ser mal entendidos num ambiente tão estreito, e enquanto ele tenta se explicar e relativizar, os gritos de "Os nossos! Apenas os nossos!" do lema nacionalista irlandês sufocam sua arenga.

P12. O tema do enforcamento, somado às discussões nacionalistas, gera o mais longo, mais alucinado e mais divertido dos pastiches no episódio. No que é basicamente uma paródia de um relato jornalístico da execução do líder rebelde Robert Emmet, ocorrida 101 anos antes daquele 16 de junho, o *Ulysses* talvez pela primeira vez se aproxima do grau de liberdade que encontramos no *Finnegans Wake*, ainda não na linguagem, mas no modo como o texto deixa que essa caricatura se estenda e ganhe louca vida própria, o que seria um dos princípios organizacionais do livro por vir. Impossível, e indesejável, anotar todos os nomes e referências (o que dizer de um russo de sobrenome Saudeatchinski? E de um médico italiano chamado dr. Pippi?). Mas vale lembrar que *Speranza* era o pseudônimo de Lady Wilde, mãe de Oscar Wilde, e que a presença dos bufões Lenehan e Mulligan, ainda que cifrada pela eliminação das vogais de seus sobrenomes, não pode passar despercebida. Outro detalhe é que aquele Fá agudo cantado pelo italiano, especialmente depois da referência a um *castrato*, que ainda por cima leva o nome de uma soprano famosa (Angela Catalani), é surrealmente alto, estando dois tons e meio *acima* do famoso *dó de peito* dos tenores dramáticos. A descrição dos procedimentos para retirada dos órgãos do enforcado lembra muito mais as execuções em tempos elisabetanos, especialmente a do médico judeu Roderigo Lopez, já mencionada por Dedalus. Logo no fim do trecho, o anel de noivado da prometida obviamente é um símbolo nacionalista irlandês, o que contrasta imediatamente com o aristocrático nome do tenente-coronel que preside a sessão, cioso até do antigo costume de grafar com letra minúscula um sobrenome que começa com dois FF.

O longo trecho se encerra com mais uma brutal demolição da pretensa elevação da retórica parodiada, que, invadida pela oralidade mais baixa, imediatamente se desinfla e se vê desautorizada.

Voltamos a ouvir o que se dá no bar, onde o Cidadão reclama dos "metidos" (*shoneens*, que, como Joyce, Bloom e Dedalus, não sabem falar gaélico direito), enquanto Hynes se vangloria por ter ganhado aquela libra na "esperteza".

A conversa passa a tratar da *anti-treating league*, fundada dois anos antes, que pregava o fim do sistema de cortesia de pagamento de bebidas. Seus membros realmente se identificavam por um distintivo que tinha uma fita azul e incluíam muitas mulheres, nem todas, necessariamente, "louras" (*colleen bawns*).

Garryowen, o cão, começa a se agitar, causando certos temores. Térsites, especialmente, detesta o animal, e usa seu latim de rábula ("pelo bem do público em geral") para manifestar seus desejos de vingança.

P13. Uma hilária imitação de uma resenha literária na imprensa. Diga-se de passagem, *Raminho delicado* é a tradução do gaélico *Na Craoibhin Aoibhinn*, real pseudônimo literário de Douglas Hyde, parceiro de Yeats no Renascimento da cultura céltica. O poema de Owen (a ser lido "com alguma lentidão e pouca nitidez em um tom que sugira rancor contido") revela claramente que todo esse palavrório serviu apenas para ilustrar os grunhidos de um sedento Garryowen.

O trecho seguinte nos revela que o cachorro não é do Cidadão, mas sim de um certo Giltrap, cuja neta conheceremos em breve.

Em seguida, Bloom pela primeira vez enuncia com todas as letras o motivo de estar ali, como se aquilo pudesse explicar sua inexplicável (aos olhos dos outros) recusa renitente em aceitar uma bebida. A referência a Shylock, o estereótipo do judeu agiota, mais uma vez parece ser feita sem conhecimento de que Bloom é judeu. E este, de modo muito curioso, se sai da saia justa com um estranhíssimo ato falho... será bonita a viúva Dignam?

As referências seguintes deixam claro que ao menos o narrador lembra bem de um episódio em que Bloom esteve envolvido, já mencionado em "Lotófagos". Aparentemente, cerca de dez anos antes, Bloom tentou vender bilhetes da Real Loteria Húngara na Irlanda e quase acabou preso, tendo sido salvo por seus colegas da loja maçônica.

P14. As demonstrações de polidez entre um embriagadíssimo Doran e um dissimulado Bloom (na opinião de Térsites) geram uma paródia de um discurso de formalidade à moda mais requintada de um romance do século XIX.

À saída de Doran, ele e sua vida, que já conhecemos desde *Dublinenses*, passam a ser o assunto do bar. E ficamos sabendo que mais um dos conhecidos do grupo, Leonard, tem estranhas relações com a polícia: neste caso com um policial específico, que ainda há de voltar.

A língua irlandesa continua presente: *shebeen* seria uma loja, e *slan leat* é uma saudação de despedida, algo similar ao nosso "se cuide". O Iopas citado na sequência é o poeta que canta durante um banquete na *Eneida* de Virgílio, o que acrescenta mais uma camada a nossos paralelos épicos.

A menção à febre aftosa faz com que Bloom (publicitário acoitagado?) comece a dar seus palpites, incitando, sempre, a fúria do narrador. Nem mesmo as qualidades de Bloom (ele é piedoso com animais e sabe do que está falando) se veem isentas de comentários maldosos: "ele há de ter uma mão leve embaixo de uma galinha".

P15. Quem toma a palavra aqui é uma galinha que, claro, ainda reaparecerá no livro. Ela, no estilo de um livro infantil, canta também as loas de Bloom.

A discussão agora menciona a viagem iminente de Nannetti, com Bloom (que ainda não resolveu a questão de Shawes) ficando frustrado por não poder falar com o conselheiro, que segue para a Inglaterra no barco-correio. O barco da manhã, aliás, nós vimos chegar às 8h15, enquanto Dedalus o observava do alto da torre. O da noite chega também às 8h15, mas Bloom sabe que, especialmente numa quinta, Nannetti provavelmente não estará mais no escritório a essa hora, de modo que não poderá mais vê-lo.

A menção à reclamação (real) que o *Sluagh na h-Eireann* (o Exército da Irlanda, também real) registrou nesse mesmo dia 16 de junho por intermédio de Nannetti (ele também real), motivada pela proibição de esportes irlandeses no Phoenix Park de Dublin, leva a…

P16. Uma complexa paródia de uma discussão parlamentar a respeito de esportes e vacas, onde quase podemos ver correspondências entre as identidades de Bovo/Bloom, Quadrupo/Joe, Orelli/cidadão e Tatutapado/Térsites.

O *na bacleis* (algo como "que é isso...") do Cidadão registra sua modéstia, mas deixa também no ar a veracidade das alegações esportivas e políticas de Hynes. Bloom, claro, não pode deixar de dar seus palpites. E o comentário furibundo de Térsites, de que Bloom seria capaz de passar uma hora falando de qualquer insignificância, curiosamente é também uma boa definição do *Ulysses*, com suas mil páginas sobre detalhes e *insignificâncias*, ao menos do ponto de vista de certa ficção tradicional.

P17. A discussão que aconteceu no bar de Brian Kiernan, na Little Britain Street, sob os auspícios daquele Exército Irlandês (tudo isso exposto em bom gaélico na abertura do parágrafo), parodia, segundo Don Gifford, a ata de uma reunião, disfarçada de propaganda de um movimento social, para poder aparecer em um jornal local. E o amor de Joyce por listas e enumerações tem mais uma válvula de escape no elenco de religiosos ali presentes.

A discussão esportiva os leva ao boxe, e o boxe os leva a Boylan. Bloom, como quem não quer nada, tenta fingir que não ouve e trazer o assunto do tênis de volta à baila. Em vão. Por mais que ele insista, Bloom está agora na situação de Bob Doran anteriormente. Ele simplesmente não é ouvido.

P18. Paródia de jornalismo esportivo. Curiosamente, o relato da luta entre o irlandês Keogh e o inglês (e soldado) Bennett vai encontrar eco no futuro confronto entre Dedalus e um "casaca vermelha". Tanto mais se lembramos que Percy Bennett era o nome de mais um dos alvos dos rancores de Joyce depois de sua experiência teatral em Zurique e que o filho de Dignam ficou olhando para o cartaz dessa mesma luta em "Rochedos". Diga-se, também, que o relato segue de perto o da luta real entre Keogh e um soldado inglês de nome Garry, em abril de 1904.

Mas, apesar de Bloom novamente tentar se fazer de desentendido, Boylan volta a ser tema, e Poldy tem que admitir que sua mulher está na tal turnê. Mas Boylan também não escapa dos preconceitos do narrador, que conhece até a má reputação de seu pai.

Caddareesh, algo como "e aí", é uma corruptela do gaélico.

P19. É uma breve ode a Molly Bloom, com artifícios retóricos emprestados de tudo quanto é tradição romântica. Mal vale mencionar o quanto é dolorosa, neste exato momento do dia, e logo depois de pensarmos em Boylan, a referência a ela como "casta esposa de Bloom". Nossa Penélope, afinal, não é exatamente um modelo de castidade.

A entrada de J. J. O'Molloy e Ned Lambert, que não víamos desde "Éolo", é sobreposta à retórica que louvava Molly, mais uma vez borrando os limites entre pastiches e realismo.

Vale pensar, depois de já tão acostumados ao episódio, nos recursos virtuosísticos que teriam sido empregados por nosso Térsites para narrar o breve trecho que se segue: o momento em que uma meia dúzia de pessoas díspares entre si pronuncia seus cumprimentos, presumivelmente com vozes e trejeitos variados. É necessário lembrar: estamos *lendo* o "Ciclope", mas ele na verdade está sendo *dito* por Térsites.

Três expressões no trecho que se segue merecem esclarecimento. O Jimmy Johnson citado era o reverendo James Johnson, falecido quatro anos antes, que se autodenominava o "apóstolo da verdade". *Compos mentis* é uma expressão latina que significa "são mentalmente", "bom da cabeça". Já *pishogue* é corruptela do irlandês e significaria "enfeitiçado" ou, mais exatamente, "feitiço".

E esse palavrório todo é empregado em referência às andanças e maluquices de Denis Breen, o que gera um parágrafo mais alentado em que temos acesso mais direto à minissaga da pobre da sua esposa Josie, uma das múltiplas histórias *menores* que se escondem no tecido do *Ulysses*.

Térsites, no entanto, não se interessa pela conversa, ele só quer beber em paz. E, no meio-tempo, dar sua versão preconceituosa dos fatos, explicando, por exemplo, que foi uma conspiração de judeus (a "fraternidade nariguda") que levou os capiaus (*badhachs*) a cair no conto da emigração.

Mais uma vez ouvimos falar de Gumley (Stephen ficou sabendo de sua situação em "Éolo"), outra das pequenas histórias de decadência no *Ulysses*, que aparentemente levou o último golpe do destino por conta de um processo aberto por Reuben J. Dodd. Voltaremos a vê-lo na madrugada.

P20. Na linguagem de um relato jurídico misturado com a retórica dos mitos irlandeses, esse pastiche é motivado apenas pela reputação de coração mole do juiz Falkiner, que aplica a lei dos *brehons*, os antigos juízes da Irlanda, sempre favorecendo os mais fracos.

Bloom, que na opinião de Térsites está apenas se fingindo de bobo, aborda agora Hynes, que, como sabemos desde "Éolo", lhe deve dinheiro. Ao que parece, diz para ele não se preocupar com isso no momento, desde que tente resolver com Crawford a questão pendente do anúncio de Shawes.

Podemos apenas imaginar o que pensaria Térsites se soubesse que o judeu Bloom está *achacando* o beberrão Hynes. O ambiente ali no bar, afinal, é não apenas antissemita, mas pura e simplesmente xenófobo. Até as velhas declarações do senhor Deasy acabam voltando à tona, agora pelas mãos do Cidadão que, sem querer, toca a ferida de Bloom ao mencionar o problema da "esposa desonrada".

Os próximos a chegar são Nolan e Lenehan, emburrados por terem perdido dinheiro com os cavalos.

P21. Mais uma vez a linguagem dos relatos românticos a respeito do passado irlandês é convocada para ser ridicularizada. E muito adequadamente, pois o que Nolan tem a contar diz respeito exatamente a uma reunião que tratava da *questão da língua*.

O Cidadão diz que Kevin Egan, de quem já ouvimos falar, viu com ele na Europa que a língua dos *sassenachs*, os saxões, só existe num banheiro, que ele curiosamente prefere eufemizar em francês. Ele estaria se referindo ao uso bem difundido da sigla WC para *water closet*.

Lenehan, que sempre quer cair nas graças dos circunstantes e tem lá seus fumos de francês, grita "xinguem os ingleses, pérfida Álbion!".

P22. Na sequência, nossa conhecida linguagem medieval-românica ilustra a cerveja de Lenehan, que seus amigos percebem estar desiludido. O pretenso *lema* gaélico de Lenehan significa "Mão vermelha para a Vitória" e merece explicações: a mão vermelha era o símbolo heráldico do condado de Ulster e da família O'Neill; porém, era também o símbolo da cerveja Allsop, que ele talvez esteja bebendo.

Lenehan, depois, vai tentar catar biscoitos de graça, afinal, nem só de álcool vive o homem. Bloom, que acaba de se ver mais uma vez inconscientemente acicatado pela referência a uma *amiga* de Boylan, começa a mudar de tom em sua conversa com o intolerante Cidadão que, apesar de declarar que o que ele disse foi bobagem (*raimeis*), basicamente repete a mesma ideia, mas agora torcida para seus fins. E seus fins, como sempre, são o ufanista elogio da Irlanda e de todas as suas qualidades.

O desmatamento da ilha, atribuível, claro, aos ingleses, leva a outra longa inserção paródica.

P23. No estilo de um texto de coluna social, vemos o relato de um casamento arbóreo, que assinala a possibilidade de um futuro vegetalmente fértil. Uma figura que surge neste momento é a do organista Enrique Flor, que já tem este nome no original e parece ser mais uma encarnação de Poldy Bloom/Henry Flower. E vale lembrar que Bloom andou pensando em órgãos e organistas durante o dia. A figura enigmática de Enrique Flor já rendeu, no Brasil, até um livro do poeta Sérgio Medeiros.

Os delírios nacionalistas, que reproduzem muito bem o clima dessa Irlanda pré-guerra civil, culminam no desejo de ver tremulando a bandeira que hoje, simbolicamente, encima a mesma torre Martello em que Joyce morou com Gogarty.

Mas a má vontade de Térsites não livra nem o patriótico Cidadão, que aparentemente tem também o rabo preso por conta de um problema que o pôs como inimigo dos *Molly Maguires*, grupos de terroristas que vingavam qualquer ofensa sofrida pelo povo irlandês. Até mesmo o comentário de que ele enxugou todo o caneco, "por assim dizer" (*Moya*), parece sublinhar o parasitismo do Cidadão, em nada diferente do dos outros.

O terror e a violência ganham nova ilustração quando eles veem a notícia do linchamento de um negro por um bando de caipiras na Geórgia, Estados Unidos. Disso eles passam ao castigo corporal na Marinha (e quase todas essas imagens voltarão aos pesadelos de Bloom em "Circe". Esse episódio, pelas tensões envolvidas, parece ter deixado marcas particularmente relevantes na alma de Poldy).

As questões de raça, tão presentes neste episódio, ajudam a explicar a abundância de palavras irlandesas aqui. *Meila*, por exemplo, é meramente irlandês para "mil".

Depois de uma referência passageira ao mais duro dos irlandeses, o reverendo Jonathan Swift, que criou os Yahoos como espelho da mediocridade humana em *Viagens de Gulliver*, chegamos a...

P24. Uma paródia do pai-nosso, transformado em confissão de fé de uma Marinha e um Império baseados na violência. Poucas vezes Joyce foi mais violento e mais antirreligioso. Mas espere; vem mais.

O grande Poldy enuncia uma de suas maiores verdades, tão simples que parece óbvia: o credo nazareno (estranho num judeu) e tolstoiano que questiona a ideia de resistir à violência com mais violência. Tal verdade, no entanto, começa a gerar o clima de caos que reinará daqui para a frente. É necessário lembrar que em 1904 um discurso pacifista laico causava espécie. Se você não fosse padre, ou Tolstói, era absolutamente fora dos padrões defender a paz e a tolerância como valores absolutos num mundo que ainda não tinha tomado o choque da Primeira Guerra e vivia com a retórica da nobreza dos grandes feitos militares. Aliás, em 1904 o próprio Tolstói acabava de ser excomungado e tinha seus tratados censurados e proibidos na Rússia.

A reação de Térsites é de pasmo: eu não disse?

A do Cidadão é explosiva, começando com a menção à grande fome de 1847. Ele acaba demonstrando a extensão progressiva de sua xenofobia ao deixar claro que nenhum outro povo deve merecer confiança. Os franceses, por exemplo, conspiram com Thomas Power Connor, um jornalista local conhecido como Tê Pê.

Lenehan, sempre de acordo, muda seu brado para "xinguem os franceses!".

Hynes paga mais uma rodada, que Térsites cinicamente aceita "em consideração a ele" e retribui com uma tradicional saudação irlandesa. Mas ele não deixa de prestar atenção em Bloom. Com sua cara *cordeburroquandofoge* e os olhos *de ameixa*, Poldy vai se transformando num estereótipo de judeu exatamente na medida em que se intensifica seu discurso anacronicamente pacifista.

As tensões aumentam quando recai sobre Bloom a insinuação mais frequente dos antissemitas: de que os judeus na verdade não devem lealdade a seus países, mas apenas a sua fé. Seria Poldy um irlandês aos olhos dos nacionalistas chauvinistas?

O desprezo do Cidadão se traduz em escarro; e o servilismo de Hynes, em lhe oferecer um lenço. Dedalus, de manhã, teve seu lenço arrancado: ele é um espoliado e se considera como tal. Hynes é o alegre serviçal.

E o lenço que ele oferece também é muito diferente.

P25. Numa linguagem que parodia uma descrição jornalística de algum artefato histórico, o lenço (símbolo aqui de sujeição, símbolo sempre de rendição) é descrito como a maior maravilha da Irlanda. Sua decoração inclui não apenas os quatro evangelistas, mas os quatro mestres, os cronistas que narraram a formação da Irlanda. O campo, que não é heráldico mas sim "emunctório", ou seja, assoatório, inclui fortificações célticas tradicionais além de escolas (sedes do saber); os *três* lugares em que a tradição diz que pode ter nascido o duque de Wellington (que de fato era irlandês), o alagado de Allen, cena do evocativo final do conto "Os mortos"... tudo isso embelezado pelas águas das lágrimas que já enxugou e pelas eufêmicas "incrustações do tempo"... que provavelmente são da cor "verderranho", que já apareceu em "Telêmaco".

Voltamos ao bar para encontrar um Bloom injuriado, ferido pessoalmente, com afirmações cada vez mais firmes. Mas esse humor dura pouco, e ele logo *desinfla* com um "mas não adianta...". No entanto, pressionado, ele precisa determinar qual o valor que vinha defendendo. E a menção à palavra "amor" gera novo espetáculo de pasmo e cínicas cusparadas ad hominem.

P26. A banalidade do discurso de Bloom, ou na verdade a banalidade daquele discurso para *estas* pessoas, aparece sintetizada num curto poeminha em prosa com curiosa similaridade com a "Quadrilha" de Drummond. Vários dos personagens desse rondó continuarão desconhecidos. Mas de outros nos lembramos e outros ainda estamos para conhecer: a enfermeira pode ser uma referência a algumas das que encontraremos no "Gado do Sol"; o guarda 14A nós acabamos de conhecer (e é impressionante a mudança de estatuto do personagem simplesmente depois dessa breve menção); Gerty nós conheceremos em breve; M. B. é Molly

Bloom; Jumbo foi um famoso elefante de circo cuja morte, em 1885, deixou sua companheira Alice tão desesperada que ela não parava de bramir; o homem da capa pode ser o senhor Duffy do conto "Um caso doloroso", como alguns supõem, mas o fato é que ao menos podemos agora imaginar o motivo de sua ida ao cemitério e, como no caso do policial, com esse pequeno gesto Joyce infunde toneladas de vida e interesse no personagem; as andanças da senhora Tupper nós já acompanhamos neste mesmo episódio.

Os temas de xenofobia e preconceito racial se unem na menção à visita (real) do Alaki de Abeakuta, que nada tinha de zulu. O interessante é que o que deveria ser a leitura de uma notícia de jornal assume tons tão bizarros que chegamos a pensar nela como um dos pastiches do episódio.

P27. Um trecho em que, como se poderia esperar a essa altura dos acontecimentos, a fusão de realismo e pastiche parece ter alcançado um novo patamar.

Eles passam a discutir se a autoria do texto seria do líder político Arthur Griffith, que assinava seus artigos por vezes como *Shanganagh*, que significaria uma "conversa agradável", um "dedo de prosa". A ironia aqui é que esse "P" também era uma de suas assinaturas, que representaria, possivelmente, a inicial de Parnell. Daí o comentário de Hynes.

As atenções agora se voltam para a saidinha de Bloom, e Lenehan, indiscretíssimo, solta a ideia de que ele teria ido recolher o dinheiro ganho graças a sua improbabilíssima informação privilegiada sobre os méritos do azarão Jogafora. A ira de todos ainda vai recair sobre Bloom quando ele voltar presumivelmente cheio da grana e ainda sem querer pagar uma rodada para os circunstantes.

O trecho que se segue é um dos mais truncados do *Ulysses*. As interpretações da crítica sobre o que acontece no longo parágrafo que começa com "Adeus, Irlanda, eu vou pro Norte" divergem bastante. Na minha opinião, trata-se apenas de Térsites, o virtuosístico contador de causos, não apenas *narrando* sua ida ao banheiro, mas *encenando*, enquanto fala, os gestos e as sensações que viveu naquele momento. Tudo que aparece ali entre parênteses se refere ao que ele estava pensando ou sentindo enquanto urinava na casinha dos fundos do bar de Kiernan. Eis a vantagem de um narrador vigoroso, que até aqui não tivemos. Se no bar de Davy Byrne perdemos contato com Bloom quando ele foi ao banheiro, aqui Térsites nos mantém polifonicamente a par do que diz em tempo real a seu *público* e das sensações que percorriam seu corpo na casinha.

E quando ele retorna todos ouvem Nolan dizendo que foi Bloom quem deu a ideia da organização e da estrutura do grupo nacionalista Sinn Féin, de início um movimento não violento. O boato faria algum sentido, porque movimentos húngaros de resistência à Áustria foram uma das referências de Griffith (Bloom é de origem húngara) e havia um persistente boato de que Griffith tinha informantes judeus. Mas o último detalhe curioso é que o grupo só seria formado em 1905.

Quem chega então é nosso amigo Martin Cunningham, ainda com seu amigo Jack Power, ambos na companhia de um sujeito indistinto, um orangista (ou seja, protestante e pró-britânico) que o leitor já conhece do conto "Dia da Hera no Comitê", alvo de tamanho desprezo por parte dos católicos presentes que nem mesmo seu nome é registrado com precisão.

P28. O trecho aparece na forma das narrativas do século xix que reencenavam aventuras medievais. Mas o mais interessante aqui é que, em vez de uma ilustração de uma ideia ("o amor ama amar o amor") ou uma caricatura autossuficiente (o enforcamento), o que nós temos é a cooptação da linguagem parodiada para narrar o que de fato acontece no bar. Os passantes entram, todos trocam cumprimentos, os pedidos são feitos etc. aquela fusão entre pastiche e realidade atinge uma nova profundidade.

Mas Bloom saiu, e quando Cunningham pergunta por ele Lenehan solta a resposta mais odiosa possível, especialmente se tivermos em vista o que Poldy vai fazer agora com Cunningham. Ele diz que Bloom estaria "esbulhando viúvas e órfãos". O'Molloy tenta suavizar a situação, e Lambert expressa a perplexidade geral quanto ao inclassificável Bloom. Um mistério.

Como era um mistério a identidade do missivista que, no século XVIII, escrevia ásperas críticas à monarquia inglesa sob o pseudônimo de Junius.

O assunto passa aos judeus, que, por não acreditarem que Cristo era o Messias, ainda esperam que cada filho varão possa preencher esse papel. E a sombra da morte de Rudy Bloom paira pesada sobre os comentários de todos sobre a empolgação de Bloom quando o filho estava "na barriga da mãe", frase citada em francês por O'Molloy.

Paradoxalmente, é essa felicidade, é esse desvelo que desperta mais ódio no Cidadão, e também em Térsites, que sempre diz menos do que sabe e conhece os problemas "femininos" de Bloom, coisa de que vamos ficar sabendo mais no próximo episódio. Enquanto decidem todos tomar outra rodada e ficar mais bêbados e mais inúteis, é contra os judeus, e contra Bloom, que o Cidadão projeta todos os males da Irlanda.

P29. A "pureza" dos sentimentos dos presentes evoca a célebre imagem da Irlanda como a "Ilha de santos e sábios", e o trecho seguinte nos mostra, na linguagem de um jornal eclesiástico, uma procissão de religiosos e santos com seus atributos característicos. O detalhe extrairônico aqui é que a procissão, além de apresentar curas milagrosas de coxos e cegos (como veremos em "Circe"), tem como destino final exatamente o bar de Kiernan, onde se dá um intercurso em latim que merece ser traduzido.

De início há um responsório: "O nosso auxílio está no nome do Senhor/ Que fez o céu e a terra; O Senhor esteja convosco/ E com o teu espírito".

Depois, uma bênção genérica: "Deus, em cujo verbo tudo se santifica, esparge a tua bênção sobre estas coisas que criaste: e garante que quem as use segundo a tua lei e a tua vontade, e dando graças, possa pela invocação do teu nome santíssimo receber através de ti a saúde do corpo e a segurança da alma, por Cristo nosso Senhor".

O comentário de O'Molloy a seguir na verdade responde à fala de Hynes, páginas atrás, mas a integração do pastiche com o texto faz com que ele pareça terminar o responsório.

E Térsites, com sua costumeira má vontade, percebe o retorno de Bloom. Ele e Cunningham se preparam rapidamente para sair, enquanto o Cidadão o provoca sem que ele entenda o motivo, afinal, trata-se de uma série de mal-entendidos.

P30. Mais linguagem de lendas medievais em versão romântica, como que preparando o final da cena e fazendo da partida iminente de Bloom um evento náutico e mítico.

Tudo interrompido pelo espanto do próprio Térsites diante da fúria hidrofóbica do Cidadão, que se levanta, não apenas algo transformado em cão, mas também encarnando a fúria de Cromwell, símbolo do poder inglês que sufocou as rebeliões irlandesas. Se o Ciclope de Homero foi enganado por Odisseu, esse aqui apenas *acha* que foi ludibriado, ao não receber as cervejas que o dinheiro que Bloom afinal *não* ganhou poderia (deveria!) bancar.

O escândalo começa a atrair gente para a frente do bar, enquanto o Cidadão canta sua versão da canção racista "If the man on the moon were a coon" [Se o homem da lua fosse crioulo], que, curiosamente, foi lançada apenas em 1905. Até Joyce escorrega.

O ímpeto de Bloom em defender os judeus é hilário. Primeiro porque os pensadores e músicos que cita não seriam nem de longe conhecidos dos frequentadores do bar, gente bem menos lida que ele; segundo, porque Felix Mendelssohn vinha de uma família de judeus convertidos ao cristianismo, Marx abandonou o judaísmo e se tornou até algo antissemita, Saverio Mercadante não era judeu e Spinoza foi expulso da sinagoga por seus pares. Ou seja, mesmo sem querer, Bloom acaba provando que a judaicidade não separa ninguém do resto dos homens.

Mas o mais grave de tudo, claro, é sua *ofensa* (aos olhos dos católicos mais intolerantes) contra Cristo. Ou ao menos seu pai (lembre da "Balada do Cristo Ridentor")... ou ao menos seu *tio*.

P31. Como um jornal anunciaria a partida de um dignitário estrangeiro, vemos a cínica descrição da despedida (caracterizada pela "mais amistosa cordialidade") do notório fenomenologista Bloom, chamado em húngaro algo truncado de "Grandioso, meu Senhor, Leopoldo Flor", que segue para os distantes ares de uma terra com um bizarro nome húngaro intraduzível, no entanto instantaneamente glosado. Ao som da marcha que os revolucionários que lutaram pela independência da Hungria adotaram como seu hino, Bloom é saudado por fogueiras celebratórias em todos os cantos da Irlanda, inclusive no monte que leva seu nome (como vimos em "Calipso"). Os últimos gritos da multidão se traduzem por "Até mais ver, meu caro amigo", e evocam algo curiosamente o "idiotismo bronco" dos irlandeses, que Haines apontou em "Telêmaco".

A cena de fato se encerra logo em seguida, com o deixa-disso de todos e o gesto ridículo do Cidadão que arremessa a lata de biscoitos vazia contra a carroça que se afasta, perseguida pelo cachorro idoso. Pouco pode haver de mais violentamente antiépico na revolta desse nosso Ciclope.

P32. Na linguagem do relato jornalístico de uma catástrofe natural, vemos a *catástrofe* da lata de biscoitos descrita como um terremoto de grande intensidade (pela escala Mercalli que, revisada em 1902, passou a ter dez graus de intensidade. A escala Richter ainda não existia). Já a lata em seu voo é descrita como um cometa ominoso, que leva o papa a decretar que todas as dioceses rezem uma "missa dos mortos". O comandante militar que coordena os trabalhos de resgate é membro de tantas ordens, organismos e comissões (ele é até *Cavaleiro Templário*!) que seu nome ganha uma pompa absolutamente ridícula, que combina muito bem com esse momento de épica bizarra.

Ainda vemos mais uma demonstração da estranha familiaridade de Térsites com o vocabulário do direito (alcagueta?) e a reafirmação das noções equivocadas sobre os lucros de Bloom, enquanto o cão continua sua perseguição e os gritos não diminuem.

P33. O pastiche final, em linguagem bíblica (com especial referência a 2 Reis 2,11-12; Mateus 17,1-5; Cânticos 6,10), relata o momento mais surreal de todos, porque agora o surrealismo não ilustra a ação nem a interrompe, mas se integra totalmente a ela. É Bloom que se transforma em Elias, na amada de Salomão e no Messias, chegando mesmo a evocar a oração no Jardim das Oliveiras ("Pai! Senhor!"). Ele? Ou seu filho morto?... Afinal Elias ben Bloom pode ser o arábico/hebraico para Elias *filho* de Bloom. E a presença de Rudy, em certo sentido representada pela de Dedalus, está para ficar mais marcante no livro.

Mas o mais interessante, estilisticamente, é o torneio final, por meio do qual toda a fusão de retórica elevada e baixa, pastiche e realidade prosaica se opera no coração do texto pretensamente bíblico, que acaba localizando aquela ação mítica bem no meio da cidade real e descrevendo a "ascensão" de Bloom como algo que se dá "que nem uma pedrada de estilingue".

É o procedimento do episódio todo, essa ridicularização das pretensões do discurso elevado, sintetizado numa única frase perfeita.

13. Nausícaa

Agora há um vazio. Exatamente como houve uma interrupção da publicação seriada do *Ulysses*, que foi interrompida depois de uma acusação de obscenidade precisamente contra este episódio. Depois de terminado mais um *trio* de episódios, reencontramos Bloom no mesmo lugar por onde vimos Dedalus caminhar em "Proteu". Porém, como uma referência logo no início do episódio esclarecerá, já passa das oito da noite. Pela primeira vez desde "Calipso", perdemos contato com Bloom por horas a fio, talvez mais de duas horas. E o curioso é que, com isso, deixamos de acompanhar sua visita à viúva de Dignam, o que pode muito bem ter sido o gesto mais importante de todo o seu dia. Mais curioso ainda é que este livro que já demonstrou não saber mais do que sabem seus personagens ainda vai demonstrar que se o livro não nos mostrou a visita aos Dignam, Bloom (veremos) também terá dificuldade para lembrar-se dela.

Em termos homéricos, o episódio em que Odisseu, náufrago, se vê nu na areia da praia e tem vergonha de se dirigir à princesa Nausícaa, que joga bola com suas amigas, é central. Porque é depois de ser conduzido à corte dos feácios que Odisseu dará início à narração de suas andanças. Além disso, esse é o célebre momento em que Odisseu, incapacitado, por sua nudez, de abraçar os joelhos da princesa como um suplicante, confia apenas em suas palavras. Bloom, veremos, fará coisa muito diferente.

Estruturalmente, trata-se de um episódio bipartido. Dividido quase rigorosamente ao meio, ele estabelece um primeiro momento todo centrado no ponto de vista de nossa Nausícaa, e um segundo, dedicado, mais uma vez, a acompanhar Bloom.

Mas há diferenças. Porque o Bloom que encontraremos já perto das nove horas da noite está muito cansado, com a mente confusa e lenta como jamais esteve, o que, claro, se refletirá no texto.

A primeira metade do episódio é ainda mais singular. Voltamos ao narrador de terceira pessoa. Mas aquele procedimento de fazer os narradores *vestirem* as opiniões e discursos dos personagens atinge aqui o ápice. Gerty vê o mundo pela lente das novelas sentimentais, das revistas femininas e, especialmente, no tom do romance *O acendedor de lampiões*, de Maria S. Cummins, cuja heroína tem seu nome. Assim, o tom de toda a prosa dessa primeira metade corresponderá às cores com que ela tenta pintar seu mundo.

Trata-se de mais uma demonstração daquele princípio maeterlinckiano, de que encontramos no mundo apenas nossa própria imagem. O mundo de Gerty seria à imagem e semelhança de Gerty. Mas o mais interessante é que, no fundo, Gerty parece não ser exatamente a heroína das novelas sentimentais, pura e incapaz de maldade, e a ilustração mais profunda desse princípio está talvez na miríade de ocasiões em que uma Gerty que destoa bastante desse tom idílico vem à tona.

O texto se abre ao entardecer (o sol se pôs naquele dia às 8h27), na praia, diante de uma igreja em que se realiza um retiro de temperança, com orações à Virgem Maria. As três "amigas" nos são apresentadas depois, aproveitando esse dia perfeito em que até a brisa era "fresca mas não fria demais".

Cissy, de saída, parece uma versão em ponto menor de Molly (ou de Marian Halscombe, em *A mulher de branco*) e é ela quem percebe que Tommy precisa fazer xixi e leva discretamente o menino para um lugar onde "o cavalheiro" que as observa de longe não possa vê-los.

A deliciosa pergunta retórica "quem era Gerty?" serve não apenas para apresentar a menina, mas também para lembrar ao leitor que, como só a conheceremos pela lente da paródia (em certo sentido esse episódio é uma extensão do anterior: com um pastiche e um trecho realista apenas), jamais saberemos de fato quem ela é. Precisaremos esperar por Molly para termos esse acesso não mediado.

A descrição que se segue a essa pergunta obviamente deve mais ao que Gerty pensa de si própria do que à realidade. Trata-se, na verdade, menos de como ela se vê do que de como quer ser vista. Ficamos sabendo, também, que ela é Giltrap por linha materna. O dono de Garryowen é seu avô.

Uma dica importante aparece quando se descreve a "curva" alta de seu pé entre suas características físicas, logo antes de vermos que ela acha que se sairia bem na alta sociedade, o que nos deixa entrever que este não é seu meio original. E é isso que ela pretende obter via casamento. O cabelo de Gerty também merece bastante atenção, sendo um motivo constante do episódio.

O parágrafo que começa com "Por um instante" entreabre as comportas e deixa vazar uma Gerty menos delicada e refinada ("a cegueta da Edy, 'alguém' estava torcendo o nariz"). É claro que essa voz é de um narrador, mas de um narrador que, como sempre, se contamina pelos pontos de vista dos personagens, chegando ao extremo, como aqui, de se deixar levar por atos falhos, frestas na armadura retórica com que Gerty quer vestir seu mundo.

Logo depois sabemos do amor de Gerty pelo irmão de um dos ciclistas que acompanhamos nos "Rochedos". Protestante... Gerty tenta minimizar esse problema, mas o fato é que, na Dublin de 1904, uma católica, para se casar com um protestante, precisaria, literalmente, de uma autorização do bispo.

Uma questão que começa a surgir é a da idade de Gerty. Se pensamos identificá-la com a Gerty que estava na sala de aula de Dedalus, ela mal seria adolescente. Porém, certas menções no correr do episódio (uma sensação de que estaria ficando para tia e uma frase ambígua, que nos diz que uma das amigas faz 22 em novembro) nos fariam colocá-la mais para lá dos vinte anos. É bem provável que essa incerteza tenha sido calculada. Joyce não quis que soubéssemos. Há quem diga também que é Bloom quem a envelhece progressivamente, no decorrer do episódio, na medida em que a descobre como objeto de desejo. O que abre uma hipótese interessantíssima: de que a voz que ouvimos na primeira metade seja na verdade uma idealização de Bloom!

A pobreza de Gerty transparece também quando ela reconhece que o tecido que comprou para o laço do chapéu estava "um pouquinho sujo de ficar no mostruário". Ela compra o que pode.

A fúria de Gerty volta à tona ("ia meter no chinelo certas pessoas"), antes de novas referências a seu pé, pequeno, com uma "curva acentuada". Outra marca que trai o pretenso *refinamento* de Gerty é sua superstição (usar a calcinha do avesso etc.). Aliás, falando em calcinhas, ela troca de roupa de baixo uma vez por semana?

Outra questão de idade envolve o *amor* de Gerty. Será que ela está encantada por um menino ("ele era jovem demais para compreender")? Seus sonhos, no entanto (um *homem* de "rosto forte e fios grisalhos"), parecem tender a um tipo curiosamente mais bloomiano. Vale lembrar que as meninas já viram Bloom ao longe e aos poucos a figura do "homem misterioso" vai ocupando Gerty.

E é com alguém assim que ela gostaria de se casar. Mesmo que sua memória dos votos do casamento seja, digamos, imperfeita.

Uma imagem recorrente é a do fogo, que vimos ser importante para Dedalus. E aqui Gerty se descreve como uma "boa mão" para acender a lareira. Ao mesmo tempo, ela pensa que não pode se alimentar, poeticamente, de flores, exatamente como Bloom pensou em "Lestrigões", deseja um homem de bigode (como Bloom) e observa que Garryowen "só faltava falar". Mal sabe ela. Ele até já compôs poesia hoje.

A presença de Bloom (ou do *estranho*) continua marcada. Durante uma conversa em que Cissy pronuncia uma palavra proibida (mas na língua do pê!), Edy teme que o *cavalheiro* tenha ouvido. Cissy, então, brinca que castigaria o *cavalheiro*. E, de novo, mal sabe ela o quanto isso poderia agradar ao algo masoquista Bloom.

O parágrafo que começa com "Então surgiu" nos lembra que o culto prossegue na igreja atrás das meninas (ele é um fundo constante para a ação) e nos apresenta ao alcoolismo do pai de Gerty, provável motivo de ter sido ela a ir para a cidade hoje, trabalhar por ele, como vimos nos "Rochedos". É por essas frestas que, mais uma vez, vemos a miniodisseia, triste, dolorosa, da Gerty real. No parágrafo seguinte, Gerty projeta em Bloom — um desconhecido — características dele que já vimos reconhecidas por Davy Byrne, por exemplo (ele nunca fica bêbado). A descrição do homem feio que segue pode ser de Bloom (estranho, porque Gerty tenderá a idealizá-lo), pode ser de um *outro homem* que as amigas um dia viram (que pode também ter sido Bloom, visto mais de perto) e pode ser já parcialmente do pai de Gerty.

O dr. Fell citado de passagem era um reacionário, que motivou a tradução de um epigrama do poeta latino Marcial, que basicamente diz "Não gosto de você, dr. Fell", sem mais explicações.

O fato de ficarmos sabendo na sequência que o senhor McDowell era amigo de Dignam levanta a dolorosa suspeita de que ele pode estar no mesmo caminho. Ao mesmo tempo, temos de perguntar por que ele não estava no enterro. A morte o deprimiu? Está doente demais?

Logo depois o incidente homérico acontece. A bola das crianças para perto do *cavalheiro*, que galantemente a devolve e, *por acidente*, na leitura delas, a joga na direção de Gerty, que se resigna a devolver com um chute que, mais uma dica, sai torto. Ela chuta de novo e, para isso, ergue um tanto a saia. Esse gesto, junto com o olhar que ela então lhe lança, inaugura o novo estágio da relação distante dos dois.

Gerty descobre em Bloom o olhar "mais triste que já vira". Pode ser sua idealização de uma figura misteriosa. Mas lembremos que o dia de Bloom chega ao fim, que ele cumpriu sua última tarefa e pensa em ir para casa. Para o que o espera. Além do mais, ele acaba de sair da casa da família de Dignam.

O tema da paternidade ganha uma curiosa extensão quando o bebê Boardman simplesmente não consegue dizer a palavra "pai". É ela, afinal, o tema oculto de quase todo o romance. E o bebê, elas percebem, está molhado. É a segunda vez que uma criança urina no episódio, e toda essa exposição peniana como que prepara a que está por vir.

Gerty, enquanto isso, deixa transparecer seu ódio pela criança, sua ignorância da palavra "turíbulo" e seu interesse por um artista de rua que deixa pinturas efêmeras no chão, coisa que Bloom fará daqui a pouco. E é então que ela percebe o olhar agora fixo e "penetrante" de Bloom. A brincadeira dos dois está indo mais longe e ela precisa idealizá-lo para embarcar no jogo. Olhos magníficos, rosto intelectual, estrangeiro e misterioso. E temos aí duas dicas preciosas para a aparência de Bloom, afinal, ele é a cara do ator (real) Martin Harvey, mas tem bigode!

E é só aqui que o leitor confirma esse detalhe, de que poderia ter suspeitado ao ver a xícara *bigodeira* de Bloom. Mas o livro simplesmente não julgou necessário descrever de fora, objetivamente, seu personagem mais importante. Faz sentido. O *Ulysses* trabalha por dentro dos personagens. Qual a cor dos olhos de Dedalus? Só podemos saber se pensarmos em Joyce e em seus olhos azul-claríssimos...

E o rosto de Bloom continua inspirando Gerty, que tenta inclusive dourar a pílula ao descrever seu nariz, que parece grande demais, usando todos os termos que teria lido em romances para descrever um nariz. "Aqui estava aquilo com que tanto sonhara." E ela pode abandonar o romance frustrado com Wylie e se entregar a esse homem, mesmo que ele seja metodista ou protestante. Mal sabe ela que ele é judeu. Assim como, aliás, ela mal sabe que metodistas são protestantes.

A transição desse parágrafo para o próximo é um primeiro momento em que a figura de Gerty (a virgem?) se funde à da Virgem. As orações dentro da igreja quase recobrem seus pensamentos e descrevem a imagem que ela quer de si. A insistente presença da cor azul (típica das representações de Maria) nas descrições de Gerty já apontava para isso.

A igreja faz Gerty lembrar do pecado. E sua confissão ao padre Conroy (que, já vimos, não é o irmão de Gabriel Conroy, assim como esta Gerty aparentemente não é aquela, que vimos de manhã) prenuncia a confissão que veremos Molly lembrar. Mas o que Gerty confessa ao padre, aparentemente, é sua primeira menstruação!

Os meninos seguem irritando Gerty, que até recorre a certo sarcasmo ("como eram ajuizados!"). A corrida de Cissy, com seus (invejáveis) longos passos, exibindo suas (deploráveis) canelinhas finas, gera mais ódio em Gerty. Ela está convencida de que a amiga se exibe para Bloom e, impossibilitada de competir nos mesmos termos (a corrida), aposta em suas belas pernas e em sua altivez.

No parágrafo seguinte ("Rainha dos anjos...") a fusão entre a ação na praia e os gestos do cônego vai se tornando mais pronunciada, ecoando os princípios do dito *método mítico*: rebaixamos a religião e elevamos o cotidiano.

Gerty continua repassando os méritos e os preços de suas roupas e demonstrando que não entende bem os ritos da Igreja ao relembrar uma versão truncada de *tantum ergo sacramentum*. Mas as imagens religiosas e a noção do pecado invadem seu pensamento, e agora o olhar do estranho, em que reside *o demônio*, é como o da *serpente*. Mas ela está sem fôlego. Ela está gostando.

As meninas querem saber a hora, e Cissy (claro, pensaria Gerty) se prontifica para ir perguntar ao "tiozinho". Quando se aproxima dele, Gerty pode ver que ele fica nervoso e tira apressado a mão do bolso. O que essa mão estava fazendo lá, senhor Bloom? Gerty (cúmplice?) aprecia seu autocontrole.

O relógio de Bloom parou (às quatro e meia, veremos) e o comunicado de que o "badalo" do tio estava estragado tem, claro, duplo sentido.

Mais uma vez temos um parágrafo que funde o rito religioso, a descrição do ambiente e os pensamentos de Gerty, que percebe (mais uma vez antecipando Molly) que sua menstruação está para chegar.

E enquanto na igreja se ouve o "Destes-lhe o pão do céu", a fúria de Gerty contra as amigas, que ela acha exibidas, e que se recusam a ir embora, continua vindo à tona. Cada vez mais. Seu flerte com Bloom, de seu ponto de vista, a coloca muito acima delas. E além de tudo, por uma tradição irlandesa, as moças podem propor casamento aos homens apenas nos anos bissextos, como, afinal, 1904. E isso a enche de poderes. Ela chega mesmo a pensar em rasgar um certo postal que teria recebido de Wylie.

E estamos prontos para um dos parágrafos mais primorosos de todo o *Ulysses*. Se os censores em vários países reclamaram demais dos palavrões e da sinceridade de Molly no fim do livro, por exemplo, pouco há de mais subversivo que este trecho, em que basicamente Gerty percebe o que a mão de Bloom fazia, e voltou a fazer, dentro do bolso da calça, quase engasga com o susto, quase manda a amiga pastar depois do susto e dá como desculpa a igreja, onde naquele momento o cônego estaria "dando a bênção *com o santo sacramento nas mãos*"!

"Quão comovente era o quadro ali", diz o próximo parágrafo, e só podemos imaginar Joyce rindo. Fundir a masturbação de um voyeur e a manipulação de um objeto sacro, tão discreta e tão eficientemente, é trabalho para poucos.

Depois disso, certa melancolia volta a tomar conta de Gerty, "porque os anos já se lhe escapavam", e ela sabe que tem que conviver com "aquele pequeno contratempo", que ela "sempre tentava esconder". Esse humor pesado leva a moça a decidir que fará "o grande sacrifício", e é provavelmente aqui que ela aceita embarcar plenamente no jogo de Bloom, como veremos. Mas seus sentimentos em relação ao sexo são tudo menos claros (virgem?), e ela parece se inclinar a um relacionamento idealizado. Ou voyeurístico?

Como um dado curioso, que necessariamente se perde com a distância (cultural e temporal, mais que geográfica) e também com a tradução, fica a referência quase direta ("de dias já perdidos à lembrança") ao primeiro verso da "Velha e doce canção do amor", que Molly cantou com Boylan à tarde. Logo neste momento...

E quando começam a estourar os fogos da festa de abertura do Bazar (para a qual veio o vice-rei, que vimos há pouco), ela, sem querer se levantar (o *contratempo*...), se dobra para trás para enxergar melhor, e com isso ergue a saia e permite que Bloom veja o que "ninguém antes" viu enquanto "As mãos e o rosto dele se moviam e um tremor tomou o corpo dela". Ao mesmo tempo, sua mente analisa a *perversão* da situação, que lhe evoca aqueles senhores sujos que (como Bloom!) têm fotos pornográficas guardadas, mas, numa sublime explicação fajuta, ela chega à conclusão de que "isso era completamente diferente de uma coisa dessas porque havia uma enorme diferença". Sim porque sim.

E enquanto uma *bengala* de fogos de artifício sobe e estoura e o morcego ("algo estranho estava revoando") continua pelo ar, o texto (apenas o texto?) chega a um clímax que remete à chuva de ouro com que Zeus se apresentou para fecundar Dânae ("em êxtases jorrou dela uma corrente de fios de cabelo de chuva dourada...") e Gerty, safada, lança um olharzinho de reprimenda para seu improvável Don Juan, Don Giovanni Leopold Bloom ("pois é ele", como jocosamente nos informa o livro). Curiosamente uma voz agora repreende Bloom ("De novo com isso!") sem que possamos determinar claramente a quem ela pertence.

A certeza final de Gerty, de que "eles se encontrariam novamente", terá eco na esperança de Bloom, mais à frente. Mas agora, quando ela finalmente levanta para seguir as amigas e quando a voz determinante passará a ser a da consciência de Bloom, vem a revelação. Gerty, como a Eugênia de *Memórias póstumas de Brás Cubas*, é manca. "Por que bonita, se coxa? Por que coxa, se bonita?"

Com sua saída de cena, nosso primeiro mergulho livre na consciência de Bloom desde os "Lestrigões" começa com uma série de revelações. Ele *sabia* que algo estava *errado* com ela? Duvido. Ele *agradece* por não saber enquanto se masturbava? Ele acha que um defeito deixa as mulheres "mais educadas"? Acha que uma manca seria uma "curiosidade, como uma freira ou uma negra ou uma moça de óculos"?

Bloom é impagável.

Mas é atento. De alguma maneira ele sabe que ela está para ficar menstruada. Assim como sabe que Martha também está. E ele próprio está com uma incômoda dor de cabeça (já vimos Térsites se referir a essas dores *menstruais* de Bloom).

Outra coisa que ficamos sabendo é que, apesar de planejar

fazê-lo, ele acabou por não se masturbar no banho. Na verdade, é só agora que podemos ter certeza de qual era a coisa que ele considerou fazer no banho. Bloom percebe também (solidário?) que as amigas de Gerty tendem a provocá-la.

E depois de uma leve menção à lenda de que o arame farpado teria sido inventado por uma freira, já citada em "Lestrigões", muito curiosamente a palavra *tableau* (quadro), que surgira na voz de Gerty, agora se repete na de Bloom. E Bloom, que também recita algumas crenças supersticiosas sobre a menstruação, formula mais uma vez um juízo maeterlinckiano, ao dizer que por estar carente talvez tenha encontrado em Gerty essa mesma carência.

E ficamos sabendo que, enquanto Gerty buscava esconder seu *contratempo*, Bloom evitava se mostrar de perfil, por causa do nariz avantajado. E tudo isso, todas essas ideias sexuais o levam, claro, a Molly e ao fato curioso de seu relógio ter parado precisamente na hora de seu encontro com Boylan. Como sempre, ele não consegue elaborar exatamente seu incômodo, sua dor, e rapidamente vai mudar de assunto, de foco. Mas aqui temos aqueles dois pequenos parágrafos ("Oh! Ele fez...") que são o mais próximo que chegaremos neste momento de ver Bloom encarando os fatos daquela tarde. E que embutem toda a dor e toda a resignação de Poldy.

Que passa agora a lidar com a sujeira na sua roupa de baixo.

Quer outra revelação pragmática? Outra referência a urina? Bloom "se aliviou" nos fundos da casa dos Dignam. E, ao cantarolar um trecho da ópera *Os huguenotes*, ele, como Gerty, se deixa levar pelo ritmo e redivide as palavras *La causa è santa*.

As andanças de Bloom no mundo das prostitutas (que continuarão na noite de hoje) ganham mais uma ilustração: ele um dia quase abordou uma conhecida achando que ela estivesse oferecendo seus *serviços* na rua! E é nesse momento que ele confere e vê que ainda tem no bolso a camisinha que sempre carrega. (Disso, e da batata!, ele lembra... mas a chave...). A frase "entra, está tudo preparado" faz com que ele se lembre, mais uma vez, do sonho que teve, e que parece sempre incluir um *convite* a um estranho para que de alguma forma se *aproveite* de algo: uma fruta, uma mulher...

Acompanhamos na sequência algumas lembranças do primeiro beijo do casal Bloom, momento que revisitaremos com Molly. E Bloom, ainda olhando as moças que se afastam, depois dessas reflexões sobre sexo e sobre Molly, talvez inconscientemente cita a música que sua filha identificou com Boylan: "essas lindas meninas da praia...".

E isso tudo o leva a pensar em Milly, pouco mais nova que aquelas meninas, que talvez ("quem pode saber?") esteja prestes a entrar no mundo do sexo. O que desperta Bloom desses pensamentos é a meleca na sua roupa. Culpa de Gerty ("sua diaba")! E culpa daquelas meias esticadíssimas, que atendem perfeitamente ao fetiche de um Bloom que detesta meias frouxas.

E quando ele lembra que viu "tudo" (até onde terá ido a manobra de Gerty?), sua exclamação ("Senhor!") mais uma vez ata o sacro e o extremamente profano. Os duplos sentidos sexuais ("meio murcho") continuam dando o tom de seus pensamentos, como não poderia deixar de ser. E como também não poderia deixar de ser, Boylan ("sua cabeça toda roda") e Martha ("Daí eu te digo tudo") também comparecem.

Ao pensar, maternalmente, que não deviam ter dado o bico sem a mamadeira para a criança, Bloom lembra da senhora Purefoy (que ele insiste em chamar de Beaufoy) e pensa que *tem* que passar no hospital. É claro que ele está mais uma vez arrumando pretextos para não voltar para casa. Mas parece, também, que a possibilidade de rever uma certa enfermeira não o desagrada.

As tortuosas linhas de raciocínio de Bloom o levam das mulheres à superioridade de Molly (como vimos, é sempre Molly quem apaga as dores causadas por Molly), e daí ao mistério do amor materno (o *amor matris* em que já pensou Dedalus), que faz com que todos os homens tenham sido salvos por uma mulher, exatamente como Stephen pensava ao conversar com seu aluno Sargent.

A sujeira do esperma ainda incomoda. E ele percebe que, além disso, seu prepúcio ainda não voltou ao lugar. Mas, espera, ele não era judeu? Cadê a circuncisão? E temos mais um complicador dessa judaicidade pretensa, que acabou de ser tão violentamente defendida pelo próprio Bloom diante do Ciclope.

As reflexões de Bloom sobre o tempo e o espaço, em seu pragmatismo, ecoam ironicamente as de Dedalus, naquele mesmo lugar, quase onze horas antes.

Esse mesmo pragmatismo, desprovido de preconceitos, leva Poldy a lamentar que muitas mulheres não atinjam o orgasmo, bem na hora em que lhe chega ao nariz o perfume do algodãozinho que Gerty agitou no ar ao sair. O ardil da moça funcionou. E Bloom pensa que até as fragrâncias escolhidas por Molly são superiores. E logo várias ideias se fundem, a relação da cor preta com o calor (ele ainda não resolveu?), a *dança das horas*, uma teoria dos aromas.

A partir desse ponto o pensamento de Bloom vai ficando cada vez mais volátil, mais volucre. É preciso lembrar que ele está com sono e, agora, exaurido: exausto.

Em um novo parágrafo que mostra a liberdade deste *Ulysses* vespertino e noturno, vemos Bloom cheirar a roupa, para de novo reconhecer o aroma do sabonete, enquanto as frases do narrador vão sendo interrompidas por seus suspiros. E o sabonete o leva à loção, que ele esqueceu de pegar. E isso o leva a Hynes, que ainda lhe deve o dinheiro que pediu emprestado uma vez no bar Meagher's, como vimos em "Éolo".

A partir da ideia de se ver como os outros o veem, um tema constante para Bloom, ele começa a pensar em escrever um conto intitulado "O homem misterioso na praia", para se equiparar ao senhor Beaufoy. Ele ainda não superou esse complexo de inferioridade que quer fazer dele um escritor, e é singular, e muito joyciano, que seja essa teoria da *empatia* que o leve de novo a pensar na ficção. O *Ulysses*, na minha opinião, é uma das maiores máquinas de empatia e compaixão que podemos conhecer.

Ele continua a pensar em pilhas de coisas que se referem a sua vida e a seu dia, juntando a dúvida astronômica à preocupação com as hemorroidas que (desde "Calipso") sabemos que o afligem.

Depois de um novo elogio à beleza de Gerty (expresso em termos curiosamente cafonas, como o desejo de ser a pedra em que ela se sentou), Bloom recorda que foi também naquela época do ano que ele conquistou Molly, e com isso, se entrega mais uma vez àquelas lembranças, como sua esposa fará em "Penélope". Ele lembra que foi *ela* quem o beijou (ela lembrará que foi ela quem *deixou* que ele a beijasse) e pensa que voltar ao local estragaria o encanto da memória. Logo depois, ele data esse encontro de 1887, e confirmamos que o casamento (será ao casamento que ele se refere?) dos Bloom se deu um ano depois.

E vem então a mais clara formulação bloomiana do problema de Maeterlinck, sintetizada na frase "a maior volta possível é o caminho mais curto para casa", que também resume a *Odisseia* e, claro, este *Ulysses*.

A presença do morcego, que saiu do campanário ao tocar do sino, faz Bloom pensar que o que ele acha que era uma *missa* já acabou, e nos leva também a duas questões de tradução. Uma é o fato de que o parágrafo em questão já se abre com um *Ba*, no original, que tanto pode ser uma exclamação vazia quanto um pedaço da palavra *bat*, morcego, que assim se equipararia ao *ha* (o "chap") de Bloom. Outra, é que em inglês a expressão "bats in the belfry" (literalmente, "morcegos no campanário") é equivalente à nossa "macaquinhos no sótão", isto é, as duas se referem a loucura, insanidade. E esse sentido da expressão talvez seja relevante para o final do episódio. Infelizmente, fica difícil recuperar essas duas coisas em tradução.

E Bloom, que de certa forma reencena o passeio matutino de Dedalus, passa a pensar também nas cores das coisas. Mas sua erudição faz com que quase lhe escape o nome de Arquimedes que, lembrado, gera seu "Descobri", claro eco do *heureca* do sábio grego.

Outra coisa que lembramos, aqui, é que Bloom nunca esquece a picada de abelha que um dia tomou, assim como continua sempre a pensar na vida dura que os outros (nesse caso os marinheiros) levam. Ele ainda verá um marinheiro no dia de hoje. *Faugh a ballagh* ("abram caminho") era o grito de guerra dos Reais Fuzileiros Irlandeses.

Mas a empatia de Bloom nunca teve melhor expressão do que a frase "será que os peixes nunca ficam mareados?" (A resposta, aliás, parece ter vindo apenas em 2009; e parece ser um sim.)

O carteiro das nove que aparece mencionado aqui faz a última entrega do dia, depois da chegada do segundo barco-correio da Inglaterra.

Esse exuberante parágrafo ("Uma última bengala...") representa uma diferença: ele não é narrado estritamente de dentro da consciência de Bloom. Pela primeira vez aqui um narrador nos leva para um passeio como que panorâmico pelas ruas e pelas paisagens da região, com um olhar de empatia até pela geografia (o promontório de Howth, por exemplo, "estava velho") que prenuncia encantadoramente os momentos mais lindos do *Finnegans Wake*. Tudo num relato de aparência cinematográfica aos olhos modernos, que termina com a bela imagem do navio ancorado, que "piscava para o senhor Bloom".

O emaranhado das ideias sexuais de Bloom encontra ainda confirmação na echarpe *azul* que ele lembra de ter visto na filha. A cor saiu deste episódio carregada demais de associações para ser insuspeita. Milly, a mesma que o chamou de "queridíssimo pápi" na carta que ele recebeu de manhã, a mesma que ele lembra ter ficado assustada (como Gerty) com a primeira menstruação...

Outra ideia sumamente bloomiana que encontra menção neste algo embaralhado trecho final é seu pacifismo. O que mais teríamos a acrescentar à ideia de que "as armas às vezes disparam"?

A essas se somam mais lembranças de Molly, inclusive do espanhol que ela conhecia, através da frase "o homem ama a mulher bonita", que não especifica quem é esse *homem*, apesar de sabermos que Molly Bloom seria a *muchacha hermosa*. E a procrastinação de Bloom ganha expressão direta. É cedo demais para chegar em casa ("pode estar acordada ainda"). Bloom pensa que perdeu a peça que queria ver (mas ele ainda vai mentir dizendo que foi sim ao teatro) e é melhor ir ao hospital ver a senhora Purefoy.

Uma primeira recapitulação do que já é um "dia comprido" (e que ainda vai longe) se interrompe, claro, no episódio anterior. E teremos que esperar que o parágrafo chegue à metade para abordar o *vazio*, a *lacuna* entre esses dois episódios (por exemplo na frase "a do Dignam foi o fundo do poço"). Não sabemos bem o que aconteceu ali, mas agora aprendemos que Bloom prometeu passar no fundo de pensão (das Viúvas Escocesas) para resolver algo para os Dignam. É uma das primeiras coisas que ficamos sabendo sobre o 17 de junho de 1904, o dia mais desconhecido da história da literatura.

Antes de lembrar que a partida do barco-correio significa a partida de Nannetti (como soubemos no "Ciclope") e que assim ele tem que se virar se quiser garantir o anúncio, sua comissão e o presente que pretende comprar para Molly, antes ainda de lembrar mais uma vez do sonho misterioso que teve, Bloom de novo sintetiza várias ideias numa só, numa distorção de um trecho bíblico (Eclesiastes 8,15) já citado em "Lestrigões": "Amem, mintam e sejam belos, pois amanhã morreremos".

E Bloom acha que viu um papel no chão (o poema de Dedalus?), e de fato encontra um pedaço de pau. A ideia de voltar (como os assassinos e, na opinião dele, as abelhas) para o *local do crime* lhe acena brevemente. E ele, com seu "pau", começa a escrever na areia, mesmo sabendo (como Dedalus e como Gerty) que aquele registro será apagado. E o que ele escreve — "eu sou um" — seria talvez um momento-chave para nós podermos entendê-lo. Mas, pela mais prosaica das razões, ele interrompe o texto!

Eis um dos mistérios irresolvíveis do *Ulysses*. O que Bloom estava para escrever quando acabou o espaço de que dispunha?

O final do episódio oferece uma possível resposta...

Bloom arremessa o pau, que cai cravado, ereto, na areia. Ereto. E diante dessa imagem ele como que agradece a Gerty pela experiência, num tom muito delicado. E enquanto decide encostar para tirar uma soneca (como Dedalus deitado no fim de "Proteu"), ele lembra de novo de Molly, de Boylan e de tudo que ainda vai acontecer entre os dois em Belfast. Para onde ele não irá. E mais uma vez racionaliza lembrando que ia dar muito trabalho ir para lá com a esposa e ter que correr visitar o túmulo do pai em Ennis, no aniversário de seu suicídio.

O parágrafo seguinte ("Ah lindinha") sai todo do quase-sono, do torpor de Bloom, que mistura ideias e lembranças, do primeiro amor de Molly (Mulvey) a Gerty poucos minutos antes. E o texto se encaminha para a conclusão.

A palavra é cedida a um narrador. Bloom, afinal, está dormindo. E este narrador primeiro está ao lado dele, descrevendo sua posição no instante em que cai no sono (pensando ainda "só um pouquinho"), depois se desloca para a casa do padre e, em seguida, para a casa de Gerty, onde parece novamente ceder a palavra àquele primeiro narrador, ensopado da voz e dos trejeitos de Gerty. Ou da imagem que Bloom faz da menina?

Nenhum desses três parágrafos se encerra propriamente. Os três são cortados abruptamente por um trio de pios do cuco de um relógio, o relógio dos McDowell, que marca as nove horas (o episódio todo durou pouco mais de meia hora) e, de saída, insinua que Bloom, na gíria inglesa, é *cuckoo*, ou seja: ou corno ou louco.

Ou ambos.

14. O gado do Sol

Em Homero, o gado do Sol, as reses miraculosamente férteis da ilha de Trinacria, eram o xodó do deus Hélio. Odisseu tinha sido advertido por deus e o mundo de que não deveria arriscar a segurança daquele gado, mas sua tripulação se rebela. Eles decidem acampar na ilha e, quando Odisseu dorme, matam vários dos animais, fazendo com que a fúria do deus Sol caia sobre todos.

Joyce se serviu especialmente da noção de um crime contra a fertilidade (a matança das fertílimas reses) para, neste episódio transcorrido numa maternidade, falar de masturbação, contracepção e abortos. Outra decisão foi encenar uma fertilização. Como ele mesmo declarou numa carta, Bloom representaria o esperma, o hospital seria o útero, a enfermeira seria o óvulo e Dedalus, o embrião.

Não contente com isso, ele fez do texto do episódio uma metáfora do desenvolvimento embrionário.

Para tanto, escreveu todo esse trecho como uma sucessão de pastiches de textos escolhidos de toda a história da literatura de língua inglesa, em ordem cronológica. Assim, a prosa como que *evolui* e *se forma* no correr das páginas, do embrião gaélico até a gíria urbana. Mais ainda, as páginas de abertura nos apresentam também uma *fertilização*, com a união de um elemento latino e de um substrato germânico que, a partir da chegada dos normandos à Inglaterra, geraram a língua como a conhecemos.

Essa escolha, corajosa, claro, tem várias consequências. A primeira, a que ainda voltaremos, é o fato de que a superfície do texto é extremamente densa e de difícil interpretação. A segunda é que se trata do primeiro momento do *Ulysses* em que fica mais difícil justificar a escolha da técnica de narração a partir do que está sendo narrado.

Até aqui nós reconhecemos a adequação da prosa mutante do *Ulysses*, em cada momento, a seus diferentes objetos e temas. Mas eis que quase nos vemos forçados a perguntar, com Ezra Pound, se essa manobra (divertida como possa ser) era *necessária*.

Uma das mais sólidas respostas a essa dúvida veio de T.S. Eliot, que afirmava que o objetivo do gesto de Joyce era provar, definitivamente, que o *estilo* é algo supérfluo e, no limite, estéril. Eu, particularmente, gosto de lembrar que a sensação de desorientação e incompreensão do leitor desse episódio em alguma medida representa a posição do próprio Bloom entre aqueles estudantes eruditos e cabotinos.

O palavrório que às vezes pode nos derrubar também teria derrubado Poldy.

Dito isso, registro que, justamente por causa dessa impenetrabilidade imediata do texto do "Gado do Sol", vamos mudar um pouco os nossos procedimentos. A ideia agora é principalmente apresentar uma sinopse do que de fato acontece na maternidade, o que nem sempre é compreensível numa primeira leitura. Outros comentários virão depois desses parágrafos de *resumo*.

* * *

    Abrimos com três invocações, cada uma delas repetida três vezes (nenhuma novidade nessa ênfase no número três, certo?). A primeira é composta por uma palavra gaélica que significa "para a direita, em sentido horário", pelo nome da rua em que fica a maternidade e por um imperativo latino. Seu sentido seria algo como "em sentido horário, vamos para a Holles Street". E vale lembrar que esse *sentido horário* tem mais significado ritual que geográfico. A maternidade fica ao norte da praia onde estávamos.

    A segunda pede que uma hipotética divindade, cujo nome é baseado no do doutor Horne, responsável pelo hospital, nos dê a fertilidade e o bebê. Ou seja, que o parto aconteça.

    A terceira é uma celebração pela chegada de um menino. Ou seja, essas três invocações sintetizam tudo o que irá acontecer nas próximas páginas.

    O que vem a seguir é um parágrafo incrivelmente denso, baseado ou num latim truncado como o de Tácito ou, mais provavelmente, numa tradução palavra por palavra desse mesmo latim. A sintaxe dos períodos é francamente latina e, acredite, recuperável. Trata-se quase de um quebra-cabeça: as palavras estão ali, mas totalmente fora de ordem. O sentido geral do trecho é que apenas um tolo negaria que a fertilidade e a procriação são as maiores dádivas de uma sociedade

    Ainda nesse latim, ou latinório, agora mais diretamente modelado no estilo de cronistas medievais, se diz que não devemos estranhar que entre os primeiros irlandeses a atenção para com as mulheres grávidas fosse uma das maiores preocupações, em nome da qual eles estabeleceram locais onde pudessem ser atendidas. A bem da verdade, a Irlanda tem realmente um histórico de excelência médica e foi lá que se estabeleceu a primeira maternidade das Ilhas Britânicas.

A partir desse "Gaio o menino na madre" o trabalho de fertilização que gera a linguagem moderna está concluído, e Joyce pode se entregar a pastiches dos primeiros textos do dito inglês antigo. Aqui há um problema formal: por mais que a nossa tradução tenha tentado responder ao desafio joyciano, escolhendo modelos de períodos e estilos diferentes para cada um dos pastiches, a história da língua portuguesa escrita é bem mais breve. Sendo assim, enquanto Joyce aqui partia de algum ponto no final do primeiro milênio, nós temos que começar trezentos anos depois, com a poesia dos trovadores galego-portugueses. O sentido geral do trecho é apenas afirmar que, se o bebê está feliz dentro da mãe, os homens sábios da nação tomaram todas as providências para que sua chegada ao mundo fosse também tranquila. Feliz.

Depois disso, Bloom chega, supostamente por "pura mercê" (misericórdia), o que sabemos não ser exatamente verdade. E chega só.

A descrição da maternidade aponta que naquele momento há ali duas enfermeiras, que trabalham seis dias por semana.

No silêncio do hospital, a enfermeira ouve a chegada de Bloom (que tocou uma campainha) e lhe abre a porta bem quando um relâmpago risca o céu. Supersticiosa, ela se benze de medo que o trovão represente a possibilidade de que Deus queira acabar com a humanidade para se livrar dos *seus* pecados.

Bloom, que nove anos antes foi vizinho de Callan e se lembra de não tê-la cumprimentado na última vez em que se viram, compensa agora elogiando sua aparência. E ela enrubesce satisfeita ao ouvi-lo.

Ao ver o luto de Bloom, ela pergunta o motivo. Bloom quer saber do doutor O'Hare, e ela lhe informa que ele morreu de câncer, quase três anos antes.

Ao nos aproximarmos da prosa do Renascimento, certa retórica entra no texto, que agora se dirige como um pregador aos *ouvintes*, pedindo que lembrem o destino de todos os homens.

Bloom pergunta da senhora Purefoy e fica sabendo que o trabalho de parto já dura três dias e é um dos piores que Callan viu na vida. A enfermeira lhe diz isso porque sabe que ele é um homem de grande compaixão. Bloom pensa o quanto ela ainda é bela, mesmo depois desses últimos nove anos, em que ainda não deu à luz.

Abre-se a porta do refeitório (o "castelo") e vem o barulho dos que lá bebem. Quem sai pela porta é Dixon, que reconhece Bloom por ter tratado aquela ferroada de abelha ("pavoroso dragão"). Ele pede que Bloom se junte a eles e, mesmo com as desculpas que Poldy oferece, revigoradas por uma cúmplice Callan, insiste em seu convite. E Bloom entra, pois está cansado depois de muito andar e de certo "prazer" venéreo.

O parágrafo seguinte traz uma hilária descrição, nos termos mais fantásticos das narrativas de cavalaria como a *Demanda do Santo Graal*, de algo que, no fundo, são uma mesa, talheres, copos, anchovas (em lata, ou seja, em "um barril de prata que por feitiços se fazia abrir"), pão e cerveja.

Bloom aceita o copo de cerveja que Dixon serve a todos mas, depois de um mero gole, derrama o restante no copo do vizinho.

A enfermeira pede silêncio e Bloom, percebendo Lenehan (alguém mais próximo da sua idade), se dirige a ele buscando angariar compaixão pela pobre senhora Purefoy. Lenehan, claro, sai-se apenas com um gracejo ("esperando que cada momento seja o próximo") e com sua declaração de que pretende mesmo é beber. Bloom, que o livro nos lembra ter boa mão para cuidar de galinhas (a Nega Lisa nos disse isso no "Ciclope"), fica só com suas preocupações.

Na maternidade estão estudantes, um escocês chamado Crotthers, Lenehan e Dedalus, já o mais bêbado de todos. Eles esperam por Mulligan. Bloom decide ficar pela estima que tem por Simon e Stephen. "Amor o fazia errar mundos", e ele provavelmente percebe já neste momento que Dedalus precisa de cuidados.

Os rapazes discutem a dura escolha entre tentar salvar a mãe ou o bebê em casos em que não seja possível salvar a ambos. Lenehan, nada preocupado com isso, só continua servindo a todos. Dedalus diz que do ponto de vista de Deus tudo se resolve: serão sempre almas novas para louvá-lo, mas o que dizer das almas que nós impossibilitamos toda noite?

A referência dele seria à masturbação ou à contracepção. Desperdício da *semente*. Costello declara que o importante é o sexo, como e com quem quer que seja. A referência de Crotthers a um dito de Lenehan faz com que todos riam. Menos Dedalus, sempre melancólico, e Bloom, sempre contido e, neste momento, preocupado. É interessante a afirmação de que Bloom "jamais ousava rir" abertamente. Dedalus, em seu humor azedo, prossegue com suas *abstrusiosidades* medievais e *effectu secuto* ("uma coisa por causa da outra") teológicas, sempre pensando na Igreja que o expulsaria. Quando os rapazes perguntam a Bloom sobre a questão inicial da discussão, ele tergiversa, mas curiosamente repete em parte o argumento de Dedalus: para a Igreja será sempre bom, o que provavelmente gera o arroubo de felicidade embriagada com que Stephen fecha esse parágrafo.

Mas Bloom mergulha na melancolia, pela lembrança do filho morto e, num momento de fato doloroso, pela memória do casaquinho que Molly vestiu no menino morto para que ele não "morresse de frio". Poldy, sem um filho, lamenta ver Dedalus desperdiçar assim sua vida.

Numa paródia da eucaristia, que ecoa o gesto de Mulligan em "Telêmaco", Stephen serve a todos, menos a Bloom que, prudente, nega. Ficamos sabendo que Dedalus já gastou quase uma libra do seu salário (pagando bebidas). É sempre difícil encontrar equivalências de valores, mas contando com as avaliações de Gifford e corrigindo seus dados para dar conta da inflação até hoje (2016), podemos imaginar que Dedalus já gastou talvez duzentos dólares durante o dia. E mais duzentos ainda irão pelo ralo. Dedalus mergulha mais uma vez em suas imagens derivadas da poesia de Blake e em suas meditações eruditas e ásperas. Seu latim significa "toda carne virá a ti" e "onipotência súplice da mãe de Deus". E o italiano, "mãe virgem filha de teu filho", o que se ata curiosamente com a teoria hamletiana de Stephen. O francês se traduz por "Monsieur Léo Taxil nos disse que quem a colocou nessa posição infeliz foi o desgraçado daquele pombo, cruz--credo!". E o alemão, *entweder...oder...* seria um simples "ou isso ou aquilo".

Costello, quase tão bêbado quanto Stephen, começa a cantar (uma canção baseada num poema de Oliver St. John Gogarty, o Mulligan da vida real) e a enfermeira Quigley, mais velha que Callan, ameaça delatá-los ao dr. Horne, o que faz com que todos se virem contra o amigo conhecido como Ponche.

Dixon pergunta por que Dedalus não se ordenou padre (provavelmente movido pela impaciência com o palavrório de Stephen), ao que ele responde que, dos três votos necessários, um cumpre involuntariamente e os dois outros, nunca nessa vida. Lenehan insinua aventuras sexuais de Dedalus, que nega e argumenta ser puro e virgem. Isso gera grande bagunça e um hino "que se conheça todo o mistério da sexualidade corpórea". A conversa sobre Fletcher e Henderson resvala nos boatos da época, de que eles dividiam uma amante, e quem sabe um leito, o que lembra a frase citada em "Cila e Caribde", de que "a vida corria solta" na Inglaterra elisabetana. O tema do adultério começa a se insinuar, curiosamente a partir da ideia do marido que *cede* sua mulher. (E Bloom apenas ouve.) Dedalus continua pensando em Haines e na sua espoliação ("trazei um estranho a vossa torre"), e se vê como alvo de piedade: "orai, irmãos, por mim mesmo". E seu estado de espírito mergulha fundo na obscuridade e no negror, seus mais adequados "onde" e "como", em latim. Toda sua sensação de abandono e de desilusão é manifestada nessas linhas, ainda que de maneira cifrada e elevada.

Costello (a conversa mais animada continua sendo entre os dois bêbados) pede: "Stephen, canção!".

E eis que um estrondo ("atro estalido") anuncia o trovão que trará a chuva tão esperada o dia todo. Lynch insinua que a tempestade é um castigo divino para Dedalus. Vale lembrar que Thor, o deus do trovão, é também quem dá nome à quinta-feira (*Thor's day*, como esse dia 16) na língua inglesa.

Dedalus, como Joyce, tem fobia de relâmpagos e empalidece e se acocora num canto, bebendo ainda mais, enquanto em vão tenta demonstrar que pouco se importa com a fúria de Deus. Seus amigos se divertem com seu medo, mas Bloom se abaixa ao lado dele e se põe a explicar que se trata apenas de um *fenômeno natural*. Trata-se do primeiro momento de contato direto entre os dois, num dos pontos baixos da trajetória de Dedalus e num dos rompantes de solidariedade que estamos acostumados a esperar de Bloom.

O parágrafo seguinte, no espírito de uma alegoria moralizante, explica que Dedalus não pôde vencer esse pavor, pois, depois de perder a fé por causa do sexo, não tem como aceitar a morte.

Para os outros, no entanto, a inexistência de Deus não implica sofrimento, e eles querem apenas satisfazer sua luxúria, numa das quatro posições sexuais citadas no texto. E dizem não se preocupar com doenças venéreas ou gravidezes indesejadas, pois usam preservativos.

A descrição da chuva, depois de longa estiagem, traz um pequeno panorama de Dublin, que se inicia com o barqueiro que já vimos em "Éolo" e no "Gado do Sol" e termina com Mulligan que, saindo da reunião na casa de Russell, encontra na rua aquele Bannon mencionado no primeiro episódio, que está encantado com certa menina que conheceu em Mullingar, aliás conhecida igualmente muito bem por nós. Ficamos sabendo também que já passa das dez, o que em breve será relevante. Além disso, o texto acaba por sublinhar um vazio. Deixamos Bloom na praia às nove, caindo no sono. Aqui, agora, ele diz ter vindo por ter-se sentido mal (um "langor") enquanto narra seu sonho da noite anterior. Ele passou essa hora dormindo?

"Em suma, uma imensa chuvarada."

Lenehan então menciona a carta de Dedalus, que já saiu no que seria o jornal do dia seguinte. Sua participação neste momento dá oportunidade para uma descrição que faz com que entendamos melhor de que vive de fato este consumado parasita: de entreter com fofocas e ditos entreouvidos uma plateia que lhe pague comida e, acima de tudo, bebida. Lenehan então responde a Frank (Chico) Costello que o texto de Dedalus trata apenas de vacas e se apressa a comer umas anchovas de graça enquanto Costello brada "morte às vacas" (estamos matando o gado do Sol, afinal) em francês. Bloom (Odisseu) se mostra chocado com a ideia da chacina das vacas e declara (ecoando a *visão* de Dignam no "Ciclope") que viu ainda hoje os rebanhos sendo carregados. Dedalus repete as informações de Deasy para questionar a opinião de Bloom, sempre cientificista, de que talvez a febre aftosa nem seja o problema. O trecho que se segue é uma elaborada parábola em que um fazendeiro Nicolau (tanto o papa Nicolau II quanto o papa Adriano IV, que se chamava Nicholas Breakspear) e um fazendeiro Henrique (os reis Henrique II, VII e VIII) disputam a posse da Irlanda através de sua fé. O Touro enviado — idolatrado pelas mulheres — é um trocadilho com a palavra *bull*, que significa não apenas "touro" mas também "bula", no sentido de documento papal. A alegoria se encerra quando, diante do sucesso da religião como instrumento de subjugação da Irlanda através principalmente das mulheres, o rei da Inglaterra, "boi dos bois", em latim, decide criar ele mesmo uma religião (o anglicanismo), já que de latim ele sabe apenas o pronome *ego*. E foi aí que os homens da ilha, diz Dedalus, entraram numa nau e zarparam para a América.

Mulligan chega com Bannon, que teria vindo à cidade para se alistar...? Estranho. O comentário seguinte de Mulligan deixa entrever que o rapaz quer mesmo é se iniciar, com segurança, no sexo. Ele teria vindo a Dublin conseguir um preservativo. Isso leva Mulligan à longa descrição da fazenda de fertilização que ele pretenderia fundar. A brincadeira, com ele, sempre vai longe, e ele de fato mandou imprimir cartões em que se anuncia como *fertilizador*, oferecendo seus serviços a todas as mulheres necessitadas. É a fertilidade das reses de Hélio. Dixon pergunta se ele também quer ensinar o padre a rezar missa e, consoantemente, recebe uma resposta em latim: "é tanta e tamanha a depravação de nosso tempo, ó cidadãos, que as mães de nossas famílias preferem as titilações de semi-homens franceses aos pesados testículos e excelsas ereções dos centuriões romanos".

Mulligan ajeita a roupa enquanto Bannon conta algo que lhe aconteceu (Milly?) a "seu vizinho". Mulligan, olhando os presentes, oferece seus serviços de fertilizador a Bloom, logo quando uma agitação do outro lado da porta interrompe a bagunça.

Revela-se que o vizinho de Bannon era Crotthers, que o parabeniza (Milly?) e pede bebidas a alguém que lhe responde em francês ("Mas claro, e mil saudações") e que por isso mesmo deve ser Lenehan. A empolgação de Bannon com sua namorada de touquinha "tão coquete" (o mesmo termo que Milly empregou na carta ao pai) não tem fim. E ele exibe a foto dela aos presentes. Imagine agora a situação de Bloom. Ele nem precisa ter visto a foto: a menção àquela touquinha nova teria bastado para ele perceber que se trata da sua filha.

O rapaz lamenta apenas não ter um preservativo (uma "capa", diz ele) na ocasião de sua felicidade, mas diz conhecer aqui um "mercador de capotes" que lhe venderá um ideal. Mulligan desdenha das camisinhas e, num discurso cheio de termos em francês (estamos, no original, parodiando o estilo de Sterne), ele declara que Moore afirmou que no cabo Horn (uma gíria para ereção) eles têm uma chuva que arrasa qualquer capote! Lynch declara que Kitty, sua namorada (nós já a vimos hoje, com gravetos na saia...), prefere diafragmas. Os termos franceses do parágrafo se traduzem por "com ele"; "cor-de-burro-quando-foge"; "sem brincadeira"; "libra"; "tostão"; "há duas coisas".

A enfermeira Callan entra para avisar a Dixon que a senhora que estava *enceinte* (grávida, em francês) precisa dele na enfermaria. À sua entrada calam-se todos, mas sua saída gera uma explosão em que Lynch se manifesta e Mulligan (o rapaz de amarelo) faz seu show. Mas o motivador dos comentários foi o embrigadíssimo Costello, e é a ele que se dirige a reprimenda de Dixon e, depois, dos outros todos.

Bloom, que tem dificuldade, como lembramos, para entender os *mots* (as frases de espírito) dos rapazes, vinha botando a licenciosidade destes na conta do álcool e da juventude. Mas Costello, que além de tudo lhe parece deforme e feio (ele pensa no proverbial "elo perdido"), foi longe demais. Bloom se esforça para conter a raiva que lhe surge ao ver as mulheres tratadas com tanto desrespeito, mas se consola ao lembrar que a entrada de Callan (que ele parece querer defender pessoalmente) deve significar que o parto está próximo. O comentário de que ele já passou da metade "do intervalo de anos que nos é concedido" se refere, como na abertura da *Divina comédia*, à idade de setenta anos (Salmo 90,10). Bloom completou 38 poucos meses antes, em data incerta.

Bloom comenta que só uma pessoa muito cruel riria do sofrimento da mulher no parto, que não foi causado por culpa dela, inocentemente negando o dogma do pecado original. Ainda neste parágrafo, no entanto, ele muito tipicamente há de lembrar bloomianamente que esses jovens falastrões, que em breve serão médicos respeitáveis, talvez recorram ao humor baixo apenas para aliviar suas tensões. No meio-tempo, Crotthers lembra que o marido de Mina Purefoy esteve hoje ali, e louva a virilidade do velho.

O parágrafo seguinte dá voz a uma crítica a Bloom que não sabemos de onde vem, expressão de um sentimento, difuso por todo o livro, de que seu mundo não o estima. Sua judaicidade, seus hábitos masturbatórios, o casamento com a mulher que outros desejariam, o fato de não tê-la mais fecundado, os *segredos* do seu leito conjugal, tudo vira motivo para essa voz caricaturá-lo e ofendê-lo.

Chega, finalmente, a notícia do parto realizado. Há uma explosão de júbilo que Bloom, em nome do repouso de Mina, tenta, em vão, conter. Os estudantes passam a uma discussão de todos os problemas de parto e paternidade que lhes surgem. O *Foetus in foetu*, ou seja, o feto que se desenvolve dentro de outro, o parto extemporâneo, ou *Sturtzgeburt*... em suma, todas as coisas que, no entendimento de Bloom, estariam naquela apócrifa *Obra-prima* de Aristóteles, que vimos na banca de livros usados nos "Rochedos". A discussão continua, enveredando pela superstição (explicação *primafacie*, ou seja, à primeira vista) e pela boataria urbana, como a que dizia, na Dublin do século XVIII, que Madame Grissel Steevens, que andava sempre de véu, tinha rosto de porco. Tudo termina, como sempre, com uma tirada leve e descomprometida de Mulligan a respeito de gêmeos siameses. Vale lembrar que Chang e Eng Bunker, os gêmeos tailandeses (quando a Tailândia era conhecida como Sião), haviam morrido trinta anos antes dessa cena, tendo sua fama gerado a popularização do nome e das lendas dos siameses.

Entramos na fase gótica da literatura inglesa (e no terreno de *Macário* de Álvares de Azevedo no português), por isso a aparição de Haines, que só põe a cabeça para dentro do refeitório com o livro de Hyde na mão e uma garrafa de bebida (provavelmente) na outra, é descrita como uma aparição fantasmagórica saída direto do *Castelo de Otranto* de Horace Walpole. Já vínhamos percebendo que as paródias iam ficando mais autoconscientes. Que o livro voltava a citar trechos anteriores. Neste parágrafo isso é extremamente nítido. O que Haines faz é apenas marcar um encontro com Mulligan e Dedalus na estação. Mas a quantidade de temas e ideias prévias que reaparecem é imensa. E de alguma maneira podemos perceber que o clima gótico se deve, pelo menos em certa medida, a estarmos mais próximos da consciência de Dedalus nesse momento.

O parágrafo seguinte nos entrega aos devaneios de Bloom, que, num *arranjo retrospectivo*, para usar a expressão de Goulding, viaja na memória. Pensa na sua infância, no seu pai, em uma certa Bridget (Bridie) Kelly, que não conhecemos. Se vê ele também como o pai da menina loura nascida da mãe morena, e termina, como Dedalus, mergulhado em temas negros. No seu tema mais negro, na verdade: a morte do filho.

E continuamos perdidos com Bloom, que aparentemente se afasta cada vez mais da cena à sua volta, perdido em lembranças da vida tingidas de fragmentos do dia: a paralaxe em que vinha pensando, o "lago da morte", nome latino que se refere aqui ao Mar Morto, tudo transformado num alegórico rebanho terrível de animais.

Bloom só se salva de se afogar nessas memórias por causa da imagem de Martha, curiosamente fundida à de Milly, que, com as mesmas sandálias douradas que associamos a ela em "Calipso" (quando também salvou Bloom de pensamentos fúnebres ligados ao Mar Morto), marcha "toucada por um véu de filandras", precedidas pelo "como é que chama" que Bloom usou o dia todo. Mas mesmo essa imagem vem como que *conspurcada* pela canção ("suas cabeças todas rodam") de Boylan. Esse parágrafo extremamente denso portanto, em que vários temas centrais se fundem num só, se encerra com uma imagem de um alfa, cor de rubi, que apenas o contexto nos explicaria ser uma referência ao triângulo vermelho do rótulo de uma garrafa de cerveja Bass, que Bloom encara silenciosamente.

Costello pergunta a Dedalus (com quem estudou em Clongowes) dos amigos de então. E Dedalus, no melhor espírito das páginas finais de *Um retrato*..., diz que sua lembrança deles é mais real que seus destinos de fato. Costello diz que tal discurso vai cair melhor quando ele tiver ao menos escrito alguma coisa de verdade. Uma frase de efeito de Lenehan sobre a *prole* literária que Dedalus criará lança Stephen no negror das lembranças da mãe. Ainda em meio a pseudônimos de atmosfera árcade, o assunto passa ao turfe, pois Madden perdeu dinheiro ao apostar num cavalo apenas porque o jóquei tinha seu sobrenome. Depois de Lenehan relatar o páreo (não exatamente de acordo com os fatos registrados na imprensa daquele 16 de junho), Lynch toma a palavra para louvar a beleza de sua Kitty e contar aos dois (ele também foi aluno em Clongowes) que depois de um momento, digamos, íntimo sob as árvores, eles encontraram ninguém menos que John Conmee, como, aliás, já vimos nos "Rochedos errantes". É depois disso que Mulligan, sempre ele, percebe a abstração de Bloom e delicadamente chama a atenção dos outros para o cavalheiro perdido em pensamentos.

Mas Bloom não está encantado. Ele só recorda. E ao perceber que os olhos estão nele, e que as pessoas desejam se servir da garrafa, ele mesmo se prontifica para "inserir grande vazio no vasilhame", fazendo as honras da casa, com muito cuidado.

Na elevada retórica do século XIX, o parágrafo seguinte descreve a disposição dos presentes em torno da mesa.

Por aparente sugestão de Bloom, eles passam a discutir o problema da determinação do sexo do embrião, que poderia, entre outras causas, advir da junção da "vontade formativa" do esperma e da "posição eficaz" da mulher, elemento passivo. Mulligan volta a dar voz a sua crítica da sujeira predominante no mundo (já a ouvimos em "Telêmaco"). Bloom, por sua vez, defende os méritos da calipedia, a educação pelo belo; e a lista das formas de arte que ele preconiza é saborosissimamente bloomiana. Mas nada do que eles discutam pode explicar o grande mistério (na consciência de Bloom) da morte de um filho saudável de pais saudáveis. Dedalus retoma a palavra para, como Mulligan, voltar a uma ideia que o obseda desde cedo: a de que um Deus "mascador de cadáveres" é capaz de qualquer coisa. No tom pretensamente científico do parágrafo, os personagens são identificados por pretensos títulos acadêmicos: Dedalus é "cético em teologia", Bloom é "contato publicitário", Mulligan, "doutor em higiene e eugenia", Crotthers, "bacharel em discursividade", Lynch, "bacharel em aritmética", e Horne, "licenciado em parturejar e ex-cavaleiro do Real Colégio de Médicos da Irlanda", na sigla em inglês.

O relato do *accouchement* ("parto", em francês) enseja uma longa digressão à la Dickens sobre os amores do casal Theodore e Mina Purefoy. Os filhos vivos e a lembrança do menino morto, a evocação dos tempos felizes que não podem mais ser... Apesar de ser tudo feito na mais feliz das vozes, o contraste com a situação dos Bloom não pode deixar de vir à tona.

Uma curiosa digressão algo freudiana sobre más lembranças "recalcadas" no inconsciente nos lembra que no entanto elas cedo ou tarde retornarão de forma "silente" e "reprovadora". Ora, estas são as mesmas palavras usadas para descrever a *aparição* da imagem da mãe diante de Dedalus. É interessante vermos que, exatamente como a superfície do texto dificulta nosso acesso ao que é narrado, a superfície dos fatos (a celebração no refeitório) tolda nossa visão para o que real e ininterruptamente se passa na cabeça de Dedalus e de Bloom, ambos perdidos em lembranças ruins.

Essa união dos dois fica mais clara quando vemos, no parágrafo seguinte, que Bloom está olhando para Dedalus, ainda com pena dele, e entendendo, como ninguém mais, que a agressividade do rapaz serve apenas para ocultar alguma coisa. Bloom lembra a primeira vez em que viu Stephen, ainda menino, no mesmo jantar em que conheceu Molly, dezessete anos atrás. E lembra que aquele menino, que já tinha a expressão deste rapaz, lançava olhares constantes para se assegurar da presença da mãe, agora morta. O primeiro verso do coro final do *Fausto*, de Goethe, "Tudo que passa [é apenas transitório]", que Joyce já poderia ter visto atordoantemente musicado na Oitava Sinfonia de Mahler, fecha mais esse momento triste.

O silêncio então reinante é totalmente estilhaçado (e apenas imaginamos com que susto para Bloom e Dedalus) pela decisão de saírem todos para beber. E vale lembrar que em 1904 (e por mais um século depois disso) os pubs de Dublin deveriam fechar às onze horas. Eles precisam correr se ainda quiserem beber mais.

Na saída, rumo ao bar mais próximo, eles encontram o médico, que de início os repreende pelo barulho, mas acaba se juntando ao grupo. Com ele vem também a enfermeira, e Bloom se deixa ficar para pedir que ela transmita suas saudações à mãe recente. Depois de trocar algumas amenidades com a ex-vizinha, na última hora, num lampejo, ele comete uma arrepiante gafe para com uma mulher solteira que, naquele tempo, já estaria *ficando para tia*. Não era a hora de lembrar que ela, enfermeira numa maternidade, ainda não tem filhos.

O trecho se encerra com uma elaborada louvação do casal e da fertilidade em geral, em que se confundem temas anteriores, como a América em seu papel de terra prometida e as metáforas bovinas de sujeição e fertilidade que dominam o episódio. O fragmento citado em alemão diz "Você está ordenhando sua vaca Aflição. Agora você bebe o leite doce do úbere". E a exclamação latina final significa "Pelas deusas Partula e Pertunda, é hora de beber". Partula é a deusa do parto (a terceira das Parcas) e Pertunda, a da perda da virgindade.

O que se segue é o trecho mais truncado de todo o livro. Depois de acompanhar essa pequena história da linguagem literária, que chega às portas de 1904, deveríamos esperar o parto da prosa do *Ulysses*. Mas, como que emulando a eclosão do parto, o choro e a agitação, Joyce decide escrever esse fragmento final no que ele mesmo descreveu em carta como "uma mixórdia medonha de pidgin, inglês negro, cockney, sotaque irlandês, gíria americana e um palavrório perdido". Não é absurdo pensarmos, também, que essa confusão de alguma maneira emula a gritaria desconexa dos rapazes que saem animados da maternidade.

A bem da verdade, anotar esse trecho seria explicar frase a frase, sendo que até o crioulo cabo-verdiano foi usado na minha tradução, por exemplo. Por outro lado, o mero bom senso aponta para o fato de que a ideia de Joyce *não era* buscar aqui a compreensibilidade plena. É o ruído que lhe interessa. É a sobreposição de vozes cifradas, indeterminadas e soltas. Nesse sentido, abro mão até de traduzir as frases em língua estrangeira, todas, aliás, fáceis de encontrar. Apenas as sentenças latinas serão traduzidas, e o que vamos fazer daqui até o final do episódio é meramente tentar entender o que está se passando e, em certos casos, quem está falando o quê.

Já de saída, uma referência curiosa é que alguém (um passante talvez) toma Dedalus por pastor (e bêbado!), por causa de suas roupas, e ele sem pensar duas vezes responde com uma bênção: "Abençoe-vos Deus todo-poderoso, Pai e Filho". Alguém aparentemente se refere a Bloom como *seu Isaque*, enquanto outra pessoa, mais educada, pergunta se ele vai acompanhá-los. Lenehan assume o comando do grupo, claro (ele se trai pelo uso do francês). Stephen nega um pedido de recitar o *credo dos apóstatas*, em referência ao *credo dos apóstolos*. Enquanto uma voz pede que eles fiquem de olho no relógio (os pubs vão fechar), Mulligan enuncia as *beatitudes britânicas*, de sua criação, com a especificação de que a cerveja (*birra*) e a comida (*bife*) valem mais que as outras. Eles estão em tamanha desordem, e talvez já tão bêbados, que se atropelam e pisam uns nos pés dos outros.

Quem vai pagar? Dedalus, o *super-homem* nietzschiano. Bloom quer apenas gengibirra. Eles mais uma vez perguntam as horas e, antes de alguém gritar que faltam dez minutos, Bloom explica que seu relógio parou (como vimos em "Nausícaa"). Alguém entreouve a conversa de Bloom com Dixon e tira um sarro do atendimento que o médico prestou no caso da ferroada da abelha. Outra pessoa (Lenehan?) leva a conversa para a beleza e os encantos de Molly. A batata-talismã-antirreumatismo de Bloom vira motivo de chacota enquanto riem também da barriga de Mulligan que, diante de mais uma tirada tipicamente dedaliana ("a nós couberam…"), lembra o telegrama, de fato uma citação de George Meredith, com que Stephen informou que não compareceria ao encontro marcado. Mulligan menciona também que sua tia vai fazer exatamente o que Simon comentou que planejava em "Éolo": escrever reclamando da má influência.

Eles se acomodam para beber, apesar de alguém (Bloom?) não sentar para não sujar as calças. Bannon, enquanto isso, não para de falar de Milly e de seus encantos. O crítico Jorn Barger acredita que a ação de Bloom no parágrafo anterior, esvaziar os bolsos (a menção à batata), só seria explicável por ele estar procurando a camisinha que sempre carrega para entregá-la a Bannon. A ideia é defensável, além de tematicamente interessante.

Movidos por Lenehan (claro), eles agora pressionam Dedalus a pagar. Afinal, ele tem de fato quase três *pounds* no bolso (um xelim a menos). E uma voz dá o ultimato: foi você quem convidou! Afinal foi realmente Dedalus quem pronunciou a palavra mágica "Burke!".

Eles veem Lyons no bar, que recentemente tirou o bigode, como ficamos sabendo em "Lotófagos". Lenehan, que recorda seu trocadilho com a ópera *A rosa de castela*, lembra também que Lyons estava com o vencedor do páreo na mão (foi ele quem criou toda a confusão do dia, ao interpretar mal a fala de Bloom), até receber seu palpite furado. Eles voltam a lamentar as perdas do turfe enquanto Lenehan pede que façam uma parede para que Lyons não o veja. E ele volta a pressionar Bloom ("Leu, meu velho") por uma confissão dos seus supostos lucros com o azarão Jogafora. O parágrafo se fecha mais uma vez com estereótipos judeus imputados a Poldy.

Ainda bebendo, eles pensam em absinto, e o latim diz "nós todos bebemos o veneno verde e quem chegar por último é a mulher do padre". Quando se anuncia a hora de fechar, e com ela o momento dos últimos pedidos, alguém diz "vinho para o grande Bloom". Bannon tem um susto, *Bloo*. E percebe que se trata do *pápi*. Enquanto os rapazes começam a se despedir, alguém pede abrigo em nome de Dedalus (o menino cujo amigo pegou a chave de casa, e que não tem onde descansar…). Bloom? Ele não saberia. Dedalus? Pouco provável. Mulligan?

Quem haveria de aparecer num momento tão truncado quanto esse, senão nosso velho amigo Mackintosh? De início ele só chama a atenção pela indumentária. Até que Bloom informa que o viu num enterro hoje. Os assuntos do dia reaparecem: a Copa Gordon Bennett de Automobilismo, que aconteceria no dia 17, a Guerra Russo-Japonesa…

Alguém vomita enquanto os outros continuam anunciando que querem mais.

O que acontece no parágrafo seguinte ("Alerta!") fica aberto a interpretação. Parece que houve uma briga, que terminou em correria. A frase "cê num vem", somada ao que saberemos do resto da noite de Dedalus, parece apontar para algo entre ele e Mulligan. Ainda veremos mais sobre isso.

Ele procura por Lynch e os dois decidem seguir para os puteiros ("baldeia aqui pra mancebia"). O latim diz "alegrem-se nas suas camas", e vem do Salmo 149,5. O "cê vem com a gente", somado a "quem diabos é o porrinha do sujeito de fatiota preta", é sugestivo de que Stephen convoca Bloom, um desconhecido para Lynch. Bloom, o judeu, parece ser identificado por Dedalus como alguém que "pecou contra a luz", na expressão do senhor Deasy. "Para que as Escrituras se realizem", como diz a Bíblia. O episódio se encerra então com a visão do cartaz que anuncia a vinda de Alexander J. Dowie (que vimos já em "Lestrigões"). De início as vozes do texto manifestam apenas o pasmo com sua figura (e Dowie era uma imagem e tanto!), mas o que acontece em seguida é bem mais interessante em termos formais. Pois, na medida em que perdemos contato com os rapazes e o senhor que se afastam, é como se a narração fosse tomada pela voz de Dowie, a única organizada e consequente de todo esse momento final. Dowie, cheio de empáfia, se dirige aos pecadores, que parecem até atacá-lo fisicamente (aquele *pflaaaap* é o mesmo do parágrafo da briga). Mas ele tem a vitória garantida. "Só experimente pra ver."

15. Circe

Circe era uma feiticeira. Quando os homens de Odisseu descobriram seu palácio, foram todos transformados em porcos. Protegido por uma erva chamada, veja bem, Móli, Odisseu vence as resistências da bruxa, que não apenas reverte a transformação dos marinheiros, mas ainda os mantém como hóspedes, tratados com todas as regalias, durante um ano.

No *Ulysses*, a ilha de Circe é a região da cidade que era conhecida como Monto, em referência à Montgomery Street, mas que Joyce escolhe chamar Nighttown, a cidade da noite, aonde, como na *Odisseia*, o grupo chega de início sem Odisseu, em busca de consolo. E é de lá que terão que ser resgatados, apenas depois de terem sido transformados em coisas bem piores que porcos.

A ideia de que Joyce escolheria encenar em "Circe" um circo de alucinações faz sentido. Estão todos muito cansados, com muito sono, e bastante alcoolizados, no caso de Dedalus e Lynch, cujo lado pândego já conhecemos desde *Um retrato do artista quando jovem*. Cabeça leve, cabeça cheia, cabeça perdida.

A ideia, no entanto, de que ele escolheria literalmente *encenar* esse circo, como se fosse uma peça de teatro, pode parecer mais estranha. Por que escolher a linguagem a princípio *menos* adequada para representar a consciência e seus descaminhos, e a *mais* adequada para o registro documental do que foi dito e feito, precisamente num episódio em que quase *nada* que aparece na página de fato aconteceu?

A resposta passa pela referência a Goethe, cujo *Fausto* acaba de ser citado no "Gado do Sol". Uma das cenas mais famosas da primeira parte desse mesmo *Fausto* é a Noite de Walpurga, uma fantasmagoria a que comparecem bruxas e demônios e em que nada é o que parece. Esse universo, somado ao de outra referência importante, *A Vênus das peles*, de Sacher-Masoch, responde por boa parte do imaginário sexual-alucinatório deste tribunal em que os mais profundos desejos, traumas e segredos dos personagens acabam vindo à tona e sendo representados diante de todos.

Novamente a melhor opção aqui será tentar fornecer ao leitor uma *linha* contínua dos acontecimentos. Afinal, coisas de fato acontecem nesse intervalo de menos de uma hora (chegamos aqui, claro, à meia-noite). Mais ainda, a própria extensão do episódio, que ocupa um quinto de todo o romance, impede uma anotação mais detida, como a que fizemos dos episódios anteriores.

Mas, acima de tudo, talvez valha a pena deixar claro já de saída que o que está no primeiro plano durante quase todo esse episódio é o desfile de desejos mais ocultos de Bloom, que, ao entrar na região dos prostíbulos, vê essas imagens lhe saltarem diante dos olhos. Naquele lugar, naquela hora (ele está cansado), esses temas constantemente reprimidos se tornam irreprimíveis, mas ainda precisam se manifestar por espelhos e em enigmas, como alucinações. Como num sonho.

Ao texto.
Repare naquela primeira rubrica teatral. Ela, como seria verossímil, começa descrevendo um local. E a Mabbott Street é de

fato uma rua de Dublin, mas aqui ela dá entrada para *Nighttown* que, como vimos, é a versão ficcional de Monto. O fim de linha dos bondes é factual (estamos perto da estação), mas a descrição de trilhos, semáforos e placas já apela para o alegórico. Mais adiante, veremos crianças que tomam sorvete de casquinha, descritas no entanto como "homens e mulheres miniatura" que estariam agarrados a "biscoitos ázimos entre os quais se espremem pedras de carvão e neve acobreada". Vamos, gradualmente, passando da realidade para a alucinação. Do mundo dos fatos para o das alegorias.

As crianças e o idiota, na sequência, nos apresentam a esse mundo de sonho, ou de pesadelo... Ainda mais confusão advém de vermos Cissy Caffrey, que estava junto de Gerty em "Nausícaa", aparecer na região dos bordéis, cantando calmamente. Temos que desconfiar de tudo. Temos que lembrar que o *elenco* da fantasmagoria de "Circe" vem muito mais do inconsciente de Dedalus e de Bloom que da realidade. Cissy, aqui, é a personificação de um desejo...

Enquanto isso, Dedalus e Lynch entram em cena. E Dedalus é, mais uma vez, tomado por pastor. Stephen, claro, fala em latim. "Vi a água que saía do lado direito do tempo. Aleluia. (Um tanto mais elevadamente) E todos aos quais chegou essa água. (Triunfalmente) Foram salvos." E enquanto ele recita essa antífona, no pano de fundo as pessoas hostilizam os guardas britânicos e Edy Boardman, a outra *amiga* de Gerty, também comparece em cena.

Outra figura que surge, para ficar por perto durante muito tempo, é um cachorro, que dá continuidade a um tema do livro todo, e que nesta encarnação terá várias encarnações: será mutante. A cada aparição é de uma raça diferente.

Lynch e Dedalus vêm no meio de uma conversa sobre linguagens universais. Mas Lynch, o lince, quer apenas saber aonde vão. E Dedalus responde em latim: "À deusa que alegra minha juventude". O que corresponde exatamente à segunda frase da liturgia iniciada na primeira página com aquele "entrarei no altar de Deus". Só que aqui, como lá (onde Cristo virou Christina), Deus vira deusa, uma prostituta.

Na rubrica seguinte, surge Bloom atabalhoado. Ele ficou para trás, e perdeu os rapazes, porque aparentemente quis parar para comprar comida, ainda preocupado com a saúde de Dedalus. Mais uma vez ele encontra o que quer num açougue de porco. É a terceira vez, depois do rim matinal e do bacon vespertino. É de estranhar que ele agora esteja grunhindo e seja descrito como "cara de bácoro"?

Ao ver um clarão, ele de novo pensa em Boylan. O *Rojão*, afinal, deveria morar num lugar em chamas. Preocupado em não perder Dedalus de vista, Bloom se apressa e, correndo, quase é atropelado por um motorneiro que é nítida retomada daquele *carachata* que se atravessou à sua frente nos "Lotófagos". Até o gongo do bonde parece xingar Bloom!

Ele verifica se está com a batata-amuleto que ganhou da mãe e percebe que está meio tonto (é cansaço, Bloom), o que atribui às *regras*, ou seja, à menstruação!

Ao encontrar uma figura parada, ele a aborda em espanhol: "Boa noite, senhorita Branca. Que rua é esta?". E ela responde em gaélico: "Mabbott Street". Bloom agradece e, como a leiteira, que achou que o gaélico de Haines era francês, identifica como esperanto a língua falada. O que não o impede de se despedir com uma boa saudação irlandesa.

Depois de tomar uma trombada dos gêmeos Caffrey (e o elenco de "Nausícaa" vai se completando), Bloom se assegura de que não eram *trombadinhas* e que não perdeu nada de importante. Essa ideia de que pode perder dinheiro faz com que se lembre dos conselhos do pai, e é aí que ele recebe a primeira *visita* de uma alucinação. Acusado de perdulário, ele responde, "*é, eu sei, papai*", em alemão.

Bloom se coloca no *papel* de filho humilde, ao mesmo tempo em que reconhece (*Mosenthal*) que a cena com o pai vem de uma peça de teatro de que Rudolph Bloom gostava, como já vimos nos "Lotófagos". Rudolph continua dizendo que esses *gentios* vão deixar seu *leopold querido acabado*. Seu julgamento mais duro vem, adequadamente, em hebraico: "eis o prazer dos gentios".

A judaicidade do pai é contrabalançada pelo catolicismo da mãe, que surge não apenas com bênçãos, mas também com superstições. A voz que em seguida chama Bloom pelo apelido que apenas sua mulher emprega e a figura que mais uma vez evoca aquele sonho misterioso delatam a presença de Molly, que agora insiste em se chamar senhora Marion, ecoando o gesto questionador do envelope da carta de Boylan. Ela, toda transformada em alegorias, aparece agora com "exíguos grilhões" nos tornozelos. Está prestes a fugir de seus laços.

E é ela, agora, quem repete o encantamento que Stephen leu nos "Rochedos". Ao lembrar das mercadorias que não passou para pegar na farmácia, ele encontra mais uma vez o sabonete que, neste episódio, ora, também fala! E que declaração ele dá!

A próxima *tentação* de Molly vem na forma de uma variação de um verso da ária *Là ci darem la mano*: "teu coração treme um pouquinho?". E Bloom continua torturado pela pronúncia daquele *voglio* que, como vimos, nem existe na ária.

Gerty (só faltava ela, da cena da praia) aparece e acusa Bloom por seu crime sexual, acusação de que ele foge covardemente. A fala seguinte da caftina, que parece dar a Gerty o papel de Martha, deixa ainda mais claro que estamos falando apenas das projeções de Bloom. Quem também surge, e também é tratada como *correspondente*, é Josie Breen.

As ideias de *pecado* e de exotismo ganham forma no espetáculo dos *reais* irmãos Bohee, especializados em *minstrel shows*, em que atores/cantores brancos apareciam maquiados de negros.

A *corte* quase caricatural de Bloom a Josie continua, enquanto o figurino de Poldy vai mudando para ficar mais impressionante. Para coroar a situação, o amalucado Denis Breen aparece como um dos homens-sanduíche da Hely's.

Mas mesmo nesse momento de exposição total, Bloom solta suas mentiras. Afinal, ele *não foi* assistir à senhora Bandman Palmer. Quanto à ideia de que teria comprado *lá* o pé de porco que ele quer que ela toque... o que dizer, não é?

A comida lembra o almoço, e Richie surge com sua pasta *pirata*, acompanhado de perto por Pat, o garçom. A exclamação de Richie se refere, logo depois, à doença de Bright, que ataca os rins e frequentemente acomete alcoólatras. Já Bloom volta a citar Hamlet, dizendo "ao prazer não sou inclinado".

O final da cena com Josie é uma curiosíssima repetição da palavra *sim*, que obviamente antecipa o famoso final do monólogo de Molly.

Mais alguma tensão entre os *casacas vermelhas*, representantes de Sua Majestade o Rei da Inglaterra, e os passantes prepara a cena final do episódio e comenta atritos que de fato eram frequentes em Dublin.

A nova fala mais longa de Bloom ("Perda de tempo...") é reveladora. Sabemos que houve alguma *cena* na estação. Provavelmente aquela briga entre Dedalus e os amigos que, depois, ainda passaram ilegalmente para a primeira classe. Bloom pondera que foi o destino (*Kismet*) quem uniu o seu caminho ao de Dedalus.

A comida comprada para Dedalus acaba na boca do cachorro, que claramente simboliza o próprio Stephen desde pelo menos "Proteu". *À chacun son goût* é francês para "gosto não se discute".

Um grupo de vigias chega, declinando o nome de Bloom como se fosse uma palavra latina, e ele evoca em defesa de seus hábitos caridosos aquelas gaivotas que alimentou de manhã. A presença dos animais remete à imagem do *signor Maffei*, dono do circo no livro que Molly lia de manhã.

Donnerwetter é uma exclamação alemã. Uma espécie de "Maldição!".

O gesto do cumprimento faz com que o cartão com o número da caixa postal caia do *chap* de Bloom e ele, consoantemente, se *transforma* na sua visão da personalidade romântica de Henry Flower, seu alter ego conquistador, que não hesita em oferecer uma mulher ao guarda.

O *escuro mercúrio* que surge depois disso, já mencionado no episódio, se refere à loção de mercúrio então usada para tratar a sífilis. Uma sombra de morte no meio dos prazeres da carne.

Martha finalmente aparece. É curioso ver que Molly, Gerty, Martha, todas elas aparecem apenas depois de devidamente pressagiadas. Acuado, Bloom recorre a um sinal maçônico. Acuada, Martha oferece uma identidade ainda mais misteriosa (nenhum anotador explicou quem seria Peggy Griffin, e apenas uma menina de onze anos, encontrada por um site na internet, caberia na descrição).

Bloom, depois do passe ensaiado, tenta pronunciar a senha dos efraimitas (Juízes 12,1-6), mas a palavra correta seria *xibolete*, e pronunciá-la era exatamente o teste. Bloom está no que será um de seus papéis frequentes em "Circe", o de acusado.

E ele se apresenta como homem de família, que chega ao extremo de se identificar com a mulher ("minha esposa, eu sou..."). Mais ainda, ao mentir que seu pai era juiz de paz, ele se iguala a Dedalus, que, vimos em "Proteu", dizia aos colegas de escola ter um pai juiz. A nova mentira de Bloom é dizer que segue (como Henry Flower, no anúncio do jornal) uma "carreira literária". Desnecessário observar que a frase, dita pelo personagem mais famoso do século xx, soa deliciosamente irônica.

Essa menção às letras faz surgir o editor Crawford, em cuja mão estão umas cebolas espanholas que, confirmaremos em "Ítaca", representam Molly. Veleidades literárias (e inveja) trazem à cena ninguém menos que Philip Beaufoy, que acusa Bloom de plágio e ganha mais uma cutucada estilística do nosso herói, que nunca engoliu direito aquela frase que encerra seu conto.

A presença de Beaufoy leva o clima acusatório ao máximo. E quando o primeiro guarda anuncia o nome do caso em julgamento (*O Rei contra Bloom*), a primeira testemunha de acusação é aquela criada que Bloom teria assediado.

O confronto do agora cavalheiro Bloom com sua acusadora é todo hilário. Mas o meirinho que anuncia que o acusado "fará uma declaração cavilosa" é o ponto alto da cena.

Todo esse imaginário jurídico (há não apenas um estenógrafo, mas também seu oposto, um eurígrafo) culmina com o pleno julgamento de Bloom, acompanhado pelos jornalistas de "Éolo" (outro grupo que lhe pareceu hostil durante o dia). Naquela primeira rubrica, algo enigmática, será que aquele "um pouco de espinafre" é a resposta para o "alguma coisa verde" que está na cabeça de Bloom ao sair do banheiro em "Lotófagos"?

O'Molloy, que também estava presente no "Ciclope", vira curiosamente o defensor de Bloom, assumindo características de John F. Taylor, citado em "Éolo". O elemento novo aqui é que Bloom não estava presente quando da discussão do discurso de Taylor. Se vínhamos tratando as alucinações como resultado da consciência dele, agora vemos que também o livro alucina.

Já a referência fajuta a uma firma Callan, Coleman vem direto da encenação de Bloom diante de Goulding nas "Sereias".

Mulheres que Bloom cobiçou, no teatro e na rua, viram suas acusadoras. Seus fetiches são apresentados. Fotos que ele guarda escondidas (e só saberemos direito disso mais tarde) acabam mencionadas, e Bloom, acuado, se refestela em seu sadomasoquismo ("adoro o perigo"), que distorce até o mandamento cristão, pois ele "oferece a outra face" com grande prazer.

Depois dos ataques até do relógio que encerrou "Nausícaa" e das argolas de latão do estrado da cama, revela-se a composição do júri, composto de uma larga amostra dos homens que passaram por Bloom durante o dia e, claro, por um Inominado (Mackintosh?). O juiz então, aquele mesmo Falkiner que vimos ter reputação de bonzinho no "Ciclope", cobre a peruca com um lenço negro, o sinal convencional de que uma sentença de morte será pronunciada.

O carrasco convocado é aquele Rumbold que oferecia seus serviços em carta lida no "Ciclope". Leitura que, novamente, Bloom não teria ouvido. E isso é relevante, porque afinal estamos, em teoria, no terreno da psicologia de Bloom, mas ao mesmo tempo absorvemos elementos que não poderiam ter sido fornecidos por ele. É como se aqui, no domínio do inconsciente, o *racionalismo* que vinha aproximando a visão de Bloom da do narrador se visse gradativamente questionado.

Aquele cão mutante agora se transforma em Dignam. Ou terá sempre sido ele? Terá sempre representado a morte, a mortalidade, como sombra que segue Bloom pelo mundo do sexo? Esse Dignam pronuncia um verso do Hamlet ("Ouvi, ouvi") e explica que só está ali por metempsicose, aquela palavra que Molly não entende e explica até a *reencarnação* de Odisseu em Dublin.

A voz do zelador do cemitério faz o cão Dignam assumir a famosa postura do cão diante do gramofone nos rótulos dos discos da gravadora conhecida como *His Master's Voice*. A companhia adquiriu a marca em 1889, mas o fato é que ela não foi usada na Irlanda antes de 1909. Joyce, morando no continente, pode ter escorregado aqui.

Bloom é *resgatado* por Tom Rochford, aquele mesmo que teria um dia salvado um homem na rua. E, com a entrada em cena de Zoe Higgins, encerra-se o que se poderia chamar de *Primeiro Ato* do episódio. Pois Bloom chegou à casa da senhora Cohen.

Seria demais lembrar que Zoe significa "vida" em grego, que Higgins era o nome de solteira da mãe de Bloom e que Cohen significaria *sacerdote*?

Mas, em meio à velocidade e ao grau de alucinação dos fatos narrados, é muito fácil o leitor deixar de perceber que a ação propriamente dita transcorre num passo e numa intensidade muito diferentes. O que *aconteceu* de fato até aqui? Um Poldy perdido andou pelas ruas da região dos prostíbulos, perdeu Stephen de vista e, podemos imaginar, tentou decidir se batia às portas, se espiava lá dentro, enquanto se via numa posição frágil (veremos depois o medo que ele compreensivelmente tem de ser visto ali) e ameaçada; ele é simultaneamente tentado e atacado. Pouco mais que isso. Quase nada em termos de *ação*. As várias cenas que vimos representariam, mais do que fatos, aquela mesma mistura de medo, desejo e culpa, nele e no ambiente.

E se Bloom receava o contato com as prostitutas, agora terá de se haver com Zoe. Que de cara entende que ele procura por Dedalus e pensa que eles podem ser pai e filho; que lhe apalpa a coxa esquerda e se surpreende ao ver que a anatomia de Bloom é diferente da maioria. Ela encontra a batata, pensa que ele tem um cancro. A resposta de Bloom, "pouco provável", se refere a sua quase inatividade sexual dos últimos anos.

O desejo que Bloom sente se manifesta numa citação do cartão de são Valentim que anos atrás ele enviou a Josie. A ligação de Bloom com Zoe fica ainda mais marcada por ela pronunciar, em hebraico, as palavras de Salomão: "Eu sou morena, porém formosa, ó filhas de Jerusalém" (Cânticos 1,5).

É digno de nota que, pouco antes de soarem as doze badaladas, dando início à nova sessão de alucinações e alegorias, no meio de uma fala de Bloom surja, como que do nada, a palavra "suicídio". Um tema que curiosamente perpassa o livro.

Inflado pela atenção da moça, Bloom cresce em sua autoimagem. E solta até um latinório (*cui bono?*, "Para quem isso seria bom?").

O multilinguismo do trecho representa a multiculturalidade de Bloom. *Cead Mile Failte* é irlandês para "mil boas-vindas"; *mah tob melech Israel* é hebraico: "quão formosas são as tuas [tendas] ó Israel" (Números 24,5); o Kol Nidre é uma oração judaica...

Bloom, de prefeito, vira rei, e jura, como no Gênesis e na tradição irlandesa, segurando os testículos. Ele recebe então as bênçãos algo ambíguas da Igreja, pois o latim citado significa, numa paródia do anúncio da escolha de um papa: "Com grande alegria anuncio a vós que temos um carrasco". E a celebração de sua coroação vem com os fogos *falopirotécnicos* que ligam esse momento, e essa ereção, à cena da praia em "Nausícaa".

O novo soberano então imita Calígula, ao nomear seu cavalo (agora chamado Cópula Feliz) para um cargo elevado. Em seu discurso, Bloom menciona a batalha de Ladysmith na Guerra dos Bôeres, que na verdade ocorrera em 1900, e evoca seu "exército de boa-fé", citado numa mistura de latim e hebraico helenizado como *bonafide tsebaot*.

A Nova Bloomusalém, em forma de rim de porco, se ergue. E os súditos fiéis repetem a saudação dos gladiadores ("Os que hão de morrer te cumprimentam") e obedientemente morrem.

Essa espécie de apoteose de Bloom culmina com um trecho ("Apertando a mão de um rapazote cego...") em que todos os gestos típicos do político triunfal ou em campanha são reproduzidos e ridicularizados. O pronunciamento seguinte de Bloom, o judeu, é aparentemente uma fala em hebraico. Mas ela na verdade tem elementos de ídiche e se resume a nomes de feriados ou tradições, à enunciação das primeiras letras do alfabeto hebraico e a termos soltos como *meshuga*, "maluco". É tudo impostação.

Em seguida Bloom presidirá o "tribunal da consciência", onde repetirá Jesus (*pague, meu amigo*, ou seja: *a César...*), enrolará uma resposta astronômica (a resposta seria 0,048 segundos de arco, mas ele acaba citando aquele anúncio da Kino's que tanto o impressionou) e exporá os princípios do bloomismo, essa versão bem-humorada do tolstoísmo ("Eu defendo...").

Será que de fato Bloom defende essas coisas? Será que quer defender? Será que quer se ver como alguém que defende essas coisas? Ou ser visto assim? Em que medida elas poderiam representar um conjunto de opiniões do próprio Joyce maduro, a serem contrastadas com as visões mais cínicas de Dedalus? A essas alturas, já conhecemos Bloom a fundo demais para acreditar em qualquer resposta simples. E nossa consciência do grau de imbricamento entre biografia e romance não nos permite nem deixar de lado essas conexões nem aceitá-las sem piscar.

A intrusão de Lenehan e da sexualidade até ali reprimida começa a pôr tudo por terra. As acusações, a partir daí, jorram. Purefoy, o fértil, acusa Bloom de usar uma camisinha, Alexander Dowie o vilipendia, e Bloom, agora equiparado a Parnell, que também caiu por motivos morais, tenta se livrar acusando seu *irmão*, Henry Flower, no que acaba repetindo as desculpas de Dedalus em "Cila e Caribde" ("Outro eu pegou libra").

O gaélico a que ele recorre é também estropiado, mas diria algo como "Uma história sem pé nem cabeça é uma carruagem sem cocheiro". E lembramos daquele docar sem cocheiro nos "Rochedos"...

As próximas acusações são consoantemente sexuais. Ele é hermafrodita, é "virgem intacta", tem deformações penianas (hipospadia) e exala um "fedor judaico". Dixon, sempre uma figura simpática na memória de Bloom depois de tratar daquela terrível ferroada, o defende com um argumento (de que os judeus são homens femininos) tirado de um texto antissemita (de Otto Weinenger).

E Bloom, homem feminino, dá à luz. Seus filhos se chamam "Nariz de ouro" (em italiano), "Dedo de ouro" (inglês), "Boca de ouro" (grego), "Mão dourada" (francês), "Sorriso de prata" (inglês), "Prata em pessoa" (alemão), "Prata-viva" (um nome francês do Mercúrio) e "Todo-prata" (grego).

Quando lhe perguntam se ele é o Messias, Bloom responde ("tu o disseste") como Jesus a Pilatos (Lucas 23,3). Já é do evangelho de Mateus que sai a frase latina "eis a geração de [Jesus]", que abre um parágrafo que se encerra com "e chamará o seu nome Emanuel" (Isaías 7,14). Essa ascendência de Poldy mereceria todo um livro, aliás.

Esse momento crístico tem um clímax quando as filhas de Erin (a Irlanda) entoam uma ladainha de Bloom ("rim de bloom...") que na verdade dá novos nomes a cada um dos episódios de que ele participou até aqui. Na ordem.

Depois disso (martírio?), Bloom, usando uma boina de camponês, se entrega ao suicídio por acônito, como seu pai, declarando "vivi", forma comum de anunciar a morte de uma pessoa em latim: *vixit*, "viveu".

E com isso a gigantesca interrupção causada pela mão de Zoe no corpo de Bloom tem fim. Voltamos à cena na porta do prostíbulo, interrompida, 4700 palavras atrás, justamente com a ideia do suicídio, e Zoe reaparece quase no papel de enforcada ("rígida, com um dedo na faixa em seu pescoço").

Zoe, que Bloom identifica agora com a "feiticeira sorridente" do conto de Beaufoy, lhe dá um secreto aperto de mãos maçônico, e ele finalmente entra no bordel, transcorrida quase metade do episódio. O chapéu e o sobretudo pendurados no cabideiro evocam Mackintosh, novamente, mas aludem também mais geralmente à ideia de *um homem* presente em casa, como naquela tarde, no número 7 da Eccles Street.

Bloom entra e já de cara encontra Lynch, que cita uma rubrica do *Doutor Fausto* de Christopher Marlowe para acompanhar sua entrada em cena. Stephen, enquanto isso, toca intervalos de quinta ao piano.

Vale lembrar que o terçol do olho de Florry em inglês se chama "chiqueiro" e se harmoniza muito bem com o tema suíno das transformações ocorridas na ilha de Circe.

Stephen parece estar discutindo as versões de Marcello para os cinquenta primeiros salmos, que incluem (Salmo 18) o verso "os céus declaram a glória de Deus". O francês do final de sua fala se traduziria por "Mas, ora bolas, semeie vento. A juventude tem que passar", o que ecoa suas referências anteriores à ária *Juventude tem seu fim*.

Stephen acusa Lynch de traidor, como Cranly, depois de ter-lhe servido de pedra de amolar (como ele chama Cranly em "Cila e Caribde"). Lynch lhe responde apenas com um gesto com o boné.

Florry, que deve ter visto os anúncios da chegada de Dowie, lembra que o Anticristo está por vir. Nesse momento Dedalus vê Bloom, talvez uma hora depois de terem se separado. Como é de seu feitio, o rapaz usa como saudação versículos do livro do Apocalipse (12,13-14).

A entrada de Reuben J. Dodd neste ponto nos faz pensar que essa figura, aparentemente marginal, pode ser um símbolo-chave. Os temas do judaísmo (e do antissemitismo), do filho morto, do salvamento das águas, do afogamento, estão todos reunidos nele, desde aquele momento em que ouvimos a anedota a respeito de seu filho suicida no rio Liffey. O francês da fala do *diabrete* seria: "ele está chegando! Sou eu! O homem que ri! O primogênito! Senhoras e senhores, façam suas apostas! Apostas encerradas! Nada mais será aceito".

Estamos agora em um tom predominantemente dedaliano, mas curiosamente quem hoje ouviu Russel se referir ao "polvo de duas cabeças, uma das quais é a cabeça sobre a qual os fins do mundo esqueceram de vir enquanto que a outra fala com sotaque escocês", em "Lestrigões", foi Bloom. Já a lista das *beatitudes*, que vimos algo alterada no "Gado do Sol", certamente vem de Stephen, assim como sua lembrança do jeito tateante de Best, que aqui cita um famoso poema de Keats.

A cena na verdade parece se transferir gradualmente para a Biblioteca Nacional, ponto-chave do dia de Dedalus, na mesma medida em que o bar de Kiernan o foi para Bloom. O ruidinho do bico de gás, no entanto, que em certa medida anuncia o que ainda acontecerá com esse candelabro, ecoa curiosamente o peido de Bloom no encerramento das "Sereias".

A hilária *aparição* da vez é o avô de Bloom, que tem o mesmo nome de Poldy, apenas traduzido para o húngaro. Deliciosamente pervertido, ele lembra ao neto que toda mulher tem clitóris, como descobriu Rualdo Colombo. E é aqui que Bloom solta um comentário ("quando você sai desprevenido") que pode dar peso àquela ideia de que ele teria dado sua camisinha a Bannon.

Virag propõe curar o terçol da prostituta com uma aliança (superstição que ainda conheci na minha infância) e diz que se trataria de um "argumento contra a mulher", nos moldes do *argumentum ad hominem*, em que em vez de se atacar a ideia, ataca-se o proponente da ideia. A ária dos *Huguenotes* que Bloom ouviu o dia todo também reaparece. *La causa è santa*. O velho, em suas várias acusações, menciona mais uma vez o acônito, como se fosse um temor do próprio Bloom.

Toda essa confusão de fantasmas do passado leva Bloom a enunciar uma teoria do tempo que acabaria com toda a metafísica de Dedalus: "Amanhã é um novo dia será. O passado foi é hoje. O que hoje é será então amanhã como agora foi seja passado anteon". E a confusão geral de identidades leva à entrada de Henry Flower.

Stephen, enquanto isso, se vê assombrado pela imagem de seu pai ao piano, pelo julgamento de Artifoni, de que ele está acabando com seu talento, enquanto Florry pede... amor, na forma da velha canção de Molly. O grego com que o lado bêbado da consciência de Dedalus reage significa "Minha vida, eu te amo", e é uma epígrafe utilizada por Byron.

Zoe aparentemente também pensa que Dedalus é pastor, pois puxa um assunto referente a um padre que esteve ali! *Yoni*, *linga* e *yadgana* são palavras sânscritas para vulva, pênis e bunda. Em francês, os dois lados de Dedalus repetem a citação a respeito do pombo que deixou Maria em maus lençóis.

Virag, depois de evocar Molly ("brancacera, flor de laranjeira"), lembra a lenda segundo a qual o verdadeiro pai de Cristo seria um centurião romano de nome Pantera. Surge Ben Dollard, que pronto recebe de novo a saudação de Simon Dedalus: "Segurem aquele camarada da calça feia!".

Henry Flower, o assassino de mulheres e reputações, carrega uma cabeça feminina, espécie de Hamlet pervertido, de Salomé às avessas. E ele acaba sendo acusado pela cabeça de Virag.

Diante da insistência das meninas (agora através de Florry) de que Dedalus deve mesmo ser padre, ele se transforma no simiesco cardeal *primataz* da Irlanda, uma aparição triunfante.

É depois dessa cena que o homem que estava na casa sai ("uma forma masculina descendo a escadaria..."). Bloom imagina se tal figura poderia ser Boylan, e se isso talvez significaria que ele não foi até o fim com Molly. Acuado, ele recorre mais uma vez a um sinal maçônico ("o sinal do mestre instalado"), quando repentinamente, depois de mais uma insinuação da presença da morte ("comam e sejam felizes pois amanhã..."), entra a dona do bordel, a senhora Bella Cohen.

Sua presença galvaniza Bloom de uma tal maneira que ele apenas conversa com o leque da senhora, que faz dele um diagnóstico duro, a que ele responde por contrários, paradoxos: "nim, são"... ele nem consegue dizer sim ou não. E Bloom finalmente confessa seu desejo de ser dominado ("Fêmea exuberante..."). O leque de pronto lhe aponta o cadarço desamarrado de Cohen, dizendo que é seu dever.

Lembrando que uma vez passou errado a fita que atava um corpete de Molly, justo na noite em que ela conheceu Boylan, Bloom se aplica a sua tarefa. E Joyce, enquanto isso, se aproveita do fato de que Bella (ou Béla) é um nome masculino na Hungria, terra dos Virag, e faz a dona se transformar em dono, que aqui será chamado de Bello. A primeira acusação de Bello ("adorador da bunda adúltera") se refere ao costume de Bloom de beijar a bunda de Molly, o que ainda veremos. Logo depois disso, vemos aos poucos que Bloom está virando mulher (Bello "bate no ombro dela").

Depois da declaração das intenções de Bello ("a argola de nariz"...), Bloom solta um enigmático (novamente) grito para a enfermeira... Há algo de suspeito naquela senhorita Callan... Nem mesmo as acusações referentes àquela maldita lenda sobre o palpite de Bloom para a Copa de Ouro ficam de fora, e todas as humilhações se empilham sobre Poldy, agora transformado em Ruby Cohen, ao receber o sobrenome da dona do bordel e o nome da heroína maltratada do livro que Molly lia de manhã. Logo depois, ele vira "charmosa soubrette", como a Marie Kendall dos "Rochedos", e se defende alegando que provou as roupas de Molly apenas uma vez!

Uma nova identidade (tripla?) de Bloom aparece quando Bello diz que um dos homens que ele cobiçou era Henri Fleury, mais uma versão de Enrique Flor e Henry Flower. Outra de suas excentricidades, sentar para usar o penico ("e de fato é a melhor posição", diz ele), vira motivo de crítica.

Em seguida os "pecados do passado" o acusam de pensamentos pecaminosos em relação a uma senhorita Dunn (a secretária de Boylan, Miss Dunne?) e de "oferecer" sua mulher aos outros. Ele acaba até se transmudando em Poldy Kock, assumindo o nome do autor erótico preferido de Molly.

Depois de ter sua adequação sexual testada da maneira mais grotesca, Bloom/Ruby é vendido ao califa Harun al-Raschid, aquele, que ouvia as histórias de Sherazade.

Bloom começa a querer fugir, e o primeiro indício dessa intenção é ele exclamar o nome da rua onde mora. Bello, cruel, lembra que outro homem agora manda lá. A idade, a passagem do tempo, transformam Bloom em Rip van Winkle, e é assim que ele vê fundidas as imagens de Molly e Milly. Ele fica sem palavras ("Elas... Eu...").

Os temas continuam se fundindo, e olhamos para a frente no romance (a estatuazinha e a gaveta de Bloom, que conheceremos em "Ítaca"), ao mesmo tempo em que revemos outros momentos (o "epitáfio escrito" do final das "Sereias", a "segunda melhor cama", de "Cila e Caribde"). As vozes judaicas cantam o Shemá para Bloom ("Ouve, Israel, Adonai nosso Deus é um só").

Bloom agora parece ter morrido e é até imolado num *sati*, a cerimônia em que a viúva é jogada na pira funerária do marido. A ninfa que se manifesta a seguir é a página de revista (o que esclarece suas "companhias") que Bloom recortou e emoldurou, pendurando sobre a cama do casal. Assim, ela já viu de tudo ali, inclusive o Milagreiro? O que seriam os "objetos de borracha", afinal? Bloom, aliás, falsamente argumenta que recebeu aquilo por engano.

Os pecados da vida de Bloom incluem até um episódio de masturbação entre as árvores durante uma excursão escolar a Poulaphouca, citado aqui pelas próprias árvores! Afinal, como lembra Bloom, naquele tempo qualquer coisa o excitava, até "um carro que sacudia". E temos que lembrar da triste história que Lenehan contou a M'Coy.

A cena que ele viveu com Molly no promontório de Howth, na presença de uma cabra, também é citada, enquanto Nannetti, o estrangeiro, assume o papel do nacionalista Emmet e Bloom, mais uma vez, responde ao discurso famoso com um *Prff*.

A ninfa depois finalmente esclarece a dúvida de Bloom. As deusas não só não têm um orifício anal como não têm pelos pubianos! E Bloom lembra dos clisteres que aplicou em Molly como se fossem perversões suas! E ele se vê declarando "pequei", em bom latim bíblico, por ter adorado aquele "altar vivo onde o traseiro troca de nome".

A produtiva conversa com a ninfa ainda nos fornece mais uma versão do poema de Bloom sobre a "onírica gaivota" e, maior surpresa, o nome da freira que ele queria lembrar desde "Nausícaa"!

O clima está tão estranho que nem chama tanta atenção o fato de um botão que cai das calças de Bloom fazer também seu pequeno pronunciamento. Mais enigmática é a última palavra da ninfa, antes do retorno de Bella, novamente mulher: *Poli...* Eu, pessoalmente, num livro que gosta de insinuar coisas pela metade, lembro do epíteto que descreve Odisseu em Homero, *Polítropos*, cheio de ardis. E Bloom, ainda respondendo a ela, lembra que está casado (seu tempo de escravidão) há dezesseis anos.

Mas Bloom, desde que exclamou o encanto de Dedalus (*Nebrakada!*), deixou sua submissão para trás, e agora enfrenta Bella e retoma a batata de Zoe. Stephen, enquanto isso, "neste bordel em que se estabelece nosso governo", em francês, passa dinheiro demais para Bella, que acha que ele quer pagar pelos três. Desculpando-se, em latim, por estar sem troco, ele lhe dá mais dez xelins e reclama da vista fraca (ele está sem óculos, lembre).

O bate-boca entre a dona da casa, as três meninas e Bloom já mostra Poldy tentando cuidar do dinheiro de Dedalus, que, na opinião delas, lhes é devido mesmo. Afinal eles já beberam, pois passa das onze e os pubs estão fechados. Dedalus, ao ouvir o horário, errado, pois já passa da meia-noite, acha que é hora de outra charada, como a que deu de manhã para os alunos, enquanto Bloom (o *come-quieto*) calmamente resolve a discussão financeira e lhe poupa uma libra.

Como Deasy profetizara, ao mexer no dinheiro Stephen derruba coisas. Uma caixa de fósforos, chamados comumente de *lucifers* na Irlanda da época. Lúcifer, afinal, significa "o portador da luz".

Os óculos de Dedalus, quebrados desde ontem, fazem com que ele lembre a ocasião, dezesseis anos antes, em que quebrou os óculos na escola (narrada em *Um retrato...*). Lynch, que nada quer saber dessas discussões, mas apenas pretende se aproveitar da diversão paga com o dinheiro de Dedalus, exclama em bom latim, "Dai-nos a paz".

Bloom percebe que, depois de dar a comida ao cão, não tem o que oferecer a Dedalus. Este, enquanto isso, canta Wagner com um texto alemão ("Desejo intenso, mulher perguntadeira, acabam com todos nós") que apenas em seu segundo verso cita de fato *A valquíria*, segunda ópera da tetralogia *O anel do nibelungo*.

A lembrança da cena do retrato causa o aparecimento dos padres Dolan e Conmee. Dedalus diz que nasceu numa quinta-feira e, se o seu aniversário coincide com o de Joyce, sim, dia 2 de fevereiro de 1882 foi uma quinta-feira.

A sessão de quiromancia que se segue tem sua graça, especialmente quando Zoe se nega a dizer quem é a mulher (Molly? Nora?) que Dedalus vai conhecer. Já a mão de Bloom ostenta uma cicatriz que ele ganhou no ano em que Dedalus nasceu.

A aparição do coche que levou Boylan à Eccles Street gera novas humilhações, em que Boylan e Lenehan (!) ostentam sua influência sobre a madame Tweedy, patroa do criado Bloom que aguarda seu Raoul. Essa ideia de que Bloom é um *corno consentido* ganha forma definitiva quando ele concorda em olhar pela fechadura e se masturbar enquanto o outro *traça* Molly *algumas vezes*.

A cena a que nos referimos em "Algumas informações preliminares", em que Bloom, diante do cabide que se transforma em sua galhada, se vê fundido a Dedalus com o rosto de Shakespeare, traz o bardo à cena logo antes de Zoe, ainda mais profética, insinuar que Molly vai morrer (assassinato?). Como na vida, a morte está em cada canto de "Circe".

E como que a sublinhar esse lado doloroso das alucinações, quem aparece para uma brevíssima mas pungente cena é a senhora Cunningham, a mulher do bondoso Martin, que, como soubemos durante o dia, é alcoólatra e tende a dar esse tipo de vexame.

Stephen cita o Salmo 74,10, "e quebrarei todas as forças dos justos", em tradução portuguesa. Mas o que o texto da Vulgata diz é literalmente os *cornos* dos justos. O que ajusta a citação à recente aparição de Shakespeare, à teoria hamletiana de Dedalus, à situação de Poldy e à alusão algo recorrente ao Moisés de Michelangelo, decorado por cornos que representariam a sabedoria, mas que podem muito bem decorrer apenas de um deslize de São Jerônimo na tradução da Bíblia para o latim. Hoje os comentaristas prefeririam fazer o adjetivo que descreve a aparência de Moisés ao descer do Sinai com os mandamentos corresponder a "iluminada".

Bella Cohen, que estava ausente durante o grosso do latinório de Dedalus, ouve agora isso e declara que não vai aceitar blasfêmias em sua casa. Lynch, como que a justificar a licenciosidade do amigo, informa que ele vem da França e as meninas, empolgadas, pedem para ele falar francês (*parlevu*). O parágrafo que segue, depois do rufar dos tambores de Lynch, é bem estranho. Não sabemos se o que lemos é uma tradução do que Stephen teria dito, ou se ele falou apenas um inglês estranho que evocaria estruturas do francês... Só no final ele recorre à língua francesa, para falar das "incômodas roupas de baixo" de uma jovem e para afirmar, "puxa vida que narigão que ele tem!".

E depois ele ainda fará um trocadilho com a "entente cordial" e o *double entendre* (duplo sentido). E usará a expressão "meu lobo", depois de ter sido chamado de vampiro por Lynch.

Subitamente Dedalus lembra do sonho que teve, que Zoe, a profetisa, interpreta rapidamente (Molly Bloom? Nora Joyce? Quem é essa mulher?) e que Bloom parece querer explicar (ele parece ter tido o mesmo sonho, afinal).

Mas Stephen começa a se descontrolar. Enquanto várias imagens de autoridade derrubada (Simon, a raposa da charada, Deasy) surgem diante dele e os soldados passam com uma moça (Cissy?) pela janela, Dedalus lembra de Deus, o "ruído na rua", como ele mesmo disse em "Nestor".

Num gesto de insubmissão a essas autoridades, Dedalus se põe a dançar, numa quadrilha louca comandada pelo professor Maginni, que, como bom mestre de dança, solta seus comandos em francês: "Todos adiante! Reverência! Todos no lugar! Quadrado! Dois adiante! Balanço! Adiante! Oito! Atravessem! Saúdem! De mãos dadas! Cruzem! Dancem com suas damas! Troquem de damas! Deem o buquê às damas! Agradeçam!".

A pianola do bordel toca sua música, e quem desfila diante dela são as *horas* da peça de Ponchielli, que simbolizam muito bem o andar do romance e já apareceram no livro.

Zoe, com seu "estou tontinha", iconiza bem o que está acontecendo aqui. O espírito se elevou, a música é acelerada, todos beberam alguma coisa e rodopiam animadamente.

Stephen grita "Não sozinho" em francês. E não conseguimos saber se ele se refere apenas à dança ou aos fantasmas que agora o assombram nessa *dança da morte*: o pai, a irmã com um bolo de neve que simboliza sua fome e, finalmente, a mãe, devidamente acompanhada pelo coro de réquiem que a segue desde o primeiro episódio.

A primeira fala de May Dedalus, em sua terrível simplicidade, lembra a conclusão do pequeno Patrick Dignam, de que a morte é "nunca mais ver" o pai. A dor dos dois *meninos* é agora acompanhada pela dor dos mortos.

Stephen, neste momento, anunciado desde aquela primeira lembrança da mãe no alto da torre, finalmente desmonta. E pede que a mãe confirme sua inocência. Mas ela exige que ele "se arrependa", e isso é demais para Dedalus. Pareceu demais aquele pedido para que ele se ajoelhasse.

Depois de curiosamente ecoar o ato falho de Martha ("lugar e mundo"), May gera o desespero final de Dedalus. A cena toda, aliás, evoca diretamente a conclusão do *Don Giovanni*, onde o Comendador, o *homem de pedra*, também diz diretamente *arrepende-te* e também recebe uma negativa do conquistador. Stephen, como Giovanni e como Lúcifer, precisa reafirmar seu *non serviam*, não servirei. E é com um brado wagneriano, que evoca o nome da espada de Siegfried, herói do *Anel do nibelungo*, que ele tenta se liberar.

Mas a bengala levantada atinge o bico de gás e entorta a cúpula que protege a chama. Tanto Lynch quanto Bloom tentam conter um alucinado Dedalus que, enquanto Bella chama a polícia, foge desesperado. Bloom, que mais uma vez quer ir atrás dele mas ficará para trás, como no início do episódio, tem que resolver a questão do prejuízo. Cohen ameaça recorrer a algum policial seu *freguês* ("um beleguim no recinto"), mas Bloom a chantageia com a lembrança do filho dela, estudante universitário, como Zoe mencionou. Ele mostra que o bico não está quebrado e, quando vai explicar como aquilo aconteceu, ergue a bengala de Dedalus, e Bella acha que ele vai atacá-la.

A informação de que há uma briga lá fora precipita tudo, Bloom joga uma moeda e corre para fora.

E com isso se encerra o segundo ato do episódio. O que aconteceu aqui? Muito pouco. E provavelmente em muito pouco tempo. Bloom chega, conversa com Zoe, entra, Dedalus o reconhece, a dona do bordel entra e Bloom fica impressionadíssimo com ela, Dedalus fala bastante, é quase escorchado pela dona e, enquanto luta com seus fantasmas, começa a dançar ao som da pianola, acabando tonto e alucinado. É curioso pensar que falamos muito em alucinações durante o episódio, mas a única alucinação de fato, pertencente ao mundo *real* da narrativa, é o fantasma de May Goulding. Bloom não acha que viu seu avô. Lipoti Virag é um artefato narrativo. As ditas "alucinações" de "Circe" são sintomas do entorpecimento, da loucura, dos recalques do livro, e não necessariamente de Bloom. Não podemos pensar que ele vivenciou esses momentos tal como eles são figurados na página. Joyce decide apresentá-los dessa maneira para explorar suas conexões mais profundas com a vida e as opiniões de Bloom. Os fantasmas, aqui, são artifícios, exatamente como o "fantasma de Pepper", o truque de salão de que Bloom se recorda em "Lestrigões".

Mas Stephen realmente crê ter visto a mãe. E é essa ruptura, essa verdadeira intromissão do alucinatório no "real" que interrompe o fluxo do episódio. Que muda tudo. Vale pensar na progressiva mistura de pastiche e narração no "Ciclope", por exemplo. O *Ulysses* vai aos poucos fundindo o que é "mero" artifício com o que é a "realidade" narrada através deles.

O que acontece novamente na rua (e é interessante pensar que apenas os dois últimos episódios se encerram sob um teto, com todos os outros tendo conclusões ao ar livre) é marcado por uma imensa confluência de temas, pessoas, presenças. Até o "homem misterioso da praia" (Bloom, afinal) comparece. Mas a presença definitiva é a de Corny Kelleher. Se desde cedo nós *suspeitávamos* que ele tinha ligações com a polícia, elas agora virão bem a calhar. Mas, lembre, Kelleher é um agente funerário, é estranho que seja bem ele a aparecer depois da morte simbólica do nosso Don Giovanni.

O imbróglio aparentemente envolve o fato de que os soldados deixaram a moça sozinha enquanto foram fazer xixi, e Dedalus, correndo, talvez tenha trombado com ela. A moça quer capitalizar essa *ofensa* dando uma chance de seu homem se exibir.

Dedalus se refere ainda a uma mão machucada (aquela briga na estação?). Bloom chega atrasado e tenta uma carteirada, chamando Dedalus de *professor* e fingindo que estão sendo esperados. Dedalus se nega a fugir. Apesar de mal conseguir se manter de pé, ele quer conversar com o soldado.

Carregando um balde com a placa "Proibido urinar" (foi onde ele urinou?), Carr chega para defender o rei. Eduardo, obviamente, aparece, e diz, no que parece ser árabe, algo que talvez signifique "você está com um espertalhão, o seu pai".

O tema político (lembrar a carta de Maud Gonne, pedindo que os soldados não policiassem as ruas, que Bloom evoca em "Lotófagos") ganha maior evidência aqui. De repente a luta de Stephen é a luta da Irlanda. "Verde acima do vermelho", por exemplo, significando a Irlanda acima da Inglaterra, é um grito de guerra tão caro aos irlandeses que já chegou a levar um bairro com grande população irlandesa nos Estados Unidos a alterar a disposição das cores nos seus semáforos.

Stephen parece relativizar esse dado nacionalista, afinal, "isso se vê também em Paris", como diz ele. A Irlanda ("porca velha que come a ninhada") aparece como *Vovozinha Banguela*. Essa aparição gera um ressurgimento de termos irlandeses e da figura do cidadão. *Alanna* é "minha criança"; *banshee* é um espírito feminino, mensageiro da morte; *ochone* é um "ai"; *soggarth aroon* é "meu querido padre" e *Erin go bragh* é um lema comum, algo como "Irlanda para sempre".

Já o Major Tweedy, pai de Molly, recorre ao hebraico bíblico (Isaías 8,1-3): "Apressando-se ao despojo, apressurou-se à presa". Outro recurso de *estranhamento* é a recorrente linguagem heráldica: Dedalus, de preto, é "o cavalheiro em sable", e o soldado, o casaca-vermelha, vira o "gibão goles". Bloom, desesperado, tenta fazer a moça falar, acabar com aquilo. Mas o caos estoura e, figuradamente, "Dublin está em chamas".

No caos, a abertura da liturgia é revisitada, mas agora o que se diz em latim é "entrarei no altar do diabo", o que é respondido simetricamente por um avatar de Haines. O novo Mulligan ergue uma hóstia sangrenta e diz "meu corpo", recebendo a réplica grotesca do reverendo. Uma nova marca das missas negras são as frases pronunciadas de trás para frente, inclusive por Adonai!

E infelizmente perde-se, assim, em qualquer tradução para o português, o fato de que *God*, deus, lido de trás para frente, gera *Dog*, cão.

Enquanto a Vovozinha se dirige ao seu *acushla*, "querido", Bloom está desesperado tentando evitar o pior. Mas Lynch, que talvez pudesse interceder, quer apenas aproveitar a companhia de Kitty, e paga com o dinheiro de Dedalus. Sua saída de cena é comentada por Dedalus com uma alusão a um versículo bíblico (Mateus 27,5): "E Judas sai, e vai-se enforcar".

A moça, fingindo ajudar, frisa a ideia de que foi ofendida, e Carr, como se esperaria dele, defende a *honra* de sua acompanhante, atacando Dedalus.

Os guardas chegam (estavam na casa de Cohen?) enquanto "Cissy", babando de ansiedade, quer saber se Dedalus sangrou. Bloom, enfurecido, quer contar com a polícia, irlandesa, para se vingar do soldado inglês. Mas o policial não quer receber ordens de um qualquer.

E é aí que Kelleher surge, tanto na cena propriamente dita quanto no padrão simbólico, pois ele traz uma coroa mortuária (que obviamente não está carregando de fato) para o "cadáver" de Dedalus, estendido no chão. Kelleher prontamente resolve a situação com os policiais, à custa de alguma mentira e da influência pessoal que tem.

Ele e Bloom, então, entram numa hilária conversa em que pretendem convencer um ao outro de que têm motivos perfeitamente razoáveis para estar naquele lugar àquela hora. E essa mesma situação, o mero fato de que eles têm que explicar o que de resto não faria sentido, prova que estamos gradativamente voltando à realidade.

Ao saber que Dedalus mora longe, Kelleher desconversa de lhes oferecer uma carona, e acaba deixando os dois ali sozinhos. O resto da multidão aglomerada se desfez como por mágica.

Bloom tenta acordar Dedalus, que desperta com a cabeça confusa, entre vampiros e a pantera que o persegue desde cedo, e recita um pedaço da letra da música que cantou para a mãe em seu leito de morte. O cão, finalmente, ladra "à distância", como que abandonando os dois.

A *cena* final, em que Bloom algo inexplicavelmente "comunga com a noite", ajoelhado ao lado de Dedalus, é belíssima e, como sempre, oscila também entre o sublime e o irônico, pelo menos: pois Bloom acha que em vez de *Fergus* ouviu Dedalus dizer o sobrenome de alguma moça que ama. Seria mais estranho ainda ele recorrer, neste momento, ao que parecem ser fragmentos de poesia e de juramentos maçônicos? O *mestre secreto* inclusive é um grau do rito escocês.

O que *acontece* agora? Em termos prosaicos, Bloom vê o rapaz caído e pensa que ele poderia ser seu filho.

O que *vemos* no livro? A linda imagem de um menino, morto há onze anos, com a aparência que teria se tivesse vivido, com a roupa da escola mais elegante que poderia frequentar, sapatos de cristal (os *pés de barro* desse ídolo idealizado), protegido por um elmo de bronze e lendo, como os judeus (se Bloom é um não judeu por ter mãe católica, Rudy também o seria), da direita para a esquerda. Seu gesto de beijar o livro indica que se trata de um texto sagrado.

Esse Rudy, na verdade, é um acúmulo de símbolos, como que um dicionário cifrado da perda sofrida por Bloom. E por Molly. Assim deixamos Poldy olhando, "maravilhado", para esta que talvez seja a segunda alucinação de fato no episódio (Bloom realmente viu seu filho?). Cuidando de Dedalus. Sozinho na rua, no escuro. Sem saber para onde ir.

NOSTOS

Eu costumo insistir com meus alunos que o *Ulysses* poderia se encerrar em qualquer final de episódio a partir dos "Rochedos". E seria um grande livro. Mas o hipotético *finale* propiciado por "Circe" é ainda mais impactante. A união simbólica final dos dois heróis, o fim do dia 16 (acabamos de passar da meia-noite)...

E de fato o que se encerra aqui é a *Odisseia*, segunda parte do nosso relato. Agora vamos ao *Nostos*, o relato da volta para casa. Da chegada de Odisseu a Ítaca.

No texto homérico, ele primeiro para na cabana do fiel porcariço (sempre porcos!) Eumeu. Depois se dirige a Ítaca, é reconhecido pela criada Euricleia e pelo cão, disfarçado, derrota todos os pretendentes à mão da rainha Penélope e assim, com mais um ardil, recupera seu lugar de verdade.

Aqui? Veremos.

Uma primeira coisa interessante é que o mesmo livro que soube *engolir* horas inteiras entre episódios adjacentes, agora, quando se trata da fronteira entre uma *parte* do livro e outra, faz uma emenda. "Eumeu" começa no segundo seguinte ao fim de "Circe". Mas com uma linguagem que vem de um outro mundo.

16. Eumeu

Joyce chamou o estilo deste episódio de *narrativa (senil)*. O que nos interessa diretamente, no seguir da nossa *dança das horas*, é que estão todos (inclusive o livro) muito cansados. E esse cansaço como que se transfere para a linguagem do episódio, toda ela morta, sem graça, cheia de clichês, de pretensos enfeites que apenas empanam seu brilho. Já houve também quem tenha dito que se trata, na verdade, de um presente de Joyce a Poldy; que este seria o único episódio escrito, não na linguagem de Bloom, mas na linguagem literária que Poldy adotaria se um dia fosse escrever alguma coisa.

Eu gosto da ideia.

A cena contempla os primeiros gestos de Bloom depois de se recuperar da epifania, do susto ou do encanto provocados pela "visão" de Rudy. Ele espana Dedalus, devolve-lhe a bengala e o chapéu. Primeiro comentário de Stephen? Vamos beber alguma coisa.

Bloom finge que não entende e, na falta de água por ali, sugere um rumo.

Um detalhe interessante é que Bloom esquece no chão seu lenço "algo ensaboado". Estão os dois agora sem lenço. Mas as semelhanças ficam por aí. Nessas primeiras páginas, Bloom não para de tentar puxar conversa com um Stephen que mal engata duas ideias consecutivas. Ele, afinal, quando vê o ateliê do entalhador, provavelmente pensa em *fantasmas* ao lembrar das estátuas brancas (exatamente como Bloom pensou na ida ao cemitério. E esse, afinal, é o título de uma das peças mais famosas de Ibsen. Mas nem ele entende a conexão que acabamos de fazer. O máximo que ele consegue é *pensar em pensar em Ibsen*).

O final desse parágrafo, quase um ensaio de slogans baratos, depõe em favor da ideia de que é Bloom quem enuncia essas linhas. O mesmo Bloom que, "asquerosamente sóbrio", arrisca uns conselhos paternos. Mas depois de inúmeros comentários diante de um silente Stephen, é apenas sua crítica ao comportamento dos *confrades* bodegueiros de Dedalus que desperta uma reação.

Ao passarem por um braseiro aceso, algo em Dedalus lhe diz para parar. A cabeça dele ainda está lenta. Quase podemos ver o esforço que ele faz para lembrar da história de Gumley, que ouviu na redação do jornal. Mas, ao se afastar desse duplo de seu pai, ele encontra seu próprio duplo, na figura de Corley. Se M'Coy era um segundo Bloom (e eles se encontraram não longe daqui), este Corley, abandonado pelos amigos (entre os quais o onipresente Lenehan) e sem ter onde dormir, é definitivamente o par de Stephen, que lhe informa que logo seu próprio emprego estará vago.

Mas o latim já diz "nada desconhecedor do sofrimento, aprendo a socorrer os infelizes". E Dedalus quer auxiliar Corley, mas descobre que está sem dinheiro (Bloom pegou tudo para evitar exatamente esse tipo de coisa). Mas de repente, em meio a farelos de bolacha que podem vir da redação do jornal, ele encontra moedas que passaram despercebidas. Mesmo depois de ver que cada uma delas vale cinco xelins, ele ainda assim passa uma para o pedinte, que logo lhe pergunta quem é aquele ali (Bloom se deixou ficar longe) que ele já viu com Boylan. Sorte de Bloom não ter ouvido.

Mas Dedalus vai transmitir o pedido de Corley de intercessão junto a Boylan, e agora Bloom vai ter que fingir não ter ouvido. Ele está pouco interessado em Corley, pois, maeterlinckianamente, acha que cada um recebe a paga que lhe cabe.

O assunto da falta de teto de Dedalus ressurge, e Bloom lembra a cena infeliz que teria acontecido na estação. Mas não consegue engajar a atenção de Dedalus, que está "empenhadíssimo em rever mentalmente" (tudo está lhe custando esforço) a cena da irmã que cuida da lareira.

Depois de supor (algo exageradamente) que Stephen pode ter sido dopado pelos amigos, Bloom chega à conclusão que Stephen gostaria de endossar: foi inveja.

Eles logo passam por um carrinho de sorvete (como no princípio de "Circe", afinal pode ser o *mesmo* carrinho). A conversa que entreouvem, e que Bloom achará inspiradoramente lírica, por causa do som da língua, seria: "Puta que pariu, ele que dê a grana pra gente! Não estou certo? Arrombado!... Espera aí, vamos ver. Mais meio soberano... Isso é o que ele diz! Que porco! Ele e aquela corja da família dele!".

Bloom, enquanto isso, sugere que Dedalus coma (aliás, será que ele *falou* mesmo daquele jeito? Ou imaginamos que a representação é estilizada?), já que agora entraram no abrigo que ficava aberto a noite toda para atender os cocheiros de praça, e ele, com *sangue-frio*, se mistura à *turbamulta* e percebe um ruivo beberrão que ainda dará o que falar. Mas ele quer mesmo é saber, da autoridade de Dedalus, a pronúncia daquele *voglio* que, afinal, *não existe* na ária do *Don Giovanni*.

Sua demonstração de amor pelo italiano é tocantemente patética. Primeiro solta um "bela poetria", que só poderia vir de um falante de inglês, onde poesia é *poetry*. E depois utiliza sua forma verbal preferida para dizer "quero uma bela mulher". Mas não podemos esquecer que *beladona* é um veneno. O tema do suicídio?

O bom humor da voz narrativa vem à tona na discussão da beberagem "de alta qualidade" que "temporariamente" deveria ser chamada de café, e aliás é tudo que eles vão receber ali, junto com um pãozinho "antediluviano".

A discussão dos nomes, a seguir, é interessante. Primeiro, porque nomes foram relevantes para todo o livro. Segundo, nas suas minúcias: Cícero vem do latim para "grão-de-bico", e *pod* é um nome para a vagem em que crescem, entre outras leguminosas, aqueles grãos; Napoleão tinha por sobrenome Buonaparte, que Dedalus traduz por "Bom Corpo"; Jesus é o Cristo, ou seja, o *ungido*, e Doyle inclui a palavra *oil*: óleo; e Shakespeare era, de fato, um nome algo comum na Inglaterra (ainda é), apesar de não ter nem sombra da popularidade dos Murphies na Irlanda. As aproximações são vagas, é verdade, mas dado o estado da cabeça de Dedalus...

Odisseu, em Homero, vai até Eumeu sob uma identidade falsa, com medo de ser reconhecido. Um dos grandes temas desse episódio são as falsas aparências e as falsas identidades. Ele aparece muito diagonalmente quando o ruivo, que se chama (ou diz se chamar) Murphy, pergunta o nome de Stephen e Bloom tenta cutucá-lo por baixo da mesa: ele provavelmente quer que Dedalus minta.

E a apresentação de Stephen gera já outro curioso duplo. O marujo pode ter inventado um nome para sua história. Mas precisamente Simon? "Coincidência curiosa", como diz Bloom.

O lobo do mar se apresenta como W. B. Murphy, no que pode ser uma piscadela de Joyce para W. B. Yeats, o defensor do Renascimento irlandês. Veja-se que o marujo tem um nome muito mais *popular*. Popular é até o local onde ele mora, que

Dedalus, no entanto, sabe onde fica. Ele ainda há de escrever o *Ulysses*, afinal. Veja-se, também, que o nome Murphy acaba de ser citado... Coincidência?

A informação de que a escuna em que Murphy aportou chegou pela manhã e era o trimastro *Rosevean* nos permite ligar o navio que vimos no final de "Proteu", o que foi mencionado nos "Rochedos" e este indivíduo que, assim, se torna mais uma presença/ausência constante. Mais uma versão do afogado que boia na baía.

O eslavônico eclesiástico que ele cita significa "Deus tenha piedade de nós".

Bloom continua incomodado com a óbvia falsidade dos relatos e talvez da identidade de Murphy, que estaria "navegando com bandeira falsa". Mas, ora, não estamos todos? Afinal, Poldy representa um herói grego que pode nem ter existido, Dedalus é Joyce e o *Ulysses* foi inicialmente publicado, em inglês e em Paris, com as exatas cores da *bandeira* da Grécia na capa.

E se Bloom pode se considerar "um aventureiro nato", isso também está mais na esfera do desejo que na da realidade. Essas fantasias o levam até a pensar em substituir Boylan, organizando ele mesmo uma turnê de recitais. Mas Bloom nunca será o macho dominador, e exatamente como pensava em assinar um conto como *Sr. e Sra. L. M. Bloom*, fundindo seu nome ao da esposa, a companhia de ópera que ele fundaria seria chamada *Tweedy-Flower*. Nada de Bloom.

O francês *tapis* significa "tapete", aqui mais ou menos no sentido do nosso "tapetão". *Coup d'oeil* significa, ao contrário do que o narrador parece querer, "espiadela".

Quando Murphy volta a falar ("Eu vi um chinês"), percebemos que estávamos havia várias páginas acompanhando apenas um devaneio do algo sonolento Bloom, que foi ficando cada vez mais dispersivo à medida que se cansava ao longo do dia.

Outra identidade falsa ou questionável é a do balconista, que seria o motorista responsável pela fuga dos assassinos que atacaram o secretário para Assuntos Irlandeses e seu subordinado, no parque Phoenix, em 1882, ano do nascimento de Dedalus, e não 81, como lembra Bloom.

Bloom, que ainda divaga, quer apenas saber de Gibraltar, a terra onde nasceu sua mulher, mas nosso "suposto" (*soi-disant*) marujo desconversa descaradamente. Outro detalhe curioso nesse nosso jogo de duplos e paralelos é que Murphy está usando, como Dedalus, as roupas de outro.

Mas a mais estranha coincidência é aquele número 16 que ele tem tatuado. Apesar de estarmos já oficialmente em 17 de junho, 16 é o dia do *Ulysses*, afinal. Mas, mais ainda, o número vinha, na Europa da época, carregado de uma simbologia homossexual. Essa ligação, anotada por Gifford, parece explicar também a curiosa referência de Murphy ao amigo "devorado vivo": "ele era grego". Lembre que quando Mulligan quis se referir à fixação anal de Bloom ele disse que Poldy seria "mais grego que os gregos".

Mais uma vez a visão de uma prostituta de rua deixa Bloom fora de si de constrangimento e, como sempre, ele tenta se ocupar ostensivamente de outras coisas.

A discussão que se segue leva Bloom a se manifestar mais empolgadamente. E ao solicitar a opinião de Dedalus sobre alma, cérebro e (como sempre, ele parece obcecado pela invenção de Röntgen, como já vimos nos "Lestrigões") raio-x, ele obriga o pobre e combalido rapaz a "fazer um esforço sobrenatural".

Dedalus então comenta que a alma, segundo a teologia, seria "simples", no sentido de que não é composta de outras partes. E portanto estaria isenta da "corrupção devida a si própria" e da "corrupção devida a causas externas", em latim, onde corrupção se refere ao sentido original de *degradação*, *deterioração*. A morte da alma só seria possível por iniciativa de Deus, que, comenta ele, bem podia inventar mais essa. Bloom, coitado, se agarra à palavra "simples", a única que pensa ter entendido.

Novamente, Dedalus reage com sarcasmo à ideia da existência de Deus, e Bloom o leva a sério. Poldy, por sua vez, comete ligeira gafe ao chamar Shakespeare, inglês, de *nosso* poeta nacional.

O primeiro comentário razoavelmente *simpático* de Dedalus é sobre o café horroroso. Mas de pronto ele se refere à faca na mesa como algo que o faz pensar em assassinato ou, mais provavelmente, suicídio.

A expressão *confidante sotto voce* é mais um Frankenstein de nosso desajeitado e pretensioso narrador. A primeira palavra é inglesa, importada do francês *confident* e se refere a *uma* confidente. O restante da expressão ("em voz baixa") seria adverbial, e não adjetivo, como parece estar sendo usado aqui. Estamos falando, afinal, do narrador que se refere a gatos como "animais de confissão felina".

E Bloom continua falando sem parar. É interessante vermos que esta, a primeira *conversa* dos dois, é na verdade um quase-monólogo de Bloom, empolgadíssimo por estar em companhia inteligente e louco para testar suas ideias e teorias. Dedalus, cansado, é de uma antipatia quase dolorosa.

Dois temas relevantes surgem logo depois. Um é a narrativa de Simbá, que daqui por diante ficará na cabeça de Bloom até ele dormir. O outro é a referência ao *Navio fantasma*, de Wagner, já evocado quando da entrada da *Rosevean* no porto de Dublin. A figura do holandês, o comandante do navio na ópera, se assemelha em alguns pontos à desse Murphy.

O próximo passo de Bloom é mudar artificiosamente de assunto, para poder mencionar Molly. Ele se orgulha dela? Gosta de cafetiná-la? Mas sua estratégia para desviar o rumo da conversa, falando do temperamento latino, leva Dedalus a lembrar que os italianos da entrada apenas discutiam sobre dinheiro ("Roberto rouba as coisas dele"). E Dedalus continua quase falando sozinho. Ele não está nem olhando para Bloom quando questiona a ideia desse espírito apaixonado dos latinos com a menção ao platônico amor de Dante por Beatrice Portinari, à frieza da Mona Lisa (muitas vezes comparada a Beatriz) e à fria lógica racional de Tomás de Aquino, chamado de buldogue por sua ferocidade dogmática.

E a conversa de surdos continua, pois Bloom reitera na sequência seu argumento original.

E, num eco claro de Bloom nos "Lestrigões" e de Térsites no "Ciclope", Murphy sai para fazer xixi. Bloom, ligado, acha que ele na verdade teria ido atrás da rameira. Mas ele de fato urina, com um vigor absurdo! E aproveita para beber escondido de uma garrafa que traz guardada, sem precisar oferecer o álcool aos outros. É essa, afinal, sua "oferenda com um gole", como citado em latim.

A tediosa discussão que se segue, sobre as qualidades superiores da Irlanda, que tanto evoca o discurso cansativo do cidadão no "Ciclope", recebe de nosso amigo Murphy o melhor e mais pragmático comentário: "vai dar uma trabalheira". Bloom também reage, entrando num longuíssimo discurso sobre as vantagens do pacifismo, os paradoxos da *fidelidade* irlandesa e sua recusa de participar de atos de violência, exemplificados, freudianamente, pela ideia de um marido que se vinga do amante da mulher infiel.

A não conversa entre nossos heróis se mostra em toda sua aspereza quando Bloom, desesperado por se ver reconhecido por alguém mais inteligente que o cidadão, pergunta diretamente a Dedalus: "Eu não estou certo?".

A resposta de Dedalus se serve da Bíblia (Romanos 9,5) para dizer em latim "dos quais é Cristo segundo a carne". Ou seja, para afirmar a judaicidade de Jesus e, assim, confirmar a hipótese de Bloom, mas em termos claramente incompreensíveis para o pobre

Poldy. Este está tão ansioso para se considerar um par de Dedalus que, em seguida a mais um comentário algo sarcástico, a intensidade dos seus acenos de cabeça se torna sensível na frase do narrador: "O senhor Bloom concorda integralmente, inteiramente endossando o comentário, que estava estonteantemente correto".

A judaicidade e o antissemitismo continuam em discussão através da citação enviesada do caso Dreyfus, iniciado dez anos antes e que só se encerraria em 1906. Pois quando Bloom diz "eles acusam", refere-se ao famoso texto *J'accuse*, de Émile Zola, que escancarou o antissemitismo francês e celebrizou o caso.

Bloom ainda tenta se mostrar "à altura", depois dessa acertada referência a um grande escritor francês, usando um tanto de latim. *Pro rata* realmente significa "proporcionalmente". Mas o que ele parece querer dizer depois é *Ubi bene, ibi patria*, ou seja, "pátria é qualquer lugar onde você esteja bem". A confusão com a expressão *Alma mater*, usada para se referir à universidade em que a pessoa estudou, complica tudo.

A recusa de Dedalus em pertencer ao "Bairro São Patrício", como ele se refere à Irlanda, e sua ideia de que a Irlanda é que deveria pertencer a ele (plenamente realizada por Joyce) deixam Bloom desorientado e constrangido, o que faz com que se siga um momento de silêncio, em que Bloom apenas olha para o companheiro e, depois, pensa que podia aproveitar aquela ocasião, e aquela companhia, para escrever um conto (este que estamos lendo...?).

O jornal que está circulando leva Bloom a tomar um susto ao ver o nome Boyes, pensando que leu Boylan. Exatamente como leu "Blo..." em "Lestrigões" e pensou ver seu nome.

A notícia do enterro, que ele lê então, é um modelo de erros, desvios e identidades falsas. Primeiro por descrever a morte repentina do alcoólatra Dignam como resultado de "uma breve doença". Segundo porque o linotipista deixou ficar uma linha do tipo *lorem ipsum*, usada apenas para preencher espaço no texto durante a composição. Terceiro porque Stephen e M'Coy, ausentes, são dados como presentes, por intercessão de Simon e do próprio Bloom, que ainda, inadvertidamente, foi o criador da identidade daquele M'Intosh, agora grafado à irlandesa. Mas justo ele, justo Bloom, acaba transformado em Boom. E ele vai até seguir sendo chamado assim pelo narrador em algumas ocasiões deste e em uma ocasião no último episódio, onde fica claro que Molly leu esse mesmo jornal.

Bloom, inocente, ainda lê o relato da Copa de Ouro, sem nem suspeitar do papel que outros acreditam que ele teve naquilo.

Outro dado interessante é mais uma menção à mão machucada de Dedalus, fruto putativo daquela briga na estação.

As simetrias aparentes continuam surgindo. Pois se Menton soube ser arrogante em "Hades" quando Bloom mencionou o amassado em seu chapéu, agora ficamos sabendo que certa vez Bloom devolveu o chapéu do herói Parnell, que lhe retribuiu com a mesma palavra, mas em tom completamente diferente. Ou é apenas a leitura de Bloom que muda?

As identidades falsas ou questionáveis (há até um frequentador do abrigo que apenas *parece* muito uma outra pessoa) levam a uma menção ao caso Tichborne, em que um homem apareceu dizendo ser o herdeiro da família Tichborne, oficialmente morto num naufrágio. O caso, um exemplo de identidade forjada que convenceu até a mãe do "falecido", causou sensação em toda a Europa nas décadas de 1860-70.

A menção ao caso de Parnell com Katherine O'Shea, que precipitou sua queda, deixa Bloom quieto, apenas pensando nos pontos de contato com sua própria história. Vale dizer, cartas amorosas (Martha) inicialmente platônicas e um envolvimento carnal que surge do fato de "o marido não estar à altura", o que leva ao surgimento de um "homem de verdade" (Boylan).

Quando ele abre a boca para mencionar a (inexistente) ascendência espanhola de O'Shea e, assim, confirmar (!) sua teoria sobre os tipos raciais, é que percebemos que, mais uma vez, havíamos passado páginas perdidos, com ele, em divagações distantes, enquanto a conversa seguia no abrigo.

Ele aproveita a brecha para fazer o que provavelmente tencionava desde a primeira menção, forçada, à Espanha e a Molly. Sacar uma foto da esposa, com cuidado para não deixar Dedalus ver o livro popular que carrega. Ele pergunta se Dedalus acha que ela é "um tipo espanhol", mas obviamente quer saber se Dedalus acha aquela "senhora de tamanho considerável" uma mulher bonita. A foto, inclusive, tem oito anos!

Bloom, que chega a cogitar oferecer neste momento o quarto vago de sua casa a Dedalus ("dar o outro passo"), desvia o olhar para Stephen não se sentir constrangido ao avaliar o decote de Molly (suas "peras arfantes"). Das marcas de dobras na foto ele passa à roupa de cama usada e, daí, a uma dúvida: e se Molly não estava em casa quando Boylan veio?

Bloom, que está tentando se mostrar importante, nem que seja à custa da aparência da mulher, evoca agora em voz alta o incidente envolvendo Parnell. Antes ele apenas lembrou. E é extremamente adequada a referência ao político como "rei sem coroa" numa anedota que envolve justamente a perda de um chapéu! E agora é o próprio Bloom quem compara os incidentes com Parnell e Menton, lembrando que a história se repete "com diferenças". Aí está, se quisermos, uma verdadeira definição do método mítico empregado para fazer a *Odisseia* gerar o *Ulysses*.

Ele se deixa levar novamente a pensamentos sobre o adultério, especialmente em casos que envolvem mulheres de quase quarenta anos. Vale lembrar que ele tem quase quarenta (38), mas Molly tem apenas 33 neste momento.

Mas Bloom é suficientemente mais velho que Dedalus para se colocar repetidamente no papel paterno. E a informação de que Stephen não faz uma refeição sólida desde quarta-feira o deixa aturdido.

É hora de ir para casa, e Bloom teme um pouco a reação de Molly se ele chegar com Stephen, lembrando da ocasião em que levou um cachorro (o símbolo recorrente) que também tinha uma pata machucada. Mas ele vê isso tudo como uma "oportunidade", e pretende usá-la bem. Ali eles estão entre bebedores de uísque (*potheen*) e desconhecidos.

Lembrando-se com algum orgulho de sua resposta ao cidadão, Bloom ganha coragem e finalmente faz uma versão da proposta com que deve estar lidando desde que se deu conta de que Stephen estava sem onde ficar. Este, que já estava considerando ir dormir no Brazen Head, mencionado por Corley, acha que tanto faz. Mas para Bloom coisas grandiosas estão em jogo, e ele começa a imaginar as vantagens de eventualmente ter o erudito Dedalus sempre por perto.

A saída dos dois do abrigo traz o primeiro momento de absoluto triunfo para Poldy, e só podemos imaginar a expressão de felicidade no rosto dele quando resolve o pragmático problema das cadeiras, que o metafísico Dedalus não conseguia nem começar a entender.

Eles saem. E Bloom continua dando motivo para ser nosso personagem preferido: o mesmo homem cuidadoso que diz "se apoie em mim" é o homem vaidoso que oferece o lado esquerdo, o melhor perfil, ao companheiro.

E Stephen, bem... continua sendo Stephen, e registra apenas o contato do que lhe parece um braço frouxo e velho. Bloom, vamos repetir, tem 38 anos. No meio do detalhismo de "Ítaca", poderemos até calcular seu IMC. E Poldy definitivamente não está acima do peso, com 71 quilos e meio, divididos em pouco mais de 1,76 metro de altura. Mas frouxo e velho ele será, para Dedalus.

Eles passam por Gumley, que está nos braços de Morfeu. A discussão dos dois se encaminha para a música e, depois de um cutucão em Wagner (cuja importância para Joyce mal pode ser exagerada), Bloom continua alegremente embolando suas referências, ao trocar as obras de Mercadante e Meyerbeer. Seu amor por Mozart e pelo belo *Stabat Mater* de Rossini é perfeitamente justificável, já sua classificação de Mendelssohn como um "severo" compositor clássico só não é mais torta que a descrição do *Don Giovanni* como ópera ligeira, o que é praticamente um bloqueio voluntário, vindo de alguém que passou o dia com a terrível ária do Comendador na cabeça.

Dedalus, por sua vez, escolhe louvar a então obscura música elisabetana de Dowland, citando inclusive um verso latino do próprio, que diz "Dowland, passei os anos a tocar". Ele ainda menciona o plano (real na vida de Joyce) de adquirir um alaúde e sair em turnê pela Irlanda com um repertório composto apenas de canções elisabetanas.

Em mais um de vários episódios tripartidos, estamos na cena final, a última a céu aberto. A partir daquele "Na rua de que se aproximavam", o texto é de uma beleza incrível, que corre o risco de passar despercebida.

Tudo começa com Bloom, ainda tentando impressionar, perguntando se o compositor (real) John Bull é a mesma pessoa que o símbolo (inventado) do Estado britânico. Mas enquanto eles passam por um cavalo que causa pena em Bloom, percebemos que agora, refrescado pelo ar da noite, é Dedalus quem fala sem parar, sem que Bloom ouça muito. Poldy apenas olha para ele e vê no rapaz o rosto da mãe, respondendo tardiamente à dúvida de Dedalus, que acha que os outros veem nele os olhos do pai.

A música, como tema, nos coloca de novo perto do episódio das "Sereias". Bloom já mencionara a execução da ária *M'Appari* por Simon, e agora é a vez de Stephen cantar uma peça de um compositor obscuro, cujos versos se traduzem por "da sagacidade das sereias, os poetas fazem poemas".

Enquanto o rapaz canta (imagine-se a cidade vazia, de madrugada...), Bloom, quase como Artifoni, começa a imaginar a "fonte de renda" que Dedalus poderia ser. Ainda mais com aqueles "modos cavalheirescos", pelos quais aliás o próprio Joyce era conhecido. Sóbrio.

Bloom já está inclusive imaginando sua comissão como agente, diante de música tão diferente daquela cantada pelo *genus omne*, ou seja, "esse povo todo".

Em seguida, dois parágrafos começam com "O cavalo". E deveria ser um só. A questão é que o primeiro é já uma tentativa, abortada, de descrever a defecação do cavalo. Mas a frase se perde, porque Bloom como que a interrompe com seus pensamentos que não param mais quietos. É apenas no segundo deles que vemos o cavalo defecar e o gesto de delicadeza do condutor, que espera ele terminar para prosseguir. A cruzada joyciana de extrair lirismo dos lugares mais improváveis tem aqui um de seus pontos mais altos. O parágrafo é extremamente delicado.

Os dois se aproveitam dessa parada da carroça de limpeza para passar pelo carro e seguir para a Lower Gardiner Street enquanto Dedalus canta um verso todo errado, com a memória algo comprometida pelo álcool e o cansaço.

O parágrafo final do episódio é o último momento em que veremos nossos dois heróis de perto. E na verdade ele encena lindamente esse processo de afastamento, na medida em que nos coloca gradualmente na posição do condutor da carroça de limpeza que, enquanto cantarola uma canção (o texto em itálico), está totalmente alienado da discussão dos dois, ou seja, do que mais nos interessa.

Passamos todo o livro acompanhando esses dois e esperando exatamente este momento.

Depois de toda a dificuldade para engrenar uma efetiva conversa naquele abrigo, agora (ou será só a distância que nos engana?) parece que finalmente eles estão de fato trocando ideias, e justamente sobre temas centrais, entre eles tentação (sereias) e usurpação (a preocupação renitente de Dedalus). E o narrador nos deixa inclusive sem saber exatamente quais seriam os outros casos e exemplos. Estamos perdendo contato com os dois, justamente agora.

E o cuidadoso e belíssimo movimento da "câmera" do foco narrativo, a partir do momento em que eles passam pela corrente, como que nos isola imediatamente de tudo isso, como que nos iguala a esse desconhecido para quem aquelas figuras que já nos são tão familiares seriam apenas dois vultos parecidos, quaisquer, ambos de preto, um mais magro e um mais "gordo".

Dois amigos.

Pai e Filho.

17. Ítaca

Mas esse distanciamento entre nossos dois heróis ainda vai ser aprofundado.

"Ítaca", ou a chegada de Odisseu em casa, tomaria a forma de uma longa conversa, a sós, entre os dois. Precisamente o que esperaríamos para compensar aquele afastamento do fim do episódio anterior e, acima de tudo, para equilibrar todo um livro em que os vimos separados.

Há no entanto dois problemas. Um, que costuma ser subestimado até por leitores e releitores mais experientes, é o fato de que na verdade a conversa dos dois não dura muito tempo, nem em termos absolutos, de relógio, nem em termos relativos, pois ocupa menos da metade das páginas do episódio, que no fundo é mais dedicado a acompanhar apenas um deles, sozinho ou em outra companhia.

O outro problema é mais óbvio. Ao escolher um tom de objetividade científica para o relato e estruturar a narrativa na forma das perguntas autorresponsivas e das respostas detalhadas de um catecismo antigo; ao entregar essas perguntas e respostas a duas vozes não identificadas que parecem tratar Poldy e Stephen como ratos num labirinto, Joyce realiza o sumo gesto paradoxal de criar total distanciamento e absoluta impossibilidade de penetração na consciência dos dois. Isso exatamente no que deveria ser o momento climático da aproximação!

Como na versão cinematográfica de 2003 (*Bloom*, de Sean Walsh), é quase como se fôssemos obrigados a ver essa conversa através de uma janela fechada. Somos aqui condenados a enxergar *por espelho, em enigma*.

A bem da verdade, podemos até ir mais longe e admitir, ou propor, que a conversa realmente relevante dos dois nos foi mais uma vez ocultada. Pois o abrigo dos cocheiros fica a quase um quilômetro e meio da casa de Bloom, e o caminho que os dois acabam fazendo, "por uma distração", é um pouquinho mais longo. Dublin, é verdade, é particularmente plana para padrões brasileiros, mas, ao se afastar do rio, eles estão seguindo uma rota ligeiramente ascendente e, é bom lembrar, estão cansados e, ao menos no caso de Dedalus, de cabeça tonta.

Mais ainda, o texto nos diz que eles andaram "com interrupções em que estacavam". Mas não podemos pensar que Bloom está procurando o caminho para a própria casa. Mesmo aquela *distração* mencionada parece se dever à mesma razão dessas paradas: eles estão absorvidíssimos pela conversa.

Tal conversa, é bem razoável supor, terá durado, nessas condições, no mínimo meia hora. Talvez mais tempo do que passaram no abrigo, afinal. Talvez um tempo similar ao que passarão na cozinha. E dela ouvimos apenas aquele relato parcial, do ponto de vista do cocheiro, e agora ouviremos um relato truncado, por nossas amigas Pergunta e Resposta.

"Ítaca" era o episódio favorito de Joyce. E é favorito de nove entre dez leitores. O texto é infinitamente divertido. Vamos a ele.

Começamos com uma exagerada precisão no relato do caminho dos dois. Exagerada e até algo de má vontade: o caminho que eles acabam fazendo "por uma distração" é talvez cem metros mais longo.

A descrição da conversa dos dois também tem seus segredos. Primeiro porque dado o tempo que essa caminhada pode ter levado, devemos supor que cada um daqueles assuntos mereceu no máximo uma frase. Segundo, porque fica claro que eles não concordam em quase nada. Dedalus faz questão de manifestar "abertamente" essa discordância, enquanto Bloom a reconhece apenas "tacitamente".

A melancolia de Bloom vem à tona quando pensa que, quanto mais velho fica, mais só se vê. É esse, afinal, o sentido da resposta que começa com "Ele refletiu que...". E na sequência ele ainda pensa que ao nascer foi recebido por todos e virou alguém, e ao morrer passará a ser ninguém.

Ao se ver sem aquela chave que, como já percebeu de manhã, ficou na outra calça, Bloom tem que elaborar "um estratagema" para entrar: afinal, bater e pedir para Molly abrir iria contra todo o sentido da experiência.

As informações precisas sobre o peso de Bloom e o estabelecimento da data (mesmo no que se refere a dados que servem apenas para o cálculo do dia da Páscoa a cada ano) combinam muito bem com o tom *científico* e objetivo do episódio. Ao mesmo tempo, o belo trecho que descreve as imagens que Dedalus pôde ver nesse momento realça o silêncio da rua, a calma e a solidão dos dois.

Algumas perguntas, no entanto, permanecem. O que Bloom fez durante aqueles "quatro minutos"? Tirou as botas? Urinou? O que significa a "fresta iluminada" daquela porta à esquerda? Tanto a sala quanto o quarto dos Bloom ficam à esquerda daquele corredor. Molly já acordou com o barulho dos dois?

A imagem das pessoas que cuidam do fogo, sempre cara a

Dedalus, retorna também. E, nesse episódio de dados objetivos, ficamos sabendo, além do nome real de Dilly, que uma das senhoritas Morkan de "Os mortos" é madrinha de Stephen.

O nonsense das perguntas (frequentemente tolas) e das respostas (via de regra exageradas) fica claro na célebre réplica a respeito da torneira e da água. "Fluiu?" E como!

Parte desse ímpeto pretensamente científico vem, sabemos, da autoimagem de Bloom, que, por exemplo, entre as qualidades da água, louva sua capacidade de dissolver todos os solúveis. Ora, a definição de *solúvel* é justamente essa; a água é o padrão de *solvência*!

O rito das abluções de Bloom, o amante das águas, não se faz comum porque Dedalus, o porco, inventa uma elaborada desculpa (que Bloom parece engolir) para não gostar de se lavar. Bloom, neste como em outros casos, *reprime* os conselhos paternos que gostaria de dar.

É fim de noite, e o fenótipo semítico de Bloom quase garante que sua barba deve estar já dura e escura. É provavelmente por isso que a pergunta (sintonizada com o que ele pensa) imagina outros fins para aquela água quente. Fazer a barba. Agora, as razões de Bloom para preferir se barbear à noite (mais uma de Mestre Poldy, como dirá Molly) são hilárias. Especialmente a possibilidade de encontrar mulheres conhecidas de madrugada!

A descrição dos itens das prateleiras merece atenção. Primeiro, pela xícara de Bloom, que está "ininvertida" porque uma bigodeira conta com um aparo na parte de cima, para evitar que os bigodes se molhem: ela não pode ficar virada. O pote vazio de carne enlatada denota o festim de Molly e Boylan, assim como o cesto que um dia conteve os produtos que Boylan enviou. As duas cebolas (assim como as duas panelas sobre o fogão, agora há pouco, e as duas cadeiras na sala, em breve) são como que simbólicas: aqui, Bloom e Molly. E ficamos sabendo também que tanto Molly quanto a senhora Flemming, a diarista, bebem leite de primeira.

Sobre a cristaleira, os canhotos das apostas de Boylan nos cavalos. A presença do Rojão está bem marcada em toda parte.

Quanto ao páreo, Bloom agora percebe que poderia ter tido o palpite correto. Mas, resignado e muito mais sábio que outros, lembra que só *post-facto* essas dicas fazem sentido e são relevantes. E se consola lembrando que não perdeu nada. Ele está mais preocupado agora em ser um bom anfitrião. E para isso abre mão da bigodeira apenas para usar uma xícara igual à de Stephen, que ainda enche com mais leite que a sua.

Ele pensa também em (se?) oferecer para cerzir o paletó de Dedalus, que se rasgou em "Circe". E também em lhe oferecer um dos lenços de Molly, pendurados no varal.

Se em outros momentos já pensamos que Bloom podia ser melhor poeta que Dedalus, o que dizer do belo metapoema que ele teria inscrito num concurso? E dos loucos anagramas de seu próprio nome? E o acróstico que assinou, nas primeiras letras de cada verso, como POLDY? Cheio de ardis, nosso Odisseu. Cheio de *estratagemas*. Ficamos inclusive sabendo que (e como) ele quase participou da composição de um espetáculo sobre, tema dos seus temas, Simbá dos sete mares.

É logo depois disso que lemos o relato dos dois encontros anteriores de Bloom e Dedalus, quando a diferença de idade entre os dois (e o quanto essa diferença significou em outros momentos da vida) vem mais claramente à tona. Mais uma vez temos que supor que as perguntas e respostas podem estar ligadas ao que pensa Bloom. O texto está na página enquanto ele olha para Dedalus e rumina suas questões.

Outra conexão entre eles vem pela senhora Riordan, conhecida dos leitores de *Um retrato...* por Dante e já na velhice alvo da gentileza de Bloom (interesseira? Por que ele lembra direto de "sua putativa riqueza"? Molly terá o que dizer a esse respeito).

A discussão dos dois sobre publicidade (e a conexão deste tema com a criatividade literária é já uma abordagem muito *moderna*) leva Bloom a pensar de novo no brilhante anúncio da Kino's e no quanto ele detesta a propaganda da Ameixeira.

Já o texto sugerido por Dedalus parece saído diretamente de *Dublinenses*. Mas, ao mesmo tempo, tem exatamente o efeito que Bloom pretendia conseguir com duas moças escrevendo num carro transparente. A pergunta é logo "o quê?".

E a resposta, pasmante, é o nome do hotel em que Rudolph Bloom se matou. Mas ele se abstém de comentar, por preferir observar os outros a se manifestar. E, ouvindo Dedalus renarrar seu conto das senhorinhas dublinenses, ele pensa na pretensa similaridade literária que tem com seu hóspede.

Mas seu exótico lado pragmático se revela também na ideia de que uma forma de ocupar a mente da mulher casada seria o estabelecimento de bordéis masculinos. Molly, que nunca sai por muito tempo de seus pensamentos, agora aparece também em suas fraquezas. Ela, a mesma pessoa que não conhecia a palavra "metempsicose" e pronunciava "deve de ter caído", não sabe escrever um "Q" maiúsculo (necessidade muito rara em inglês) e vive deixando a pena no tinteiro. Mas ela é também quem criou o trocadilho "baixo barríltono" e quem interpreta a palavra "alcunha", que desconhece, como sendo o nome de um árabe penetrante como cunha. Ela tem humor.

E, como diz muito cifradamente a resposta seguinte ("o falso aparente paralelismo"): as coisas são mais complicadas do que parecem. Ela entende Bloom.

A questão das origens judaicas de Bloom aparece, assim como o mito de que Aristóteles teria tido um mestre judeu. Mas os dois conhecem menos do que talvez devessem suas tradições e línguas *originais*. Pressionado, Dedalus só consegue recitar a letra de uma cantiga conhecidíssima, que na verdade tem apenas estes versos em gaélico, fechando estrofes inglesas. E Bloom, o heterodoxo, cita apenas um trecho (4,3) do Cântico dos Cânticos, o menos "bíblico" dos livros bíblicos.

Mais uma vez Bloom toma cuidado para não deixar Dedalus ler o título *Doçuras do pecado*, virando a capa do livro para baixo enquanto oferece o papel para eles escreverem.

As mirabolantes teorias sobre os pontos de união entre os mundos judaico e gaélico derivam em grande medida dos escritos do reverendo Geoffrey Keating, historiador de ideias, digamos, heterodoxas. Os *culdees*, diga-se de passagem, eram anacoretas irlandeses.

O cântico que Bloom entoa a seguir ("enquanto no fundo do teu coração a alma da Judeia viver forte"), imbuindo-o da "esperança dessa múltipla consumação, etnicamente irredutível", ganha ressonâncias quase proféticas se lembrarmos que ele, hoje, é o hino do Estado de Israel, que passaria a existir apenas 44 anos depois.

O encontro dos dois está chegando ao fim (como eu disse, ele ocupa menos da metade do episódio) e a melancolia que já existia se soma agora à sensação da partida iminente. As belas perguntas e respostas sobre o que cada um deles viu/ouviu são o mais próximo que podemos chegar, neste momento, das sensações dos dois.

A retribuição de Dedalus ao canto de Bloom é pura e simplesmente cruel. E Bloom, que se satisfaz ao ver sua "janela intacta", ou seja, ao ver que aquilo não se refere a ele, só pode ficar "pasmado". E só pode ficar "triste" por ter que ouvir algo que não lhe diz respeito. Ele, mesmo sendo um "secreto infiel", um judeu não judeu e um judeu não crente, não pode deixar de sentir a ofensa que é ter que ouvir uma canção grotescamente antissemítica.

Um detalhe curioso é que a partitura fornecida para a canção está em clave de Fá e desce muito além do registro mais grave de um tenor, voz que presumiríamos ser a de Dedalus por ter sido a de Joyce, mesmo que ela não tivesse, como foi, sido descrita assim por Bloom no episódio anterior.

A presença da *filha* do judeu na música leva Bloom a pensar de novo em Milly, no fantasma que é a possibilidade de ela não ser sua filha (aquele cabelo claro) e, logo em seguida, no consolo de lembrar que ela tem seu nariz.

A figura ausente mas marcante de Milly também desorienta seu pai. O episódio em que ela desce a rua e se volta para encarar o desconhecido que a seguia, por exemplo, é para ele motivo de admiração. Ela é como a gata, que sai de casa atrás de machos ou ervas medicinais (?), mas não é como a gata, porque provavelmente não voltará mais.

Acima de tudo, a coisa mais bonita que Bloom pode dizer de sua relação com a filha é aquele "ela lembrava". Ela lhe demonstrava atenção. E ela servia para lustrar o ego do pai, ao decantar sua inteligência.

É só nesse momento, depois da desilusão da canção, que Bloom toma coragem e propõe que Dedalus passe a noite ali, com os objetivos, não declarados, de além de tudo melhorar o italiano de Molly e "desintegrar" a obsessão dela por Boylan. E é aqui também que Bloom pede atrasadas desculpas por não ter podido ir ao enterro da mãe de Stephen, por estar justamente visitando o túmulo do pai.

Dedalus, como esperaríamos, nega a proposta e Bloom lhe devolve o dinheiro que tinha guardado para evitar extravios. E as propostas seguintes parecem muito mais vagas asserções do tipo "mas a gente se vê ainda" do que concretos estabelecimentos de compromissos.

Mesmo Bloom sente que isso pode não dar em nada. Sente que as apostas no acaso e no futuro, assim como a paternidade vicária, tendem a ser ilusórias. É o que fica belissimamente ilustrado na, como sempre em Joyce, quase ridícula história do palhaço e da moeda. Aquele "não" que responde se o palhaço era filho de Bloom consegue ser pateticamente doloroso e dolorosamente patético.

E Dedalus partilha desse "desânimo", mas reafirma sua existência como ser racional. Eis a fé que une os dois. Nem que Bloom tenha que lembrar seu "estratagema" para entrar em casa como exemplo desse estatuto racional.

Os dois saem da casa então, no que parece de fato uma procissão, que não deixa de ser acompanhada *secreto*, ou seja, em voz baixa, por um salmo de Dedalus, o mesmo que as almas dos mortos afortunados cantam na *Divina comédia*: "quando Israel saiu do Egito, e a casa de Jacó de um povo de língua estranha".

Ao saírem, os dois dão com o belo céu limpo que se seguiu à tempestade, e as estrelas, que os esperam mais uma vez como esperaram, movidas pelo amor, o peregrino no final do poema de Dante, levam os dois a pensar no cosmo, na distância e, por que não, na vida alienígena e na redenção possível da humanidade. Podemos imaginar qual deles propôs qual desses assuntos.

A resposta "O menor se provava pelo maior" significa que, se o homem haverá de ser sempre e em toda parte igual, ligado a vaidades, nada se pode esperar nessa direção. O homem, diz essa conclusão, é irredimível. O homem, o *Ulysses* não cansa de repetir, não precisa de redenção. É curioso vermos o contraste da opinião de um azedo Dedalus, de 22 anos de idade, com os frutos do trabalho de um maduro Joyce de quarenta. Eis o que surge da fusão de Stephen e Poldy.

Ainda nas referências astronômicas, aquela nova que surgiu na Corona Septentrionalis é a nossa melhor chance direta de estabelecer a data do aniversário de Poldy, pois o evento, real, é datado de maio de 1866. Vale acompanhar também com muita atenção a lista de similaridades que Bloom detecta entre a lua e a mulher. As duas, por exemplo, nunca dão respostas diretas!

O "sinal luminoso" que os dois percebem no segundo piso é, agora com certeza, o quarto do casal. Molly está acordada e, veremos, não está exatamente de bom humor.

A sacramentação da amizade dos dois se dá, à moda joyciana, com um xixi grupal. Ideia de Dedalus, prontamente aceita por um cordato Bloom, que, veremos, nem tinha tanta vontade. Ao urinar, os dois — como todos os homens de todos os tempos — tentam proteger manualmente o pênis dos olhos alheios, mas também se sentem curiosos. E que questões lhes surgem? Para Bloom, questões pragmáticas, higiênicas e sexuais. Para Dedalus um obscuro problema de religião.

Outro dado que confirma que o que está acontecendo ali é relevante é a passagem de uma estrela cadente.

A extrema objetividade detalhada das descrições de uma chave abrindo um portão e de um aperto de mãos típico (obviamente, nenhum dos dois lavou as mãos) denota muito provavelmente o elevado grau de atenção, pelo menos de Bloom, a todos os pormenores. A conversa acabou. A festa acabou. Ele sabe que agora terá que esperar muitos anos por outro encontro como esse.

Se tomarmos como padrão as badaladas do final de "Calipso", onde cada par de "beléns" representava um toque isolado (o campanário deveria soar três vezes para marcar quinze para, como pensa Bloom), essa despedida leva uma meia hora. Provavelmente são duas e meia.

Dolorosamente, o som da igreja só faz Dedalus lembrar da morte da mãe e, para Bloom, evoca os dobres matutinos que o fizeram pensar em Dignam. E a resposta seguinte, que elenca a situação de todos os que estiveram com ele no cemitério, é outro brilhante exemplo de como Joyce consegue arrancar sentimento de um meio aparentemente frio: uma lista quase jocosa.

O fenômeno acústico conhecido como *flanging* faz os passos de Dedalus, que verberam dos dois lados da rua vazia, lembrarem a Bloom um berimbau de boca, conhecido em inglês, por distorção baseada em etimologia popular, como "harpa de judeu". E ele se vê só, diante do frio interestelar e, se acreditamos nas suas impressões, diante também dos primeiros sinais do nascer do sol.

E Dedalus se foi. Depois de dois livros, depois de toda a *Odisseia*, não o veremos mais.

A melancolia de Bloom se transforma em memória dos mortos. E entre eles aparece Matthew Kane, um amigo do pai de Joyce que se afogou na baía de Dublin em julho de 1904 e serve de inspiração para Dignam, para o tema geral do *afogado* e, também, para boa parte das características de Martin Cunningham.

Bloom inspira fundo, entra, sopra leve a vela e toma uma pancada na cabeça. Molly, ou Molly e Boylan, ou os rapazes que vieram trazer o piano... alguém mudou todos os móveis de lugar. E é com esse ar de *estranhamento* que a casa de Bloom o recebe. Odisseu, diga-se de passagem, é também atingido na cabeça por um objeto lançado por um dos pretendentes.

Vale uma nota, aqui, sobre a configuração da casa dos Bloom. Dedalus saiu pela porta dos fundos, a que dá para o quintal. Por isso Bloom ao voltar teve que subir uma escada até o térreo. O piso térreo é composto de um corredor com a porta da rua (que ele abriu para Dedalus entrar), logo à esquerda dela a porta da sala de estar, mais adiante, ainda à esquerda, a porta do quarto do casal e, ao fundo, a escada que leva à cozinha. Ou seja, Bloom sobe, passa direto pela porta do quarto onde a luz acesa demonstra claramente que Molly o espera e entra direto na sala, onde toma a pancada. Eis Odisseu sendo atacado pelos pretendentes.

As duas cadeiras detalhadamente descritas evocam diretamente as figuras de Molly e Boylan. Assim como a franja revirada do tapete e a mancha no estofamento evocam suas atividades naquele cômodo, e naquelas cadeiras.

Sobre o piano, a partitura daquela "Velha e doce canção do amor" também é reveladora nas suas indicações de expressão: "*à vontade*" (*libitum*, no latim, a origem da nossa "libido"), "com força", "com sustentação", "com ânimo", "demoradamente", "com sustentação", "morrendo", "fim". Há a descrição de um orgasmo embutida nessas palavras.

Bloom, agora oficialmente *corno* por causa da "tumescência" na testa, como que ritualmente desinfeta a casa com o incenso que acende, simbolicamente, com o anúncio de jornal que representaria um sonho de fuga. Diante de sua casa, e dos presentes de casamento com que um dia quis interessar a filha na ciência, ele se vê radicalmente só.

A lista dos livros de Bloom mereceria vários pequenos comentários. Mas fiquemos com um só: teria ele emprestado o romance epistolar de Conan Doyle como presente de aniversário para si próprio?

Mais um? O livro de Sandow existe, fez muito sucesso, e bem vale uma consulta à internet.

Bloom encontra "consolação" na mesma estátua de Narciso, nu, que gerará desejos mais diretos em Molly. E se incomoda, compreensivelmente, com a roupa que o aperta desde cedo. A resposta correspondente ao momento em que ele se livra das peças de roupa transmite um conforto que todos já sentimos no fim de um longo dia. O botão que lhe falta nas calças, um de seis que seguravam os suspensórios, é aquele que vimos, e ouvimos, cair em "Circe".

Outra marca de familiaridade, do cotidiano singelo que Joyce adora explorar, é aquela moedinha, guardada no bolso há meses, porque ele não tivera mais ocasião de usar o terno preto.

O orçamento compilado a seguir, em todo seu detalhamento, está aberto a críticas. Muita tinta já correu, e não poucos impropérios, entre os analistas do livro. Digamos apenas que muito depende da interpretação que fazemos da cena em que Dedalus é salvo de gastar mais dinheiro na casa de Cohen. Se aceitamos que ele quis pagar por Bloom, e Bloom não aceitou, pagando por si próprio, ele de fato omite aqui esses dez xelins.

O "despojamento" de Bloom continua, e vale lembrar que ele tira as botas *pela segunda vez* porque precisou calçá-las para acompanhar Dedalus porta afora. Ou será essa *segunda vez* uma referência apenas àquela *primeira*, no banho? O cheiro da lasca de unha que ele rasga com a mão o faz voltar ao passado e aos seus sonhos de criança.

(Joyce e Proust se encontraram apenas uma vez. Dois dos maiores romancistas da história, verdade. Mas quanta diferença entre o cheiro de uma madeleine embebida no chá e a fragrância de uma unha de pé no fim do dia.)

Os sonhos de Bloom envolvem uma propriedade, com bonito nome em latim: "Campo na cidade" ou "Aqui se cura". O detalhe com que ele concebeu essa estranhíssima residência nos faz ver quanto tempo ele já passou nesse mundo de fantasia. Mas o último item é estranho: por que o monóxido de carbono? A hipótese mais simples é que Bloom, nesse paraíso inventado, quer a chance do suicídio sempre à mão! E um suicídio tranquilo e bloomiano, sem dor. Estranho...

E essa residência idílica tem lugar para Molly, como provam as redes "da dama e do cavalheiro". O lema de Sir Bloom? "Sempre preparado." Em latim! Seus títulos? Deputado, Membro do Conselho Privado, Cavaleiro da Ordem de São Patrício (a mais alta da Irlanda), Doutor em Direito, honoris causa. Seu estilo administrativo? Muito parecido com o de Conmee e, também, com o que tentou adotar no seu apogeu alucinatório em "Circe". Mas sua impiedade se reserva, como fica claro no fim da resposta ("todos os molestadores..."), para os Boylans deste mundo, os que comprometem a paz conjugal.

Mais um pouco do histórico de Bloom (sua conversão religiosa para poder se casar, enquanto a praxe judaica exigiria o contrário, que a esposa se convertesse) nos é dado junto com a revelação de sua amizade com Apjohn, que logo antes soubemos estar morto.

Os sonhos de Bloom envolvem também esquemas para enriquecimento rápido. Nem precisamos mencionar a possibilidade de uma "doação de um prisioneiro espanhol", claramente saída da literatura de folhetim (quase certamente de *O conde de Montecristo*)! Mas o contrato para entrega das 32 parcelas, caso você queira saber, renderia uma parcela final (sem contar a soma de todas as parcelas) de mais de 3,5 milhões de libras, em tempos pré-decimalização. Em valores de 1904! Os leitores de Malba Tahan conhecem o truque.

Suas ideias de linhas de bonde para conectar o mercado de gado ao cais nós já conhecíamos, mas o plano de usar carrinhos puxados por cães ou bodes para entregar leite é puro Bloom. Agora, é bem verdade que tudo se resolveria bem mais facilmente com "a descoberta independente de um veio de ouro inexaurível".

Ficamos sabendo que ele gosta de pensar essas coisas para garantir um sono tranquilo, porque (outra revelação chocante) ele teme cometer atos bárbaros durante o sono.

A primeira gaveta de Bloom contém mistérios. Um cartão de Natal de uma cidade da Palestina, enviado por dois habitantes reais de Dublin, nunca mencionados no *Ulysses*. O material para escrever as cartas para Martha. Um encantador bilhete de Milly (eu mesmo, enquanto escrevo essas notas, tenho na minha primeira gaveta um bilhete em que minha filha, então com cinco anos, me chama de "meu sapo mais lindo"). Pertences de sua mãe, que ecoam os de May Goulding relembrados por Dedalus. Um recorte de jornal sobre mocinhas castigadas fisicamente

(Bloom, o sadomasoquista). Uma fita de um ovo de Páscoa... mas por que daquele ano? Há quem pense que essa pode ser outra chave para a data do aniversário de Bloom: a Páscoa em 1899 caiu em 2 de abril. As folhas de papel de carta que representam as três cartas que já foram escritas para sua amante epistolar. Seus postais pornográficos. E, claro, o panfleto daquele Milagreiro, enviado, "por engano", para a senhora L. Bloom — exatamente o nome que deveria ter sido usado por Boylan naquele envelope.

O Milagreiro é um caso à parte. O panfleto lembra, curiosamente, as constrangidas e constrangedoras propagandas de remédios para regularizar o intestino na televisão de hoje. Mas fica mais do que claro ("as senhoras acham o Milagreiro especialmente útil") que o uso do Milagreiro é na verdade sexual.

Seria marca do sono e da confusão mental de Bloom ele incluir entre os depoimentos o de Hamlet, tratado por Dedalus na biblioteca como "o vagabundo desleixado"? E seria por acaso que aqui esse "Hamlet cáqui", outra expressão de Dedalus, é um soldado?

As dúvidas são, afinal, uma marca de um livro cheio de enigmas. Mas tematizar essas dúvidas já é um gesto mais audacioso. Afinal, ninguém, até hoje, cumpriu a missão de *encontrar* Martha Clifford. Continuamos procurando sua identidade.

A segunda gaveta não é menos reveladora. Esperamos até aqui, afinal, para saber que Poldy se chama Leopold *Paula* Bloom! E ficamos também sabendo que, apesar de todos aqueles delírios de enriquecimento milagroso, ele não deixou de tomar precauções com seu futuro, e com o de sua filha.

A visão do envelope que contém a carta do pai suicida já é pesada demais. Nem mesmo nesse momento em que nitidamente passa a vida em revista, Bloom terá coragem de reler a carta toda. O que ele lembra agora, quase aos quarenta anos, é como foi intolerante com as práticas religiosas do pai (como Dedalus com a mãe moribunda). E o que ele vê, quase aos quarenta anos, é que, se a religião continua lhe parecendo uma tolice, não lhe parece mais uma tolice maior que outras.

A constatação de que está ficando velho, e cada vez mais parecido com o pai, o faz lembrar que é justo aquela apólice de seguro o que lhe dá mais tranquilidade na vida.

Mas ainda, entre morrer e partir, nosso judeu quiçá errante prefere a segunda possibilidade ("pela lei do menor esforço"). Porque sim? Porque está cada vez mais difícil conviver com Molly. Porque, com Milly crescida, só restava ao casal fazer outro filho, buscando resolver o insolúvel.

A cabeça de Bloom definitivamente começa a embrulhar dados e fatos. E as perguntas e respostas vão com ela. Aquela estrela polar que vira a lua que vira a bunda de uma mulher carnuda que vira Jeová (Êxodo 13,21) é claro sinal dessa confusão. Até o destino desse Bloom fugitivo vira, ele também, matéria de folhetins sensacionais.

Mas por que ele não vai, então? Porque está tarde, ora...! E porque a estátua (narcísica) continua lhe dando consolo. E porque uma cama com o calor do corpo de Molly o aguarda.

Se em "Circe" a ladainha evocava cada um dos episódios do livro só até aquelas últimas horas da noite, aqui, os ritos do dia de Bloom cobrem sua rotina até o fim. Com a curiosa presença daquele *período lacunar*. Como dissemos, se o livro não registra, Bloom, que é o livro, também não lembra...

Os três enigmas finais de Bloom são um corriqueiro estalido de madeira na noite, a identidade de Mackintosh (!) e a resposta a uma adivinha infantil (no escuro!). Se ele, indo calado para o quarto, pensa nas imperfeições do dia, a lista que evoca deixa de lado o que de fato foi doloroso, ruim, triste, se concentrando no pequeno e divertido (para nós).

Bloom entra no quarto e percebe, como pela manhã, a roupa de Molly ("calçolas de tamanho incomum"!) espalhada por tudo...

O trecho que se inicia aqui ("Os atos de Bloom?") é provavelmente o mais encantador de todo o romance. Prepare-se, estamos nos despedindo de Poldy.

Ele tira a camisola debaixo do travesseiro e entra na cama como se adentrasse a toca de uma serpente. Se ele pensa na cama como local de morte, é porque foi ali que Molly e a senhorita Flemming ajeitaram o corpo de Rudy. Ou será por causa daqueles atos bárbaros que teme cometer?

Ao entrar na cama ele percebe que os lençóis foram trocados. Mas os restos de carne em conserva deixam claro que eles foram trocados para receber Boylan numa cama limpa, não para não deixar marcas para Bloom. Ele não sorri, mas "se tivesse sorrido" seria da empáfia de Boylan, que neste momento se considera primeiro, único e superior.

A pretensa lista dos amantes de Molly, que vem a seguir, foi lida durante bastante tempo ao pé da letra. Um pouco de atenção especialmente ao que Molly nos dirá de cada um desses casos no episódio seguinte mostra que ela é fundamentalmente uma lista dos devaneios talvez masoquísticos de Poldy.

Mais adiante, nós, que já sabíamos que ele e Boylan usam o mesmo alfaiate, ficamos sabendo que foi ali que eles se conheceram. E que foi Poldy quem convidou Boylan a uma primeira visita!

De onde vem a atual equanimidade de Bloom? Do fato de que o *ato* cometido, realizado, é, afinal, perfeitamente natural, em termos humanos. E o que ele haveria de fazer agora?

É interessante ver suas alternativas mas, mais ainda, seus modificadores. Assassinato, não. Duelo, *agora* não. Flagrante, *ainda* não. Simular uma agressão e processar Boylan, *não impossivelmente*. As soluções preferenciais vão em outra direção.

Suas reflexões finais se resumem a, em primeiro lugar, reconhecer que o sexo é algo superestimado e, segundo, mais uma vez, a aceitar que nada mais pode ser feito, diante da "apatia das estrelas". Sempre as estrelas.

Seria talvez esse, de maneira muito sarcástica e joyciana, o momento em que o nosso Odisseu vence todos os (imaginados) pretendentes, verga o arco que ninguém conseguia usar e prova ser ainda o rei de Ítaca.

Mas, resolvidos todos esses problemas com essas reflexões finais que pacificam seu pacifismo (lembre que ele prefere dormir com a cabeça em paz), o que lhe resta é uma "satisfação". E essa satisfação advém da "ubiquidade dos hemisférios femininos posteriores". Ou seja: por que ele está feliz? Porque todas as mulheres têm bunda!

O que isso gera é uma semiereção e o gesto de erguer um pouco o lençol para ver a bunda de uma (fingidamente?) adormecida Molly e lhe dar seus três beijos rituais.

Molly "acorda" e começa a interrogá-lo. O texto diz que ela o interrogou "catequeticamente". Como os catecismos são uma das fontes possíveis para a estrutura do episódio, não é estranho pensar que esse formato de pergunta e resposta pode ter sido gerado por essa inquisição final.

E, na verdade, a mim parece que pelo menos as últimas quatro perguntas do episódio não são mais feitas por *uma voz* qualquer, mas por uma Molly que não entende mais o que seu marido prestes a cair definitivamente no sono diz.

As "modificações" com que Bloom tempera seu relato são engraçadíssimas. Assim como é engraçado ele registrar, entre as mentiras, fatos reais, como as *Doçuras do pecado*. Mas ainda mais divertido é ver que, fora isso, o relato é classificado como absolutamente fiel.

Os dois Bloom se põem então a pensar no que perderam. Para Molly: uma vida sexual normal (fica insinuado que as relações dos dois terminam com a ejaculação fora do "órgão natural"... ou eles apenas praticam sexo anal...?), encerrada para eles com a morte de Rudy. Para Bloom: uma vida em comum, conversas, que deixaram de existir depois da maturidade sexual de Milly.

E aqui a narrativa começa a cuidadosamente se afastar, como que deixando Bloom pegar no sono. Estivemos tão próximos dele durante essas centenas de páginas que seria uma verdadeira violência ver o livro continuar depois que ele se apagasse. Molly ainda poderá ter voz, mas vai ter que se virar sem narradores, sem *O Livro*. Este livro aqui começa a escurecer, agora, com o sono de Poldy.

Primeiro olhamos para cima para ver os reflexos da luz no teto. Eles se movem? Sim. Bruxuleiam. É uma vela.

Depois, passamos a uma perspectiva geográfica que esclarece definitivamente a posição (cada um com a cabeça numa extremidade da cama) do casal Bloom.

A descrição da posição dos dois, com a menção de que Molly estaria "plena de semente", pode levar o leitor a pensar numa gravidez. Mas veremos que não. Bloom, por sua vez, se transforma em feto, em menino-homem, e numa lembrança da juventude e de seu amigo Apjohn.

E talvez seja aqui que começamos a ouvir a voz de Molly, que pegou palavras soltas ("ventre?") dos devaneios murmurados de Bloom e, como tem feito ultimamente, quer saber de tudo. Num episódio, portanto, que se abre distante, sem que os personagens tenham grande acesso à voz, podemos imaginar que no fim estamos de fato ouvindo uma conversa íntima, a sós, entre duas pessoas que passaram o dia separadas. Mas as pessoas são outras, e a conversa não faz sentido porque uma delas está praticamente dormindo de olhos abertos.

E mais uma vez teríamos o que antes era "mera" técnica se fundindo com a superfície do narrado e a alterando, ou alterando nossa visão da técnica como artefato literário.

A informação de que "Ele repousa. Viajou" é a mais bela síntese do carinho que o livro parece demonstrar aqui por seu Odisseu. Que andanças as desse cavalheiro naquele dia! Ele foi a Troia e voltou, encarou feiticeiras, monstros e os mais bravios mares para voltar e encontrar sua casa ocupada e sua mulher cobiçada. E agora repousa. Merecidamente.

Mas com quem ele andou?

Com Simbá, que vai sendo desfigurado num murmúrio cada vez menos inteligível e cada vez menos coerente. Bloom já não está mais acordado, apesar de ainda mastigar palavras soltas.

Quando foi isso tudo?

E a resposta é uma maçaroca de referências a aventuras das mil e uma noites.

A última pergunta não tem resposta. Joyce queria que apenas um grande ponto preto a seguisse, demonstrando esse apagamento da consciência de Bloom e do livro. O silêncio. A noite. O sono. A *apatia das estrelas*.

Bloom sumiu nesse ponto. E ele é tão grande para o livro que a narrativa não pode prosseguir lúcida sem ele. Durma bem.

18. Penélope

Mas a *Divina comédia*, citada mais de uma vez em Ítaca, termina não com astros apáticos, mas com *o amor que move o Sol e as outras estrelas*. O amor, a mulher, ainda precisava ter voz. E se o livro se encerrou com o sono de Poldy, ainda resta esse fabuloso pós-escrito que é a vingança de Molly.

Nossa Penélope, afinal, esteve muito longe de ser a pacífica e fiel rainha de Ítaca que esperou por anos a volta de Odisseu enquanto tentava se livrar dos pretendentes. É bem verdade que, se levarmos a lista de Bloom a sério apenas como um elenco de *pretendentes*, Molly também teve sua resistência. Mas a ideologia que ela defende no seu monólogo está, curiosamente, muito mais próxima da de Bloom, que considera seu ato algo *natural*, do que da clássica moral que esperaria dela uma postura de *freira*.

O monólogo já se abre, na verdade, sob o signo do mal-entendido. Toda aquela conversa de Bloom sobre Simbá e o ovo do dodó levou Molly a pensar que ele pediu café, com ovos, na cama! Como vimos, a rotina do casal Bloom é o contrário disso. Mas esse pedido de Bloom terá consequências. E a primeira delas é aumentar a raiva de Molly, que com aqueles beijos na bunda definitivamente perdeu o sono.

Já de saída a ideia de que o monólogo servirá como complemento e contraponto ao que vimos durante o livro recebe grande apoio. Pois Molly começa pensando em Dante Riordan, que já passou pela cabeça de Poldy e de Stephen. Mas sua visão, como sempre, será mais cínica e mais dura. E logo na sequência se instaura em sua voz o movimento mais constante do monólogo. Odeio Poldy... se bem que ele tem vantagens...

E vemos já de cara que Molly sabe dos postais eróticos, sabe (como?) que Bloom ejaculou durante o dia, sabe que ele mentiu sobre o roteiro do dia, sabe que ele anda escrevendo coisas que não quer que ela veja. Já de saída também riscamos Menton daquela putativa lista de amantes: ele apenas cobiça...

O caso Driscoll também recebe novas luzes. Bloom deu ligas (como sabemos, um de seus presentes favoritos) à empregada?

Molly também sabe que Bloom sabe de Boylan (e sabe a quem cada uso do pronome "ele" se refere... nós é que temos que nos virar) e, como seu marido, concorda que se houvesse um lugar onde ela "pagasse algum rapazinho" tudo poderia ser diferente. Ela, como vários leitores do *Ulysses*, desconfia que Bloom em algum sentido quer fazê-la *de puta*. Quer vê-la com outros.

Aquele "é só a primeira vez" é ambíguo. Eu acredito que Molly esteja dizendo que, apesar do falatório que sabe que a cerca, o caso com Boylan foi seu primeiro. Mas há quem veja ali uma afirmação de que só a primeira traição seria difícil.

A cena da confissão (que ecoa a memória de Gerty) é hilária. Assim como é característico seu desprezo pelo tapa que Boylan lhe dá na bunda. Quem ele pensa que é? Aliás, de onde veio aquela flor que Boylan *disse* que comprou? Nós sabemos.

O trovão que acordou Molly foi, claro, o mesmo que aterrorizou Dedalus. E a ideia de Deus ocorreu, por causa deles, a todos em cena. Mas há um grande conflito quanto a isso entre Molly e seu marido, que não vai sair da cabeça dela.

A famosa e infame cena em que Molly compara o esperma e o pênis do marido e do amante pode esconder detalhes. Por que ela tem que "fechar o olho" quando está com Boylan? Ele é grosseiro demais para ela!

A antiga tensão entre Bloom e Josie Powell tem, na versão de Molly, mais carnalidade. E o mesmo tipo de argumento a respeito de Jesus que irritou o Cidadão já conseguiu fazer esta mulher chorar na sua vida. Poldy: o iconoclasta.

Outra imagem que surge de Bloom, e que lhe passou também pela cabeça no fim do dia, é que ele também não é de se jogar fora. E outras mulheres já o perceberam. Mulheres, essas vacas, diria Molly. A comparação entre Bloom e Denis Breen acaba fazendo Poldy parecer o menor dos males.

Reserve essa informação. Quando acabar o monólogo, talvez seja ela a dar o tom do amor de Molly. (E digo isso sem cinismo.)

Ao pensar na situação das mulheres, outra sintonia surge com seu marido: banheiros públicos seriam uma ideia excelente. Molly está equivocada, no entanto, quanto à pedra do seu mês, que na verdade seria o crisólito.

Outro juízo a meio caminho entre o riso e o amor é a constatação, inegável, de que Poldy "não é normal que nem todo mundo". Ela sabe bem. D'Arcy também sai da lista dos amantes, entrando para a dos assediadores (consentidos...). Molly, aliás, acha que Bloom não sabe disso...

A menção à *Ave Maria* de Gounod também é curiosa: a peça, afinal, é apenas a sobreposição de uma melodia original a um prelúdio escrito mais de cem anos antes. Como o *Ulysses* (mas com muito menos sucesso) ela tenta reinventar um clássico.

A primeira referência à mãe de Molly já dá a entender que suas origens, por esse lado da família, são tudo menos nobres.

Mas veremos que podem ser muito piores do que ela pensa. A história da cigana de improvável nome Lunita Laredo parece muito mais algo que se inventa para uma criança... para esconder que outra realidade?

As lembranças de Bloom, e do seu romântico gesto de aparecer com oito flores no aniversário de Molly, dia 8 de setembro (festa da Natividade da Virgem Maria!), a levam a uma comparação com Gardner (seu antigo amor de Gibraltar) e daí a uma referência a Boylan (o "ele" que viria na segunda). Esse troca-troca de referências masculinas é uma das grandes marcas do monólogo. Até a última página. Talvez até a última palavra.

A fusão Boylan/Bloom, para sorte de Molly, não irá imediatamente mais longe porque Poldy, mesmo que quisesse, não ia poder ir com ela para a tal turnê de concertos, pela necessidade de estar em Ennis para o aniversário da morte do pai. Ela já planeja aquela estada e agradece não ter que ficar quieta com Boylan para Bloom não ouvir no quarto ao lado! Ela até pensa em sexo ferroviário, no caminho, o que a faz lembrar de um funcionário boa-praça que os deixou sozinhos (ela e Bloom) no trem para Howth, onde tudo começou.

A referência agora ao "Vagabundo desleixado" definitivamente não é um eco de Dedalus, mas a citação do poema de Kipling musicado por Arthur Sullivan.

Ainda na sua constante mistura de referências a um homem e outro de sua vida, Molly volta a pensar em seu amante, o tenente Gardner. Gardner é uma incógnita. Se tendemos a acreditar que a história entre Molly e ele se deu, como é mais provável, durante a segunda Guerra dos Bôeres, isto é, entre 1899 e 1902, Gardner é propriamente um *amante*, pois Molly e Bloom se casaram em 1888. Mas o fato de ela pensar em ter tocado em Bloom, "que nem eu fazia com o Gardner", ainda antes de saber se Poldy era circuncidado poderia colocar essa aventura na primeira

Guerra dos Bôeres, que no entanto se encerrou em 1881, quando Molly tinha dez anos de idade!

A pragmática Molly pensa em como esconder a aliança quando estiver em Belfast, mas também lembra do incômodo peito peludo e do peso de Boylan e, claro, já imagina uma solução.

Ela já pensa também em como vai conseguir presentes e dinheiro com Boylan, ao mesmo tempo em que lembra de Lenehan como um parasita. E vemos agora sua versão daquele trajeto de carruagem depois do jantar de Glencree.

A loção que Bloom esqueceu de pegar não será perdoada tão cedo, mas, preocupada com a beleza, ela pensa que precisa parar de tomar cerveja no jantar, costume que divide com a Florence McCabe do conto de Dedalus. Acima de tudo, o que a essas alturas o leitor já aprendeu a apreciar é a velocidade com que ela troca de assunto e a maneira como todas essas trocas tendem a se articular em torno dos homens de sua vida, de sexo e, acima de tudo, de Poldy. Se ele passou o dia todo evitando pensar nela e sempre retornando a ela, agora é a vez de Molly fazer o mesmo.

Sobre a idade de Molly, que fique claro. Ela tem 33 neste momento e completa 34 daqui a menos de três meses. Daí a pensar, como ela, que ainda faltam quatro anos para chegar aos 35...

Sua ideia de que seria exótico transar com um negro lembra os pensamentos de Bloom na praia, sobre meninas míopes, por exemplo. E cintos de castidade a levam a pensar na obra de Rabelais, que seu marido trouxe para casa. E ficamos sabendo que, ao contrário de Poldy, e talvez para frustração dele, ela não se interessa por flagelação e sadomasoquismo...

A carnalidade de Molly logo se concentra no próprio corpo, e no início de seu terceiro parágrafo ela se volta para os próprios seios, com raciocínios que evocam e até ecoam ("a mulher que é a beleza") os de Bloom ao longo do dia, bem como seu espírito *científico*, que surge na hipótese de que as mulheres têm dois seios para o caso de darem à luz gêmeos. Os seios e a amamentação a levam a pensar na gravidez e em quando Bloom quis usar seu leite no chá. É aqui que surge a frase que, naquele momento, ela talvez concebesse como crítica, ou no mínimo expressão de enfado, mas que não consegue esconder um certo grau de carinho e até de admiração. "As artes de mestre Poldy." Todo leitor do *Ulysses* sabe do que ela está falando.

Esse terceiro parágrafo é bem curto, e se encerra com lembranças detalhadas de orgasmos e de expectativas pela volta de Boylan, na segunda-feira, lembranças que estiveram entre os alvos preferidos de censores desde a publicação do livro.

O quarto se abre com o barulho de um trem. E preste atenção, logo outro ruído, muito bloomiano, vai se somar a esse. E ficamos sabendo que Molly compartilha da tendência empatizante de Bloom, e que tirou sua soneguinha restauradora lá pelas dez da noite.

A memória de Molly progressivamente a leva mais longe. E agora ela está de volta a Gibraltar, pensando em gente que, como ela mesma diz, deve estar morta há muito tempo. A referência ao romance *The Moonstone*, de Collins, parece sublinhar a importância do autor de *A mulher de branco* para o universo do *Ulysses*. E a figura de Mulvey, o primeiro amor, começa a ganhar o espaço que até aqui foi de Gardner.

A cena da despedida de Hester tem aquela curiosa echarpe azul, que esteve presente quando Bloom recordou a filha. Se Molly nasceu no dia da natividade de Maria, dia de Nossa Senhora da Luz; se Gerty se exibia durante uma litania à Virgem; se Milly pode estar para *perder* a virgindade, esses símbolos todos parecem se reunir na cor azul.

As ligações entre Molly e a filha também transparecem no seu hábito de mandar cartas falsas para si própria, só para receber algo pelo correio. Milly não precisa disso, pois tem Poldy e suas cartas inventadas. Os ardis da coquete Molly também chamam nossa atenção para um estudante de medicina da Holles Street (Dixon?), que sistematicamente não entende os acenos dela e suas tentativas de marcar algo com ele.

Cartas a fazem pensar naquele panfleto do Milagreiro que ela, claro, conhece, e no fato de que foi apenas para o pai que Milly mandou uma carta de verdade. Molly apenas não se pergunta por quê, e que papel teria ela nessa situação. Mas continua a lamentar, como Martha, que Boylan não lhe escreva uma "carta comprida".

A primeira carta de amor que ela recebeu foi a de Mulvey, que lentamente vem ganhando a boca de cena. E é então que ela lembra a palavra espanhola para grampo de cabelo (*arrá*!) e mais uma figura (a senhora Rubio) que, como a senhora Riordan, simboliza essas mulheres mais velhas, religiosas e opressoras.

Se Bloom, em "Hades", não sabe como se chama um hissope, sua mulher agora acha que "viático" se chama "vaticano". A canção "Shall I wear a White rose or shall I wear a Red?" [Hei de usar uma rosa branca ou uma vermelha?] faz aqui sua primeira aparição (os pensamentos de Molly, como os de seu marido, sempre têm trilha sonora), para continuar conosco até o fim. Outra lembrança que surge agora e nos acompanhará até o adormecer é a do primeiro beijo, com Mulvey, "embaixo do muro mourisco", em Gibraltar. A partir daqui esse fato, ocorrido em 1886, logo antes de Molly ir para Dublin, começa a se misturar com o primeiro beijo com Bloom, dois anos depois. É curioso aliás ("toda piada tem um fundo de verdade") que ela tenha mentido para o namoradinho dizendo que estava prometida para um nobre de sobrenome *de la Flora*. Das Flores. Flower. Bloom.

A cena relembrada com Mulvey (agora localizada em outro ponto de Gibraltar... a memória de Molly também tem seus truques) agora descreve a roupa que Molly, com os seios ainda imaturos, usava para provocá-lo. Veremos a mesma estratégia usada com Bloom, agora com o corpo de uma mulher.

A iniciação sexual de Molly envolve superstições sobre o esperma e a gravidez e, mais diretamente, uma banana. Mas o encontro com Mulvey terminou com ela masturbando o militar, cujo primeiro nome ela nem lembra mais, depois de dezessete ou dezoito anos. É só páginas depois, quando lembra da "cordilheira do Atlas", que o nome (Harry) lhe vem.

Esse Mulvey, curiosamente, fingia saber hebraico, em outra antecipação do judeu Bloom, e navegava em um navio chamado *Calipso*, ninfa que foi uma das primeiras "identidades" de Molly no *Ulysses*. E a própria Molly começa a pensar em nomes, e no fato de que nunca se imaginou como uma *senhora Bloom*.

O fato agora de que Mulvey, em 1886, lhe deu um anel de Claddagh (tradicional anel de compromisso irlandês) que ela depois deu a Gardner localiza a história do segundo militar definitivamente durante o casamento dos Bloom.

O trem passa mais uma vez e seu "tom lamurioso" faz com que ela recorde a letra de "A velha e doce canção do amor". Se Molly pode ter vergonha de certas características (o sotaque irlandês diante do inglês Gardner, que ela já mencionou), rapidamente salta para um orgulho exibicionista, em primeiro lugar, do marido e da filha!

A contabilidade das relações com Boylan sempre aumenta durante o monólogo, e agora ela pensa que foram quatro ou cinco vezes. Mas o que a incomoda nesse momento são os gases ("o meu buraco está comichando") e, irritada com os pés de Bloom na sua cara, ela se controla para não fazer barulho enquanto continua a relembrar a letra da canção "Faça chuva ou faça sol, peide sempre em si bemol!".

A referência ao "sujeito esquisitão" do açougue de porco é mais uma das múltiplas afinidades entre o casal, pois Bloom também teve raiva do balconista hoje (ontem) cedo. O mesmo vale para suas elucubrações sobre a gata.

Molly, como sempre, pode estar exagerando no horário. Seriam mesmo quatro da manhã? E ela mais uma vez lembra do pedido de café de Bloom. Será que ele pediu?

Os desejos de Molly se voltam para a comida, e ela pensa num insano piquenique com Boylan e a senhora Flemming, essa como companhia para Bloom. A ideia do passeio a leva a pensar naquela excursão de barco em que Milly fascinou Bloom por sua coragem. Já Molly, que não sabe nadar (num livro onde afogamentos são um tema tão constante), morreu de medo.

A curiosa comparação de Molly (filha de militar), que acha que a casa em que mora parece uma caserna, lembra o "de volta à caserna" de Mulligan logo na abertura. Mas nem sempre suas palavras são tão precisas: a expressão "criminoso inveterado", por exemplo, é estranha demais para ela.

Depois de uma hilária cena de Poldy caçando ladrões de camisola com o atiçador de lareira na mão, ela passa de novo a Milly. Curioso que, na sua leitura, a ideia toda de mandar a menina para outra cidade foi só de Bloom, que agiu na verdade movido pela discórdia entre as duas. Ficamos sabendo que Milly, ao contrário da mãe, é (era) uma excelente aluna (triste destino das meninas no começo do século, ela agora abandonou a escola). Imagine-se o quanto ela já não implicou com as múltiplas superstições de Molly. Mas o mais interessante é vermos que ela pensa que Bloom eliminou a presença da menina para possibilitar seus encontros com Boylan.

Nitidamente a mãe tem ciúme (aquela carta só para o pai) da relação de Poldy e Milly, e se consola com a ideia de que conhece segredos (a mão da estátua) e sabe ser a verdadeira confidente da menina. Mas Milly nem quis lhe dar um beijo quando partiu. Talvez a história de Millicent Bloom seja a mais tocante das pequenas narrativas embutidas ou escondidas pelos cantos do *Ulysses*. Aquela Milly que desenvolveu até uma paixonite pelo ator (Martin Harvey) que sabemos ser a cara de Bloom.

Sua posição como rainha da casa se vê algo ameaçada porque ela não tem uma empregada de verdade. Mas, se tivesse, como ficariam os encontros com Boylan? Já a ideia de que a senhora Flemming peida nos potes como uma espécie de vingança é pura Molly Bloom.

A história do cachorro que Bloom levou um dia para casa também aparece para ela ligada a Dedalus, e ela apenas torce para Poldy não ter rasgado as calças ao saltar a grade. E investida agora de um estereotípico discurso de matrona ("quando eu estiver mortinha acho que vão me dar um pouco de sossego") ela, além de tudo, percebe que menstruou ("aquela coisa") e imediatamente começa a fazer contas para ver se ainda estará menstruada quando Boylan vier na segunda-feira. O fato de a menstruação de Molly durar cinco dias e vir às vezes a cada três semanas indicaria um problema? Há quem pense que sim, e que isso poderia sinalizar a viuvez de Bloom, anunciada em "Circe".

Ela, aqui, só pensa que foi a roupa de cama limpa que "puxou" a menstruação!

A ideia de que a cama do casal faz tanto barulho que ela e Boylan teriam sido ouvidos lá do outro lado do parque (o parque Phoenix, a mais de cinco quilômetros dali) não é tão despropositada assim, se lembrarmos que aquelas argolas retiniram até em Nighttown.

Ela levanta para fazer xixi ("espero que faça bolhinha", outra superstição) e torce para o penico não quebrar e também para não acordar Poldy, embora não diga isso com todas as palavras. E ficamos sabendo que de fato a mancha na espreguiçadeira da sala veio de seu uso pelos dois naquela tarde.

E agora é a própria Molly quem pensa "será que tem alguma coisa errada aqui?". Mais um detalhe curioso? Ela, como seu marido, gosta de "se segurar" na latrina. Sua truncada referência a "uma coisa de beleza" se refere ao primeiro verso do poema *Endymion* de Keats ("A thing of beauty is a joy forever") que já havia aparecido em "Circe".

Já chegando neste terço final do monólogo é que ela passa a Bloom e ao primeiro encontro deles. Gardner, Mulvey... só agora Poldy. A ideia de que ela poderia ter "cara de judia" é interessante. Afinal, dada a pouca diversidade genética da Dublin de então, espanhola, cigana, judia seriam todas ideias próximas. Seriam *o exótico*.

Se Poldy "andou se divertindo", ela pensa que ele deve ter pagado (e pagou?), pois não encontraria quem o quisesse de graça. Ela oscila bastante em considerar o marido desejável ou não, exatamente como oscila em considerá-lo bom ou mau partido. Ao pensar na cama, ela revela que, ao contrário do que pensa Bloom, o móvel não foi comprado de um lorde, mas de um judeu (Cohen). Vale lembrar que a última prova que Odisseu fornece de sua identidade em Ítaca é o conhecimento do *segredo* da cama inamovível em que dorme Penélope. Bloom desconhece o segredo da própria cama.

Mais um nome distorcido por Molly é o de Aristóteles, que, além de ter a bizarra obra citada imputada a ele, vira "Aristocrata". Apesar de suas certezas sobre Bloom ter ejaculado e tudo mais, Molly ainda quer saber se aquela camisinha que sabe que o marido carrega ainda está com ele. Ou seja, ela tem lá seus ciúmes. E, com certeza, o nome que de primeira lhe surge é o de Josie Breen, que estaria pegando suas "sobras". E seria essa a razão de Bloom *querer* que ela se envolvesse com Boylan! Ele está de caso com a (ex-)amiga dela!

A referência ao acidente de Kernan, que vimos no conto "Graça" de *Dublinenses*, abre um momento em que vemos, rapidamente, alguns personagens pelos olhos de Molly. M'Coy, por exemplo, é agora o "marido da Fanny". E como Bloom tem um asco instintivo do homem, Molly despreza a mulher, que Poldy chamou de soprano "fanhosa". E ela, como meia cidade, aparentemente, sabe da amante do senhor Power.

Mas acima de tudo ela sabe que Poldy é superior a esses sujeitos, que além de tudo ficam rindo dele pelas costas especialmente porque ele não lhes paga bebidas. Ela sabe melhor que o próprio Poldy. E nossa dúvida sobre a eventual beleza da viúva Dignam tem uma resposta parcial: ao menos para Molly ela não é bonita, pois, se fosse, a roupa de viúva ficaria linda nela.

Ainda pensando em música ela louva a dicção de Simon Dedalus, e passa a pensar que cara teria seu filho. Como Poldy, ela lembra apenas de Stephen menino (e onde estará Stephen neste exato momento?). Sua memória mais clara é de onze anos atrás, quando estava de luto. E então percebemos o quanto a morte de Rudy, que povoou todo o dia de Bloom, esteve até aqui ausente das lembranças de Molly.

A superstição de Molly a faz lembrar que Dedalus estava nas cartas que ela tirou de manhã. Mas também que ela teve alguma espécie de sonho premonitório, o que a equipara nisso a Bloom e a Dedalus. Seu interesse sexual a leva a fazer contas e, como Bloom com Gerty, a envelhecer progressivamente Dedalus. Ele deve ter vinte, vinte e dois, vinte e três...

A idealização de Stephen, por alguém que não o conhece, depois de termos lido e visto tanto sobre ele nas últimas mil páginas, é uma graça à parte. Inteligente ele é (apesar de ser curioso Molly querer finalmente alguém inteligente para conversar), mas *distinto*? E *limpo*? Já sua louca vontade de chupar a estátua de Narciso, assim como as superstições ligadas a engolir o esperma, sobretudo a de que é isso que deixa as mulheres com bigode, são sensacionalmente típicas de Molly.

E a ideia de que depois de tudo Dedalus iria escrever sobre ela? Não é esse o *Ulysses*, afinal?

Mas todas essas ideias de refinamento e poesia a levam a pensar de novo naquele grosseiro tapa de Boylan (justamente porque ela o chamou de Boylan, e não de Hugh) e a manifestar seu rancor contra os homens. Ela inclusive repete a ideia de que os homens é que levam a melhor no sexo. E o que era orgulho, depois raiva, começa a virar frustração: por que temos esses desejos todos? Por que não poderíamos lidar com isso mais civilizadamente? Por que Bloom não a abraça mais?

O *coronado* que ela tenta usar em espanhol provavelmente esconde o *cornudo* que sua memória lhe nega.

Até um marinheiro recém-desembarcado (um Murphy) passa pelos desejos de Molly, que ainda acha tempo para se irritar de novo com a proximidade do corpo de Bloom, ou "o grande palpiteiro Don Poldo de la Flora", que finalmente assume, na voz dela, a identidade do nobre com quem fingiu que ia se casar. E, logo em seguida, vira cinicamente "sua majestade".

E será que ela vai *mesmo* fazer esse café da manhã? Não podemos deixar de rir da pergunta retórica (dirigida a todos os leitores?) "alguém aí já me viu correndo?". Não, Molly, nós só te vimos neste quarto.

A ideia da mãe como a mulher que salvou a todos da morte, presente para Dedalus e para Bloom, reaparece. Mas, mãe de um filho morto, Molly agora não vai conseguir escapar da memória de Rudy. Da mesma maneira, se Poldy lamentou a diminuição progressiva de seus encontros com os amigos, o que dizer da mulher trancada em casa, sem amigos? E acima de tudo sem *amigas*, já que "nós somos todas um bando de vacas nojentas". Já ela não é assim tão irritada (apesar do que pensa Bloom sobre *alguém* ter lá seus humores). E agora, maternal, imagina que Dedalus não tem nem vinte anos de idade.

Ela pensa que, para Dedalus, faria o café, apesar de logo depois lhe ocorrer que, se o *hóspede* quisesse ler na cama, como ela, Poldy poderia fazer o café para dois. Ficamos sabendo também que foi ela quem mudou os móveis de lugar na sala (indiretamente dando aquela pancada na cabeça de Bloom). Mas o mais marcante nesse trecho é sua decisão ("vou dar mais uma chance") de fazer o tal café da manhã para Bloom. Tenha ele pedido ou não esse café. Se isso acontecer o dia 17 vai começar com uma grande surpresa.

As considerações de Molly sobre quem seriam os homens que poderia encontrar ao sair cedo (ela nunca sai de casa cedo) lembram tanto o encontro de Bloom com a criada no vizinho quanto sua estranha ideia de fazer a barba de noite para o caso de encontrar mulheres conhecidas.

E é bem quando Molly pensa em ostentar sua sexualidade satisfeita ("cinco ou seis vezes") até para o próprio Poldy, que a ária do *Don Giovanni* retorna, aliás seus versos mais cínicos, em que Zerlina diz que tem pena do noivo (*mi fa pietà Masetto*), mas paradoxalmente incita Don Giovanni a se apressar com a conquista, agora que ela não tem mais forças (*presto non son piu forte*). Enfim, pede que ele *se aproveite* dela. Zerlina, como Molly, não tem nada de ingênua ou boba.

Molly continua achando que o adultério é culpa de Bloom (e pode ter razão?), mas ao mesmo tempo concorda com ele que esse não é o maior dos males da vida. E bem quando começa a imaginar as coisas que vai fazer com Boylan, lembra, desanimada, da maldita menstruação.

A curto prazo, ela quer é enfeitar a casa para receber Dedalus. E a ideia de ter flores por ali a faz lembrar de novo daquela música sobre as rosas ("será que hei de usar a rosa branca"), que aparentemente segue no fundo da sua memória até o fim do monólogo.

Aqui, aliás, é onde começa o movimento final dos pensamentos de Molly, um dos trechos mais citados, lidos e antologizados de toda a história da literatura. Ela já passou por todos os estados de espírito possíveis nessas páginas, mas agora, pronta para cair no sono, com o dia prestes a nascer, ela se entrega a um humor puramente nostálgico e algo lírico, numa mistura de suas lembranças mais queridas.

Delas se destaca o encontro com Bloom em Howth, onde ele lhe disse que o sol brilhava por ela, e onde ela *acha* que o *obrigou* a pedi-la em casamento. Difícil conceber os graus de autoilusão e construção posterior nessa ideia. Nunca saberemos, porque eles nunca saberão, a verdade sobre quem quis o quê.

Outra verdade escondida, logo mencionada por Molly, é que naquele momento, enquanto Bloom se perdia no corpo dela e naquele beijo em que ela lhe dava um pouco de comida, ela estava na verdade pensando em Gibraltar, nos amores do passado e no passado que amou. Estava tomando uma decisão (era ano bissexto, afinal, e as mulheres podiam tomar a iniciativa), estava desistindo de sua vida de solteira por esse homem promissor, com cara de poeta e inteligência de cientista, que iria se revelar, para ela, o homem de sua vida e a decepção de sua vida ao não enriquecer e não conseguir, na verdade, se manter no mesmo emprego (como ela lembra mais de uma vez no monólogo).

Ela está esquecendo Gibraltar, onde foi uma flor da montanha (agora a referência é a Mulvey?), onde usou flores no cabelo como as andaluzas e foi beijada por Mulvey no pé do muro mourisco. Até as últimas linhas do monólogo essas memórias se sobrepõem, a ponto de quase poderem relativizar a famosa série de repetições da palavra "sim". São mais de noventa "sins" em todo o monólogo, sendo dezenove neste trecho final. Eles agora se referem à resposta que ela deu ao pedido de Bloom, claro, mas também a sua iniciação com Mulvey na Espanha...

Outra dolorosa relativização vem da ideia de que Molly aceitou Bloom como poderia ter aceitado outro ("tanto faz") e de que foi justamente por ver que ele entendia as mulheres que ela pensou que "podia passar a perna nele".

Precisamos acreditar literalmente em Molly? Será que ela não está tentando diminuir o que sentiu pelo homem que agora quer deixar para trás? E será que ela quer mesmo?

O trecho final do *Ulysses* é de uma beleza empolgante. Na verdade a prosa é tão bem realizada, o ritmo das repetições e das ideias circulares é tão inebriante que boa parte dos leitores esquece o quanto há de polêmico e de indireto ali.

É o retorno do livro ao mar ("o mar o mar"), saudado na abertura por Mulligan, que olhava da torre de Sandycove para este mesmo promontório de Howth onde o casal Bloom se deitou dezesseis anos antes. É a celebração do amor de Molly e Poldy, sem dúvida. Mas sob diversas camadas de confusão (o sono), esquecimento, encobrimento, autoengano e desejo. *Como se vê na vida real.*

Cabe, como sempre, a cada um saber como vai ler essas palavras, essas pessoas. Sob o signo da dúvida? Talvez.

De minha parte, sim, eu digo sim.

Boa noite.

Leituras recomendadas

(Esta seção não tem nem a menor pretensão de ser exaustiva. A produção bibliográfica sobre Joyce é imensa. Assim, me atenho ao que se possa ler em português, e mesmo assim tenho consciência de ter deixado coisas de fora. São apenas orientações. Para uma lista mais atualizada, abrangente e que inclui textos em inglês, procure em https://sites.google.com/site/cwgalindo/)

Há muitas biografias de Joyce, de seu pai, de sua filha, de sua esposa. A mais importante continua sendo a de Richard Ellmann (*James Joyce*), traduzida por Lya Luft para a editora Globo e hoje infelizmente esgotada no Brasil. *Nora*, a biografia de sua esposa escrita por Brenda Maddox, também teve lançamento aqui, traduzido por Carlos Daudt de Oliveira (Martins Fontes, 1991).

Entre os anotadores, como a leitura deste livro já deixou claro, o destaque vai para o *Ulysses Annotated*, de Don Gifford com Robert Seidman que, de tão central, merece de novo a referência mesmo sem nunca ter sido traduzido.

Dois livros que fizeram parte da recepção do *Ulysses* no Brasil foram o *Homem Comum Enfim*, de Anthony Burgess (Companhia das Letras, 1994, trad. José Antonio Arantes) e *Riverrun, ensaios sobre James Joyce*, de Arthur Nestrovski. Ambos hoje também difíceis de se encontrar.

Mais recentemente merece destaque a produção ensaística de Dirce Waltrick do Amarante, além dos volumes de traduções que organizou com Sérgio Medeiros: *Cartas a Nora* e *De santos e sábios*, com ensaios críticos de Joyce (ambos pela Iluminuras, 2012).

Para as questões mais formais de prosa e narradores, além da obra de Mikhail Bakhtin, é bem recomendado olhar *Entre a prosa e a poesia*, de Cristovão Tezza (Rocco, 2003), e o mais básico *Como funciona a ficção*, de James Wood (Cosac Naify, 2011, trad. Denise Bottmann).

A obra de Harold Bloom tem muitos comentários interessantes sobre Joyce. Um bom começo é o capítulo dedicado a ele em *Gênio* (Objetiva, 2003, trad. José Roberto O'Shea), ou o trecho joyciano de *O cânone ocidental* (Objetiva, 1995, trad. Marco Santarrita).

Duas obras importantes para a formação da técnica do *Ulysses*, citadas aqui, podem ser lidas em português também. *Os loureiros estão cortados*, de Edouard Dujardin (Brejo, 2005, trad. Hilda Petrollo, traduzido anteriormente como *A canção dos loureiros*. Globo, 1989, trad. Élide Vallarini), e *O tenente Gustl*, de Arthur Schnitzler (Record, 2012, trad. Marcelo Backes).

Se falei bastante de tolstoísmo, para entender o pacifismo de Bloom, vale uma referência final a *Os últimos dias* (Companhia das Letras, 2011, vários tradutores).

A obra de Joyce hoje está muito bem representada em tradução no Brasil, e você pode encontrar uma lista bem completa (que inclui, por exemplo, contos publicados isoladamente) no site "Não gosto de plágio", organizado por Denise Bottmann e fonte principal das informações que vão aqui.

O *Ulysses*, depois de ter estreado aqui em 1946, com um trecho traduzido por Dalton Trevisan na sua revista *Joaquim*, já conta com três versões: a de Antônio Houaiss, originalmente publicada em 1966 (Civilização Brasileira), a de Bernardina da Silveira Pinheiro (Alfaguara, originalmente Objetiva, 2005) e a minha (Companhia das Letras, 2012).

(Um) retrato do artista quando jovem, originalmente traduzido em 1945 por José Geraldo Vieira, sem o artigo indefinido do título (Globo, depois Abril Cultural), tem ainda versões de Bernardina da Silveira Pinheiro (Siciliano, 1992, hoje Alfaguara), Elton Mesquita (Hedra, 2013), Guilherme da Silva Braga (L&PM, 2014) e uma minha (Companhia das Letras, 2016).

Dublinenses, além da versão inaugural de Hamilton Trevisan (Civilização Brasileira, 1964), tem a tradução de José Roberto O'Shea (Siciliano, 1993), que foi toda reescrita e relançada (Hedra, 2012), e a de Guilherme da Silva Braga (L&PM, 2012). Há também outra, minha (Companhia das Letras, 2018), além de dois contos que já estão no volume *Os mortos* (Companhia das Letras, 2013).

O *Finnegans Wake/Finnicius Revém*, integral, saiu no Brasil em tradução de Donaldo Schüler (Ateliê, 1999-2003), além da linda versão de vários fragmentos que já constava de *Panaroma do Finnegans Wake*, dos irmãos Augusto e Haroldo de Campos (Imprensa Oficial, 1965, hoje Perspectiva). Há também a versão abreviada de Dirce Waltrick do Amarante, o *Finnegans Wake (por um fio)* (Iluminuras, 2018). A minha tradução está, como esteve o romance de Joyce durante dezessete anos, *em curso*.

Stephen Herói, obra abortada que gerou o *Retrato*, teve tradução de José Roberto O'Shea (Hedra, 2012).

Exilados, sua única peça de teatro que sobreviveu, foi traduzida por Alípio Correia de Franca Neto (Iluminuras, 2003).

Giacomo Joyce, espécie de embrião do *Ulysses* publicado postumamente, teve edições em livro em tradução de Paulo Leminski (Brasiliense, 1985), José Antonio Arantes (Iluminuras, 1999) e Roberto Schmitt-Prym (Bestiario, 2012), além de estar incluído no volume *Finn's Hotel* (Companhia das Letras, 2013, tradução minha), centrado na obra que teria gerado o *Finnegans Wake*.

A poesia de Joyce em tradução está em *Po'mas pechincha* (Timbre, 1986, trad. Marcelo Tápia), *Poemas* (Olavobrás, 1992, trad. Marcelo Tápia e Luís Dolhnikoff), *Pomas, um tostão cada* (Iluminuras, 2001, trad. Alípio Correia de Franca Neto), *Música de Câmara* (Iluminuras, 1998, trad. Alípio Correia de Franca Neto), *Música de Câmara* (Virtualbooks, 2000, trad. Eric Ponty). A versão de Vitor Alevato do Amaral para os Poemas de Juventude e de Ocasião de Joyce, deve aparecer em 2021.

As *Epifanias*, mencionadas no próprio *Ulysses*, hoje têm tradução de Piero Eyben (Iluminuras, 2013) além de uma versão coletiva (Lumme, 2014).

Dois textos infantis, derivados na verdade de cartas enviadas a seu neto Stephen James Joyce, já apareceram no Brasil como *O gato e o diabo* (Record, 1984, trad. Antônio Houaiss), também traduzido por Lygia Bojunga (Cosac Naify, 2012) e Dirce Waltrick do Amarante (Iluminuras, 2013). Dirce Waltrick do Amarante também traduziu *Os gatos de Copenhague* (Iluminuras, 2013).

Apesar de a correspondência de Joyce nunca ter sido publicada mais extensamente no Brasil, as cartas que ele escreveu à mulher já apareceram como *Cartas a Nora Barnacle* (Massao Ohno, 1982, trad. Mary Pedrosa), além de estarem no já mencionado volume organizado por Dirce Waltrick do Amarante e Sérgio Medeiros e, até, na antologia *As 100 melhores histórias eróticas da literatura universal*, de Flavio Moreira da Costa (Ediouro, 2003, em tradução de Celina Portocarrero). Dirce Waltrick do Amarante e Sergio Medeiros também publicaram as cartas que Joyce escreveu para sua mecenas Harriet Shae Weaver no volume *Cartas a Harriet* (Iluminuras, 2018).

Agradecimentos

Muitas, mas muitas pessoas mesmo me ajudaram em todos esses anos de envolvimento com o *Ulysses*. Gente bio e bibliográfica. E todas elas merecem um agradecimento aqui. Considerem-se. Por favor. Especialmente vocês que eu, imbecil, posso ter esquecido de mencionar.

Mais pontualmente, no entanto, tenho que agradecer aos meus colegas, alunos e orientandos na UFPR e aos meus orientadores perpétuos, Carlos Alberto Faraco, José Luiz Fiorin e Paulo Henriques Britto (meu *miglior fabbro*). Ao CNPq, que me concedeu uma bolsa de produtividade em pesquisa para trabalhar com a obra de Joyce. A Francis Henrik Aubert, Elisabeth Brait e José Roberto O'Shea, membros da banca de doutorado que avaliou a tese que deu início a tudo isso. À minha filha, que me ouviu falando de *Ulysses* numa longa conversa à beira-mar quando tinha a idade de Milly Bloom; ao meu pai, que me deu um dedaliano amor por palavras, e à minha mãe, que morreu logo depois de publicada a minha tradução (*amor matris*). Ao meu editor e comparsa André Conti. A Ana Cecília Agua de Melo, Lucila Lombardi e todo o departamento de produção da Companhias das Letras (e à editora inteira!). A Marcelo Tápia, Aguinaldo Medici Severino e todos os organizadores e todos os frequentadores dos eventos acadêmicos e de *Bloomsday* de que pude participar. A James Augustine Aloysius Joyce, que mudou a minha vida, e a Leopold Paula Bloom, que mudou a minha vida. A todos os autores que li e todos os colegas com quem conversei, especialmente o meu irmão acadêmico Luís Bueno, colega de primeira hora e leitor de uma versão prévia deste livro, também lida por uma turma do programa de Pós-Graduação em Letras da UFPR, por Guilherme Gontijo Flores e Fábio Akcelrud Durão, pelo meu irmão Rogerio W. Galindo (pai do Bernardo e meu duplo melhorado) e pela minha colega, mulher, horizonte, fonte, rota, porto, pouso e motivo de eu tentar fazer mais e melhor do que normalmente alcançaria e simplesmente poderia, Sandra M. Stroparo.

Num livro que pretenda "explicar" o *Ulysses* há de sempre haver erros, imperfeições: ainda mais se for meu o livro. E claro que, apesar de toda a colaboração e de todas as leituras alheias de que pude me beneficiar, os erros que por acaso permaneçam são só culpa minha. Desculpa aí.

Índice remissivo

A. E. (pseudônimo de George Russell), 140, 148, 159-60, 162
Acendedor de lampiões, O (Cummins), 233
Ades, menino (personagem), 66
Adriano IV, papa, 258
adultério, 15, 19, 121, 133, 139, 256, 313, 351
Agostinho, Santo, 38
Ajax (personagem homérica), 129
Alaki de Abeakuta, 226
alcoolismo, 121, 135-7, 141, 236
alemão, idioma, 80, 99, 119, 165, 256, 265, 273, 276, 282, 289
Alice no país das maravilhas (Carroll), 201
Amarante, Dirce Waltrick do, 356, 358
Ambrósio, Santo, 87
América, 259, 265
"Andanças do senhor Hunter, As" (Joyce), 40
Anel do Nibelungo, O (Wagner), 289, 292
antissemitismo, 18, 71, 77, 141, 156, 189, 210, 221, 224, 230, 281, 283, 311
Apjohn (personagem), 331, 336
Apocalipse, Livro do, 283
Aqueronte (rio mitológico), 122
Aquiles (personagem homérica), 30, 212
Arantes, José Antonio, 356-7
Argos (cão de Odisseu), 120
árias operísticas, 102, 121, 133, 154-5, 199, 200, 204, 274, 283-4, 305, 315, 351
Aristóteles, 168, 171, 185, 261, 323, 348
Arquimedes, 246
Artifoni (personagem), 181, 190, 192, 285, 316
Asclépio (personagem mitológica), 124

Assim falou Zaratustra (Nietzsche), 72
Athos, cachorro (personagem), 120
Auster, Paul, 43*n*
Autontimorumenos (Terêncio), 170
Ave Maria (Gounod), 340

Backes, Marcelo, 356
Bakhtin, Mikhail, 42-4, 45*n*, 48, 356
Balada do Cristo Ridentor (poema fictício), 82, 230
Balzac, Honoré de, 173
Bannon (personagem), 52, 71, 103, 257, 259, 267-8, 284
Barger, Jorn, 267
Barnacle, Nora *ver* Joyce, Nora (esposa de James Joyce)
Beaufoy, Philip (personagem), 147, 245, 277, 282
Beethoven, Ludwig van, 27, 212
Belfast, 248, 342
Bellini, Vincenzo, 199
Bello (personagem), 286-7; *ver também* Cohen, Bella (personagem)
Bennett, Percy, 219
Bennett, soldado (personagem), 219
Bergan (personagem), 212-3
Berkeley, George, 86, 96
Best, Richard, 159, 165, 284
Bíblia, 214, 231, 269, 290, 310, 324
Biblioteca Nacional da Irlanda, 38, 69, 159, 284
Blake, William, 80, 169
Blavatsky, Helena Petrovna, 160, 213
Bloom, Harold, 17, 356
Bloom, Leopold (personagem), 10, 18-22, 25, 29-31, 36, 38, 40-1, 47, 49-52, 59-60, 64-6, 69, 71, 78, 82-4, 86, 88-9, 93, 95-38, 141-58, 160-1, 165-70, 173-80, 182-7, 189-90, 192-3, 195-209, 211-33, 235-51, 253-69, 271-97, 303-16, 319-53, 356

Bloom, Marcus, 190
Bloom, Millicent (personagem), 19-20, 41, 52, 72, 101, 103, 111, 149, 202, 243, 247, 259, 262, 267, 287, 325, 331, 333, 335, 343-4, 346-7
Bloom, Molly (personagem), 10, 18-20, 35, 41, 47, 51-2, 60, 93-4, 96-105, 110-1, 113-4, 118, 120-1, 125, 131, 137, 141, 146-51, 153, 155, 168-9, 176, 179-82, 184-5, 198-200, 202, 204-5, 207, 215, 220, 225-6, 234, 238-40, 242-5, 247-8, 255, 265, 267, 274-6, 278, 285-91, 295, 297, 309, 312-4, 320-3, 325, 327-30, 333-6, 338-53
Bloom, Rudolph (personagem), 18-9, 119, 123, 128, 145, 150, 205, 228, 231, 274, 297, 303, 323, 334-5, 349-50
Bloomsday (16 de junho de 1904), 19, 22, 25, 35, 88, 182
Blumenduft, Luitpold (personagem), 214
Boardman, bebê (personagem), 237
Boardman, Edy (personagem), 234, 236, 272
Bohee, irmãos, 274
Bojunga, Lygia, 358
Boody *ver* Dedalus, Boody (personagem)
Bottmann, Denise, 356
Bottom (personagem), 173
Bowen, Zack, 25
Boylan (personagem), 10, 52, 103, 105, 120-1, 126, 146, 150, 152-3, 156-7, 166, 173, 180-3, 185, 189, 191-2, 195-9, 201-2, 204, 219-20, 222, 240, 242-3, 248, 262, 273-4, 285-7, 290, 305, 307, 311-3, 321-2, 325, 328, 332, 334, 339-48, 350-1
Braga, Guilherme da Silva, 357

Brasil, 25, 43, 103, 222, 355-8
Breakspear, Nicholas (papa Adriano IV), 258
Breen, Denis (personagem), 20, 147, 186, 192, 212, 220, 275, 340
Breen, Josie (personagem), 20, 147, 149, 186, 192, 212, 220, 274-5, 279, 348
Britto, Paulo Henriques, 82*n*
Brunetto Latini, 164
Brutus (personagem), 109
Buda, 212
Budgen, Frank, 150
Bull, John, 315
Bunker, Chang e Eng (gêmeos siameses), 261
Burgess, Anthony, 26-7, 36, 139, 356
Burke, O'Madden (personagem), 142, 267
Bushe, 139
Byrne, Davy (personagem), 138, 151-2, 154, 227, 236
Byron, Lord, 134, 285

Caffrey, Cissy (personagem), 234, 236, 238-9, 272, 291, 295
Caffrey, gêmeos (personagens), 273
Caim (personagem bíblica), 171
Calígula, imperador romano, 280
Calipso (personagem homérica), 93-4, 345
"Calipso" (episódio de *Ulysses*), 60, 68, 95, 230, 232, 245, 262, 327
Callan, enfermeira (personagem), 41, 202, 253-4, 256, 260, 277, 286
Campos, Augusto e Haroldo de, 357
cânon (contraponto musical), 194
Cânone ocidental, O (Bloom), 356
Cântico dos Cânticos, 231, 279, 324
Caribde (ser mitológico), 174-5
Carlos II, rei da Inglaterra, 168

Caronte (personagem homérica), 122
Carr (personagem), 212, 294-5
Cartas a Nora (org. Amarante & Medeiros), 356
Cartas a Nora Barnacle (Joyce), 358
"Casa de pensão" (Joyce), 15, 110, 150, 189
"Caso doloroso, Um" (Joyce), 126, 179, 226
Castelo de Otranto, O (Walpole), 262
Catalani, Angela, 216
catolicismo, 65, 274; *ver também* Igreja católica
católicos, 113, 124, 227, 230, 297
100 melhores histórias eróticas da literatura universal, As (org. Amarante & Medeiros), 358
cemitério, 117, 122, 125, 127, 132-3, 141, 161, 177-8, 195, 204, 226, 278, 304, 327
Cícero, 306
Ciclope (personagem homérica), 210, 229; *ver também* Polifemo
"Ciclope" (episódio de *Ulysses*), 28, 36, 49, 60, 105, 184, 186, 209-10, 220, 244, 247, 254, 258, 277-8, 293, 310
Cidadão (personagem), 210-1, 213, 215-7, 219, 221-4, 228-30, 340
cigarros, 86, 136, 139-40, 191, 193
Cila (ser mitológico), 174-5
"Cila e Caribde" (episódio de *Ulysses*), 38, 69, 158, 256, 281, 283, 287
Circe (personagem homérica), 175, 270
"Circe" (episódio de *Ulysses*), 159, 223, 228, 270, 272, 276, 290, 293, 301, 305, 322, 329-30, 333, 347-8
Clifford, Martha (personagem), 41, 51, 111-2, 125, 129, 148, 150, 197, 201-2, 205, 241, 243, 262, 274, 276, 292, 312, 331-2, 344

Cloyne, bispo de (personagem), 86
Cohen, Bella (personagem), 278-9, 285-6, 288, 290, 292, 295, 330, 348
Cohen, Ruby (personagem), 286-7; ver também Bloom, Leopold (personagem)
Coleridge, Samuel Taylor, 169
Collins, Wilkie, 181-2, 343
Colombo, Rualdo (personagem), 284
Como funciona a ficção (Wood), 356
Conde de Montecristo, O (Dumas), 331
Confissões (Santo Agostinho), 38
Conmee, John, padre (personagem), 10, 112, 137, 162, 176-80, 187, 263, 289, 330
Connor, Thomas Power, 224
Conroy, Gabriel (personagem), 134, 149, 191, 238
Conroy, Gretta (personagem), 105, 134
"Contrapartidas" (Joyce), 151
Copa Gordon Bennett de Automobilismo, 268
Corley (personagem), 304-5, 314
Costa, Flavio Moreira da, 358
Costello (personagem), 255-8, 260, 263
Costello, Peter, 205
Cowley, padre (personagem), 134, 186, 188-9, 198-9, 206
Cranly (personagem), 160, 283
Crawford (personagem), 138, 142, 221, 276
crisóstomos cristãos, 65
cristianismo, 229
Cristo *ver* Jesus Cristo
Cromwell, Oliver, 229
Crotthers (personagem), 254-5, 259, 261, 264
Cummins, Maria S., 233

Cunningham, Martin (personagem), 15, 20, 112, 117, 121-3, 129, 133, 177, 189, 206, 211-2, 227-9, 290, 328
Cusack, Michael, 210
Cymbeline (Shakespeare), 140

Dânae (personagem mitológica), 241
Dante Alighieri, 17, 138, 160, 169, 310, 326
Darantière, irmãos, 32
De santos e sábios (org. Amarante & Medeiros), 356
Deasy, senhor (personagem), 75-7, 79-80, 86, 88, 101, 131, 136-7, 163, 166, 221, 258, 269, 289, 291
Dedalus, Boody (personagem), 180
Dedalus, Dilly (personagem), 20, 145, 180, 185-6, 188, 192, 321
Dedalus, Katey (personagem), 180
Dedalus, May Goulding (personagem), 145, 292-3, 331
Dedalus, Simon (personagem), 20, 80-1, 117, 119-20, 125, 132, 134-5, 167, 169, 186, 188, 191, 196, 198-9, 285, 291, 349
Dedalus, Stephen (personagem), 10, 15, 20-2, 35-40, 49, 59-60, 64-81, 83-8, 93-4, 96, 98, 100-1, 108, 111, 114, 119, 122-3, 130-1, 136-40, 142-4, 146, 149, 156, 158-76, 179-80, 187-8, 190-2, 195, 199, 206-7, 216, 218-9, 224, 231-2, 235-6, 238, 244, 246, 248, 250, 254-9, 262-70, 272-3, 275-6, 279, 281, 283-5, 288-97, 303-17, 319-28, 330-2, 339, 341-2, 347, 349-51
Delfos, oráculo de, 70
Demanda do Santo Graal (novela de cavalaria), 254
Deus, 77, 82, 87, 144, 171, 178-9, 198,

204, 229, 253, 255-7, 264, 266, 273, 283, 287, 291, 307-9, 339
"Dia da Hera na sede do comitê" (Joyce), 127
Dickens, Charles, 139, 264
Dignam, Paddy (personagem), 19, 106, 110, 121-3, 129, 138, 154, 177-8, 184, 189-92, 202-3, 213, 217, 219, 232, 236-7, 242, 247, 258, 278, 292, 311, 327-8, 349
Dignam, Patrick Aloysius (personagem), 184
Dilly ver Dedalus, Dilly (personagem)
Dinamarca, 67
discurso direto, 44, 46, 177
discurso direto livre, 46
discurso indireto, 44-6
discurso indireto livre, 45-7, 177
Divina comédia (Dante), 169, 260, 326, 338
Dixon (personagem), 149, 254, 256, 259-60, 267, 281, 344
Doçuras do pecado, As (livro fictício), 185, 187, 206, 324, 335
Dodd, Reuben J. (personagem), 121, 188-9, 221, 283
"Dois galantes" (Joyce), 134
Dolhnikoff, Luís, 358
Dollard, Benjamin (personagem), 188-9, 198-9, 204, 206, 285
Don Giovanni (Mozart), 102, 133, 155, 203, 241, 292, 294, 305, 315, 351
Don Juan (personagem), 102, 241
Doran, Bob (personagem), 10, 15, 20, 110, 150, 184, 189, 191, 212-3, 215, 217, 219
Douce, Lydia (personagem), 20, 41, 189, 191, 195-6, 205
Douglas, Alfred, 167
Doutor Fausto (Marlowe), 283
Dowden, Edward, 168

Dowie, Alexander J., 269, 281, 283
Dowland, John, 315
Doyle, Arthur Conan, 329
Drayton, Michael, 168
druidas, 70
Drummond de Andrade, Carlos, 225
Dublin, 18-9, 21, 25, 35-6, 43, 59, 63-4, 78-9, 89, 109, 116, 126, 128, 135, 138, 142-3, 145, 148, 150-1, 175-6, 184, 188, 190, 213, 218, 235, 257, 259, 261, 265, 272, 275, 278, 295, 309, 319, 328, 331, 344, 348
Dublinenses (Joyce), 13-4, 16, 18, 21, 37-8, 40, 112, 127, 134, 138, 142, 179, 182, 190, 217, 323, 348, 357
Duffy, senhor (personagem), 126, 226
Dujardin, Édouard, 42, 46-7, 49, 356
Dunne, senhorita (personagem), 181-2, 287

Eclesiastes, Livro de, 247
Egan, Kevin (personagem), 83-4, 222
Eglinton, John, 159-60, 163, 165, 169-71, 173
Elias, profeta, 231
Eliot, T. S., 28-9, 251
Ellmann, Richard, 24, 39, 210, 355
Elpenor (personagem homérica), 123
Elsinore, príncipe de (personagem), 28, 84
Emma (personagem), 173
Emmet, Robert, 186, 204, 208, 215
Enderby Outside (Burgess), 139
Endymion (Keats), 348
Eneias (personagem mitológica), 119
Eneida (Virgílio), 144, 218
Entre a prosa e a poesia (Tezza), 356
"Éolo" (episódio de *Ulysses*), 33, 130-1, 220-1, 244, 257, 267, 277
Epifanias (Joyce), 358
Esaú (personagem bíblico), 100

eslavônico eclesiástico, 307
Espanha, 97, 313, 352
Estado irlandês, 141
Estados Unidos, 13, 294
Estige (rio mitológico), 122
Eugênia (personagem), 241
Eumeu (personagem homérica), 301, 306
"Eumeu" (episódio de *Ulysses*), 49, 301, 303
Euricleia (personagem homérica), 301
Europa, 13, 18, 21, 39, 77, 138, 222, 308, 312
Exército da Irlanda, 218
Exilados (Joyce), 15, 357
Êxodo, Livro do, 82, 333
Eyben, Piero, 358

Falkiner, juiz (personagem), 221, 278
Fanny (personagem), 349
fantasmas, 74, 81, 161, 284, 292-3, 304
Farrell, Cashel Boyle O'Connor Fitzmaurice Tisdall, 148, 188, 190, 192, 196
Fausto (Goethe), 265, 271
Fausto (personagem), 30
feácios (personagens homéricas), 93, 232
Fell, dr. (personagem), 236
Ferdinand (personagem), 88
Finnegans Wake (Joyce), 16-7, 38, 99, 164, 194, 215, 246, 357-8
Finneran, senhor, 26
Flaubert, Gustave, 14, 46
Flemming, senhora (personagem), 321, 334, 346-7
Fletcher (personagem), 256
Fleury, Henri (personagem), 286
Flor, Enrique (personagem), 222, 286
Florry (personagem), 20, 283, 285
Flotow, Friedrich von, 132, 204

Flower, Henry (personagem), 108, 120, 197, 202-3, 222, 276, 281, 285-6
fluxo de consciência, 46-7, 186, 195, 200
Flynn (personagem), 151-4, 211
França, 83-4, 290
Franca Neto, Alípio Correia de, 357-8
francês, idioma, 27, 82-4, 87, 136, 161, 167, 173, 188, 222, 228, 256, 258-60, 264, 266, 273, 275, 282-3, 285, 288, 291-2, 307, 309

Gaddis, William, 49
gado do Sol (seres mitológicos), 250, 259
"Gado do Sol, O" (episódio de *Ulysses*), 50, 149, 225, 250-1, 257-8, 271, 284
gaélico, idioma, 66, 84, 141, 164, 166, 188, 213, 216-20, 222, 252, 273, 281, 294-5, 324
Gallaher, Ignatius (personagem), 119, 138
Gandhi, Mohandas Karamchand (Mahatma), 50-1
Gardner, tenente (personagem), 341, 343, 345, 348
Garry (soldado inglês), 219
Garryowen, cachorro (personagem), 211, 216-7, 234, 236
Gato e o diabo, O (Joyce), 358
Gatos de Copenhague, Os (Joyce), 358
Gautier, Théophile, 84
gêmeos siameses, 261
General Slocum (navio), 186
Gênesis, Livro do, 136, 280
Gênio (Bloom), 356
Geórgia, EUA, 223
Giacomo Joyce (Joyce), 164, 357
Gibraltar, 97, 308, 341, 343-4, 352
Gifford, Don, 23-6, 219, 255, 308, 355

Gilbert, Stuart, 27, 31-4
Giltrap (personagem), 211, 217, 234
Glynn (personagem), 206
Gogarty, Oliver St. John, 64, 162, 171, 223, 256
Gonne, Maud, 294
Górgias, 143
gótica, literatura, 261
Goulding, May *ver* Dedalus, May Goulding (personagem)
Goulding, Richie (personagem), 80, 171, 183, 191, 197, 199, 275
Goulding, Walter (personagem), 80
Gounod, Charles, 340
"Graça" (Joyce), 117, 182, 348
Grécia, 307
Greenwich, 150
grego, idioma, 65, 144, 163, 170, 172, 202, 279, 282
Gregory, Lady, 173
Griffin, Peggy (personagem), 276
Griffith, Arthur, 226
guarda 14A (personagem), 225
Guardião do meu irmão (Stanislaus Joyce), 171
Guerra dos Bôeres, 161, 280, 341
Guerra Russo-Japonesa, 268
Guinness, cervejaria (Dublin), 112, 136, 211
Gulliver (personagem), 81
Gumley (personagem), 138, 221, 304, 315
Gwynn, Nell, 168

Hades (lugar mitológico), 122-3, 125, 129
"Hades" (episódio de *Ulysses*), 50, 117, 130, 186, 312, 344
Haendel, Georg Friedrich, 156
hagadá, 133
Haines (personagem), 64, 66-71, 85, 131, 141, 158, 165-6, 173, 189-90, 192, 230, 256, 261-2, 273, 295
Haldane, B. S., 17
Halscombe, Marian (personagem), 181, 234
Hamlet (Shakespeare), 24, 28, 30, 38, 67, 69-70, 84, 86-7, 131, 139, 159-61, 165, 170, 275, 278, 285, 332
Hart, Clive (personagem), 176
Harun al-Raschid, 287
Harvey, Martin, 237, 347
Hathaway, Anne (esposa de Shakespeare), 161, 163-4, 169
hebraico, 133, 141, 231, 274, 279-80, 295, 345
Heitor (personagem homérica), 171
Hélio (personagem mitológica), 250, 259
Henderson (personagem), 256
Henrique II, VII e VIII, reis da Inglaterra, 258
Henrique, fazendeiro (personagem), 258
heresia sabeliana, 170
Higgins, Zoe (personagem), 278-9, 282, 288-91, 293
Himalaia, 128
His Master's Voice (gravadora), 278
Homem Comum Enfim (Burgess), 356
homens-sanduíche (propaganda), 51, 126, 180, 182, 192, 275
Homero, 10, 20, 27, 59, 93, 95, 123, 171, 174, 193, 210, 229, 250, 288, 306; *ver também Ilíada*; *Odisseia*
homoerotismo, 66
homossexualidade, 51, 110, 167-8, 308
Horácio, 67
Hornblower, porteiro (personagem), 192
Horne, dr. (personagem), 252, 256, 264

Houaiss, Antônio, 357-8
Houyhnhnms (personagens), 81
Huguenotes, Os (Meyerbeer), 150, 208, 242, 284
húngaro, idioma, 108, 230, 284
Hungria, 108, 227, 230, 286
Hunter, senhor, 21, 40
Hyde, Douglas, 166, 217, 261
Hynes, Joe (personagem), 127-8, 132-3, 210, 212, 216, 219, 221, 224, 226, 229, 244

Ibsen, Henrik, 304
ídiche, 148, 280
"If the man on the moon were a coon" (canção racista), 229
Igreja católica, 65, 113, 176, 186, 239, 255, 280; *ver também* catolicismo; católicos
Ilíada (Homero), 30
Império Britânico, 223
Império Romano, 136
imprensa, 76, 140, 144, 212, 216, 263
Inglaterra, 66, 68, 71, 168, 185, 218, 246, 251, 256, 258, 275, 294, 306
inglês, idioma, 17, 25, 70, 81, 87, 108, 134, 161, 179, 200, 245, 249, 251, 253, 257, 264, 266, 282-3, 291, 306-7, 309, 311, 323-4, 328, 355
Inominado (personagem), 278
internet, 25, 200, 276, 329
interpolação sintática, 139
intertextualidade, 27
Iopas (personagem homérica), 218
IRA (Exército Republicano Irlandês), 67, 143
Irish Homestead (jornal), 163
Irish Times (jornal), 148
Irlanda, 18, 22, 25, 63, 66, 68, 70-1, 76, 83-4, 98, 138, 141, 144, 159, 169, 191, 208, 214, 217-8, 221-3, 225-6, 228, 230, 252, 258, 264, 278, 282, 285, 289, 294, 306, 310-1, 315, 330
irlandês, idioma *ver* gaélico
Isaías, Livro de, 282, 295
Israel, 141, 144, 324
Ítaca (Grécia), 28, 97, 301, 335, 338, 348
"Ítaca" (episódio de *Ulysses*), 149, 168, 276, 287, 314, 318-9
italiano, idioma, 155, 164, 181, 256, 282, 305, 325

J'accuse (Zola), 311
James Joyce's "Ulysses" (Gilbert), 31
Jardim das Oliveiras, 160, 231
Jerônimo, São, 290
Jesus Cristo, 30, 82, 160, 208, 228-30, 273, 281-2, 285, 306, 310, 340
João Crisóstomo, São, 65
Joaquim (revista), 357
Johnson, James, reverendo, 220
Jonson, Ben, 168
jornalismo, 131, 219, 225
Joyce, James, 9-11, 13-8, 21-34, 37-41, 43, 46-8, 50, 59-60, 63-4, 67, 79, 81, 85-6, 93-4, 98-9, 105, 117, 126, 129, 131, 134, 137-40, 142-3, 150-1, 155, 159, 162-4, 166, 170-2, 174-8, 181-2, 184, 187-8, 190, 193, 210-4, 216, 219, 223, 226, 229, 235, 238, 240, 250-1, 253, 257, 265-6, 270, 278, 281, 286, 289, 293, 303, 306-7, 311, 315-6, 319, 325-30, 337, 355-8
Joyce, John (pai de James Joyce), 21, 99, 134, 328, 355; *ver também* Murray, Mary Jane (mãe de James Joyce)
Joyce, Lucia (filha de James Joyce), 355
Joyce, Nora (esposa de James Joyce), 22, 42, 163, 291, 355, 358

Joyce, Stanislaus (irmão de James Joyce), 171
Joyce, Stephen James (neto de James Joyce), 358
JR (Gaddis), 49
judaísmo, 133, 230, 283
Judas Iscariotes, 160, 295
judeus, 18, 77, 82, 84, 96, 112-3, 121, 125, 128, 132, 141, 149, 189, 198, 216-7, 221, 223-4, 227-30, 238, 244, 268-9, 274, 280-1, 297, 323-5, 328, 333, 345, 348
Juízes, Livro dos, 276
Júlio César (Shakespeare), 109
Jumbo, elefante (personagem), 20, 226
Jung, Carl Gustav, 41
Junius, 228

Kane, Matthew, 328
Katey *ver* Dedalus, Katey (personagem)
Keating, Geoffrey, reverendo, 324
Keats, John, 284, 348
Kelleher, Corny (personagem), 108, 119, 178-9, 210, 294, 296
Kelly, Bridget (personagem), 262
Kendall, Marie (personagem), 182-3, 191-2, 286
Kennedy, Mina (personagem), 20, 41, 189, 191, 196
Keogh, Myler, 219
Kernan, Tom (personagem), 125, 182, 185-7, 189, 206, 348
Keyes, Alexander (personagem), 133
Kiernan, Barney (personagem), 49, 203, 209, 211, 214, 219, 227-8, 284
Kipling, Rudyard, 341
Kitty (personagem), 20, 260, 263, 295
Kock, Paul de, 103, 204, 287

Là ci darem la mano (ária de Mozart), 102, 155, 274
Ladysmith, batalha de (Guerra dos Bôeres), 280
Lambert, Ned (personagem), 123, 180, 182-3, 220, 228
latim, 31, 75, 81, 86-7, 96, 124-6, 163, 168-9, 171, 178-9, 190, 204, 214, 216, 220, 228, 252, 256, 258-9, 266, 268-9, 272, 275, 280, 282, 288-90, 295, 304, 306, 308, 310-1, 329-30
Leminski, Paulo, 357
lendas medievais, 214, 229
Lenehan (personagem), 10, 134-9, 141, 143, 182-4, 192, 196-8, 215, 221-2, 224, 226, 228, 254-6, 258-9, 263, 266-8, 281, 288, 290, 304, 342
"Lestrigões" (episódio de *Ulysses*), 145, 194, 236, 241-2, 247, 269, 284, 293, 308, 310-1
Linati, Carlo, 31-3
Lionel (personagem), 200
lirismo, 316
Lodge, David, 43*n*
Longworth, E. V., 173
Lopez, Roderigo (personagem), 216
Los (personagem), 80
lotófagos homéricos (personagens homéricas), 112
"Lotófagos" (episódio de *Ulysses*), 33, 107, 217, 268, 273-4, 277, 294
Loureiros estão cortados, Os (Dujardin), 46, 356
Lout, Sir (personagem), 85
Love, reverendo (personagem), 182, 188, 191
Lucas, Evangelho de, 282
Lucia di Lammermoor (Donizetti), 127
Lúcifer, 88, 289, 292
Luft, Lya, 355

Lynch (personagem), 257, 260, 263-4, 269-70, 272, 283, 289-92, 295
Lyons (personagem), 115, 154, 184, 268
Lyster, Thomas, 159-60, 165, 167, 173

M'Coy (personagem), 20, 51, 109-10, 128, 137, 147, 183-4, 192, 288, 304, 312, 348
M'Appari (ária de Flotow), 315
Macário (Álvares de Azevedo), 261
machismo, 95
Mackenna, Stephen, 161
Mackintosh (personagem), 126-8, 179, 192, 207, 268, 278, 282, 312, 333
maçonaria, 21, 109, 125, 154, 212, 217, 276, 296
Maddox, Brenda, 355
"Mãe, Uma" (Joyce), 142
Maeterlinck, Maurice, 172, 178, 245
Magee, William Kirkpatrick, 159, 170-1; *ver também* Eglinton, John
Maginni, professor (personagem), 176, 178, 185, 192, 291
Mahler, Gustav, 265
Malba Tahan, 331
Mallarmé, Stéphane, 87, 161
Mananaan McLir (divindade celta), 162
Mar Morto, 262
Marcello, Benedetto, 283
Marcial, 236
Marco Antônio (personagem), 109
Marinha britânica, 223
Marion, senhora *ver* Bloom, Molly (personagem)
Marlowe, Christopher, 283
Martello, torre (Dublin), 63, 223; *ver também* Museu James Joyce
Martha (Flotow), 132, 199-200

Martha *ver* Clifford, Martha (personagem)
Marx, Karl, 229
"Máscara da Morte vermelha" (Poe), 203
Mateus, Evangelho de, 231, 282, 295
Mathew, Theobald, 201
Maurice (personagem), 171
McCabe, Florence (personagem), 342
McDowell, Gerty (personagem), 20, 41, 173, 192, 225, 233-45, 247-9, 272, 274, 276, 339, 343, 349
McHugh, professor (personagem), 134-6
Medeiros, Sérgio, 222, 356, 358
melancolia, 81, 240, 255, 320, 324, 328
Memórias póstumas de Brás Cubas (Machado de Assis), 241
Mendelssohn, Felix, 229, 315
menino da bicicleta (personagem), 20
Menton, John Henry (personagem), 125, 129, 133, 192, 312-3, 339
Mercadante, Saverio, 208, 230, 315
Mercador de Veneza, O (Shakespeare), 189
Mercalli, escala sísmica, 230
Meredith, George, 166, 267
Mesquita, Elton, 357
Messias, 228, 231, 282
metafísica, 126, 284
metodistas, 238
"método mítico", 28, 238, 313
Meyerbeer, Giacomo, 150, 208, 315
Michelangelo, 290
Milly *ver* Bloom, Millicent (personagem)
minstrel shows, 274
misoginia, 77, 137
misticismo, 80, 213
mitologia céltica, 80
mitologia grega, 29, 122

Moisés (patriarca hebreu), 85, 140, 144, 290
Móli (erva mitológica), 270
Molly Maguires (terroristas irlandeses), 223
Molly *ver* Bloom, Molly (personagem)
Mona Lisa, 310
monólogo interior, 46-7, 65, 77, 79, 171, 177, 184
Montaigne, Michel de, 82, 170
Mooney (personagem), 189
Moonstone, The (Collins), 343
Moore, Thomas, 149, 260
Morkan, Julia (personagem), 149, 321
"Mortos, Os" (Joyce), 14, 105, 134, 149, 191, 225, 321
Mozart, Wolfgang Amadeus, 102, 113, 315
Mulher de branco, A (Collins), 181, 234, 343
Mulher de trinta anos, A (Balzac), 173
Mulligan, Malachi St. John (personagem), 64-5, 67-72, 77, 79, 82-3, 85, 87-8, 96, 131, 141, 143, 158-60, 162, 165-74, 186, 189-90, 192, 195, 215, 254-7, 259-64, 267-8, 295, 308, 346, 353
Mulvey (personagem), 248, 343-5, 348, 352
Münchausen, Barão de, 30
Murphy, W. B. (personagem), 20, 306-10, 350
Murray (personagem), 132
Murray, Mary Jane (mãe de James Joyce), 39
Museu James Joyce, 63-4
Museu Nacional da Irlanda, 153
música, 103-5, 113, 123, 126, 150, 155, 193-4, 199-206, 243, 291, 296, 315-6, 325, 349, 351
Música de Câmara (Joyce), 358

Na Craoibhin Aoibhinn (pseudônimo de Douglas Hyde), 217
Nabokov, Vladimir, 126
nacionalistas, 28, 215-6, 223-4, 227, 288, 294
Nannetti (personagem), 132, 218, 247, 288
"Não gosto de plágio" (site), 356
Napoleão Bonaparte, 63, 306
Napoleon Symphony (Burgess), 27
narrador, 42-3, 45, 48-50, 52, 65, 68, 104, 107, 113, 115, 123-4, 177-8, 183, 190, 196-7, 200, 206, 209-10, 213, 215, 217-8, 220, 227, 233-4, 244, 246, 248, 278, 307, 309, 311-2, 317
Nausícaa (personagem homérica), 232-3
"Nausícaa" (episódio de *Ulysses*), 33, 105, 113, 232, 267, 272-3, 278, 280, 288
Navio Fantasma, O (Wagner), 309
"Nestor" (episódio de *Ulysses*), 73, 291
Nestrovski, Arthur, 356
Nicolau II, papa, 258
Nicolau, fazendeiro (personagem), 258
Nietzsche, Friedrich, 72
Nolan, John Wyse (personagem), 189, 192, 221, 227
Novo Testamento, 144
Números, Livro de, 280
"Nuvenzinha, Uma" (Joyce), 119

O'Grady (personagem), 123
O'Molloy, J. J. (personagem), 134-6, 139, 141-3, 180, 182-3, 188, 220, 228-9, 277
O'Rourke, Larry (personagem), 98
O'Ryan, Terence, padre, 213

O'Shea, José Roberto, 356-7
O'Shea, Katherine, 312-3
Obra-prima, A (pseudo-Aristóteles), 185, 261
Occam, William, 81
Odisseia (Homero), 10, 19, 26-30, 33, 59, 94, 174-5, 210, 245, 270, 301, 313, 328
Odisseu (personagem homérica), 27-31, 41, 93-5, 97, 103, 117, 120, 122-3, 125, 129, 155, 171, 174-5, 193, 200-1, 206, 208, 210, 229, 232, 250, 258, 270, 278, 288, 301, 306, 318, 322, 328, 335-6, 338, 348; *ver também* Ulisses
Ogden, C. K., 38
Ogígia, ilha de (lugar mitológico), 93
Oitava Sinfonia (Mahler), 265
Old Nobodaddy (Blake), 169
Oriente, 98-9, 108
Oxford, 66-7, 71

pacifismo, 50, 224, 247, 310, 335, 356
padres, 126, 204, 289
Pai-Nosso, 124, 161, 223
Palestina, 100, 331
Panaroma do Finnegans Wake (Campos & Campos), 357
Paraíso é bem bacana, O (Sant'Anna), 49
paranoia, 77, 82, 108
Parcas (personagens mitológicas), 266
Paris, 39n, 82-3, 166, 294, 307
Parnell, Charles Stewart, 127, 182, 189, 192, 226, 281, 312-3
Parque Phoenix (Dublin), 138, 218, 308, 347
pastiches, 27, 49, 139, 210-1, 214-5, 220-1, 226-7, 229, 231, 234, 250, 253, 293
Pastiches (Stoppard), 212

Pat, garçom (personagem), 275
Patrício, São, 138, 311
Pátroclo (personagem homérica), 30
Pedrosa, Mary, 358
Penélope (personagem homérica), 93, 220, 301, 338, 348
"Penélope" (episódio de *Ulysses*), 245, 338
Péricles, príncipe de Tiro (Shakespeare et al.), 165
Petrollo, Hilda, 356
Pilatos, Pôncio, 282
Pinheiro, Bernardina da Silveira, 357
Pippi, dr. (personagem), 215
Pirro, 137
Pisga, monte (Oriente Médio), 144
Platão, 124
Plotino, 161
Poe, Edgar Allan, 203
Poemas (Joyce), 358
Poldy *ver* Bloom, Leopold (personagem)
policial 14C (personagem), 20
Polifemo (personagem homérica), 28; *ver também* Ciclope
polissemias, 45
Polítropos (epíteto de Odisseu), 288
Po'mas pechincha (Joyce), 358
Pomas, um tostão cada (Joyce), 358
Ponchielli, Amilcare, 105, 291
Ponty, Eric, 358
Portinari, Beatrice, 310
Portocarrero, Celina, 358
português, idioma, 9, 70, 144, 253, 261, 290, 295, 355-6
Pound, Ezra, 13, 34, 251
Power, Jack (personagem), 117, 121, 227, 349
Primeira Guerra Mundial, 224
prostitutas, 207-8, 242, 273, 279, 284, 308

protestantes, 18, 76, 112, 125, 227, 234-5, 238
"Proteu" (episódio de *Ulysses*), 33, 49, 118, 130, 172, 190, 232, 248, 275-6, 307
Proust, Marcel, 330
Purefoy, Mina (personagem), 41, 148, 185, 197, 205, 243, 247, 254, 261, 264, 281

quacres, 164
"Quadrilha" (Drummond de Andrade), 225

Rabelais, François, 211, 342
raça, questões de, 223, 272, 313
Raoul (personagem), 155, 185, 206, 290
Reader's Digest (revista), 104
Reais Fuzileiros Irlandeses, 246
realismo, 14, 128, 214, 220, 226, 234
Reis, Segundo Livro dos, 231
Renascimento irlandês, 217, 306
Retrato do artista quando jovem, Um (Joyce), 13-5, 37, 39-40, 68, 72, 81, 86-7, 112, 122, 137, 162-3, 170-1, 173, 177, 187, 190, 263, 270, 289, 322, 357
"Retrato do senhor W. H., O" (Wilde), 166
Richter, escala sísmica, 230
Rimbaud, Arthur, 83
Riordan, Dante (personagem), 122, 322, 339, 344
Rip van Winkle (personagem), 287
Riverrun, ensaios sobre James Joyce (Nestrovski), 356
Robinson Crusoé (Defoe), 127
"Rochedos errantes" (episódio de *Ulysses*), 175, 178, 193-4, 200, 213, 219, 234, 236, 261, 263, 274, 281, 286, 301, 307
Rochford, Tom (personagem), 154, 183, 192, 278
Romanos, Epístola aos, 310
romantismo, 114, 121, 153, 211, 220-1, 229
Rosa de castela, A (Balfe), 268
Rossini, Gioachino, 315
Rubio, senhora (personagem), 344
Rudy *ver* Bloom, Rudolph (personagem)
Rumbold, Horace, 214, 278
Russell, George, 140, 148-9, 159, 162-3
Rússia, 224

Sacher-Masoch, Leopold von, 271
sadomasoquismo, 99, 111, 202, 277, 332, 342
Sagesse et la destinée, La (Maeterlinck), 172
Salmos, Livro dos, 260, 269, 283, 290
Salomão, rei, 231, 279
Salomé (personagem bíblica), 285
Sandow, Eugene, 100, 329
sânscrito, 285
Sant'Anna, André, 49
Santarrita, Marco, 356
Santiago, caminho de, 88
Sargent (personagem), 74-5, 244
Saudeatchinski (personagem), 215
Schmitt-Prym, Roberto, 358
Schnitzler, Arthur, 46-7, 356
Schüler, Donaldo, 357
Segunda Guerra Mundial, 141
"Sereias" (episódio de *Ulysses*), 193, 196-7, 277, 284, 287, 315
sexo, 113, 149-50, 240, 243, 255, 257, 259, 263, 278, 334-5, 341-2, 350
sexualidade, 114, 142, 185, 204, 242-3, 246, 256, 271, 281, 335, 345, 351

Shakespeare, William, 17, 28, 37-8, 40, 67, 76, 87-8, 109, 120, 139-40, 158, 161-2, 165-6, 168-71, 203, 290, 306, 309
"Shall I wear a White rose or shall I wear a Red?" (canção), 344
Shaw, George Bernard, 165
Shawes (personagem), 133, 135, 142, 148, 218, 221
Sheehy, senhora (personagem), 177
Shemá, 133, 287
Sherazade, estórias de, 287
Shrek (filme de animação), 106
Shylock (personagem), 189, 217
Sidney, Philip, Sir, 143
Siegfried (personagem), 292
sífilis, 276
Simbá (personagem), 309, 322, 337-8
Sinai, monte (Israel), 290
Sinfonia Eroica (Beethoven), 27
Sinico, Emily (personagem), 126, 128-9, 179
Sinn Féin (grupo nacionalista), 66, 163, 227
sintaxe, 49, 139, 156, 187, 252
Sluagh na h-Eireann (Exército da Irlanda), 218
Sociedade Religiosa dos Amigos (quacres), 164
Sócrates, 61, 123
solilóquio dramático shakespeariano, 46
solipsismo, 80, 156
sonetos de Shakespeare, 166, 168
Sonho de uma noite de verão (Shakespeare), 173
Speranza (pseudônimo de Lady Wilde), 215
Spinoza, Baruch, 230
Stabat Mater (Rossini), 315
Stanhope, Hester, 343

Steevens, Madame Grissel, 261
Stephen Daedalus (pseudônimo literário de Joyce), 38, 159
Stephen Herói (projeto de romance de Joyce), 15, 39, 171, 357
Sterne, Laurence, 260
Stoppard, Tom, 212
Stratton, Eugene, 192
suicídio, 99, 121, 145, 179, 248, 279, 282, 306, 309, 330
Sullivan, Arthur, 341
surrealismo, 122, 231
suspense, 53, 66
Sweeney, farmacêutico, 25
Swift, Jonathan, 81, 151, 223
Swinburne, Algernon Charles S, 161
Synge, John Millington, 166

Tácito, 252
Tailândia, 261
Tântalo (personagem homérica), 125
Tápia, Marcelo, 358
Taxil, Léo, 82, 256
Taylor, John F., 140, 277
Tê Pê *ver* Connor, Thomas Power
telegrafismo, 47
Telêmaco (personagem homérica), 59, 93
"Telêmaco" (episódio de *Ulysses*), 63, 225, 230, 255, 264
Tempestade, A (Shakespeare), 87
Tenente Gustl, O (Schnitzler), 46, 356
Tennyson, Alfred Lord, 167
teologia, 255, 264, 308
teosofia, 160, 213
Terêncio, 170, 213
Terra devastada (Eliot), 29
Térsites (personagem homérica), 210, 212, 216-21, 223-4, 227-9, 231, 241, 310
terza rima, 139

Tezza, Cristovão, 43n, 356
Thor (personagem mitológica), 257
Tichborne, caso, 312
Tirésias (personagem homérica), 29-30
Tolstói, Liev, 224
tolstoísmo, 281, 356
Tomás de Aquino, São, 169, 310
Tommy (personagem), 234
treating system, 141
Trevisan, Dalton, 178, 357
Trevisan, Hamilton, 357
Troia, 117, 210, 336
Troilo e Créssida (Shakespeare), 171
trovadores galego-portugueses, 253
Tupper, senhora (personagem), 226
Tutto è sciolto (Bellini), 199
Tweedy, Major (personagem), 295
Tweedy, Marion *ver* Bloom, Molly (personagem)

Ulisses (personagem homérica), 20, 59; *ver também* Odisseu
Últimos dias, Os (Tolstói), 356
Ulysses (Joyce), 9-18, 22-9, 31-5, 37-41, 43, 47-51, 53-5, 59-60, 65, 67, 74, 78-9, 81, 87-8, 93, 96, 98-9, 102, 105, 110, 114-5, 130, 132, 134-6, 141-2, 145, 155, 159-60, 162-5, 167-72, 174-5, 177-8, 181, 184, 187, 193, 204-5, 208-9, 215, 219-21, 226, 237, 239, 244-5, 248, 251, 266, 270, 293, 301, 307-8, 313, 326, 331, 339-40, 343, 345, 347, 350, 353, 356-8
Ulysses Annotated (Gifford), 23-4, 355
Universidade da Pensilvânia, 140

Valquíria, A (Wagner), 289
Velha e doce canção do amor, A (balada de salão), 102, 345

Vênus das peles, A (Sacher-Masoch), 271
verossimilhança, 25, 79, 200
Viagens de Gulliver, As (Swift), 154, 223
Vida de Jesus, A (Taxil), 82
Vieira, José Geraldo, 357
violência, 161, 163, 223, 310, 336
Virag, Rudolph (personagem), 145, 284-5, 293
Virgem Maria, 233, 238, 341, 343
Virgílio, 119, 218
Vulgata (tradução latina da Bíblia), 290

Wagner, Richard, 289, 309, 315
Walsh, William (personagem), 187
Weinenger, Otto, 281
Wellington, duque de, 225
"When first I saw that form endearing" (canção), 200
Wilde, Lady (mãe de Oscar Wilde), 215
Wilde, Oscar, 87, 148, 166-7, 215
Wood, James, 356
Wylie (personagem), 238, 239

xenofobia, 224, 226
xibolete (senha dos efraimitas), 276

Yahoos (personagens), 81, 223
Yeats, William Butler, 160, 174, 217, 306

Zerlina (personagem), 102, 121, 203, 351
Zeus (personagem mitológica), 241
Zoe *ver* Higgins, Zoe (personagem)
Zola, Émile, 311
Zurique, 212, 214, 219

1ª EDIÇÃO [2016] 2 reimpressões

ESTA OBRA FOI COMPOSTA EM MINION PELO ACQUA ESTÚDIO
E IMPRESSA EM OFSETE PELA LIS GRÁFICA SOBRE PAPEL PÓLEN NATURAL
DA SUZANO S.A. PARA A EDITORA SCHWARCZ EM JULHO DE 2023

A marca FSC® é a garantia de que a madeira utilizada na fabricação do papel deste livro provém de florestas que foram gerenciadas de maneira ambientalmente correta, socialmente justa e economicamente viável, além de outras fontes de origem controlada.